艾思奇哲学文选
第四卷

经济科学出版社

图书在版编目（CIP）数据

艾思奇哲学文选. 第四卷/艾思奇著. —北京：
经济科学出版社，2016.6
　ISBN 978-7-5141-6404-6

　Ⅰ.①艾… Ⅱ.①艾… Ⅲ.①哲学-文集②马列
著作-哲学思想-思想评论-文集　Ⅳ.①B-53
②A811.63-53

中国版本图书馆 CIP 数据核字（2016）第 146337 号

责任编辑：张　频
责任校对：刘　昕
版式设计：齐　杰
责任印制：王世伟

艾思奇哲学文选（第四卷）

经济科学出版社出版、发行　新华书店经销
社址：北京市海淀区阜成路甲 28 号　邮编：100142
总编部电话：010-88191217　发行部电话：010-88191522
网址：www.esp.com.cn
电子邮件：esp@esp.com.cn
天猫网店：经济科学出版社旗舰店
网址：http://jjkxcbs.tmall.com
北京季蜂印刷有限公司印装
710×1000　16 开　16.75 印张　230000 字
2016 年 6 月第 1 版　2016 年 6 月第 1 次印刷
ISBN 978-7-5141-6404-6　定价：50.00 元
（图书出现印装问题，本社负责调换。电话：010-88191502）
（版权所有　侵权必究　举报电话：010-88191586
电子邮箱：dbts@esp.com.cn）

编委会成员

逄先知　王丹一　石仲泉　王忍之
王伟光　朱佳木　王向民　顾海良
白暴力　王天义　李　洌

序　　言

　　艾思奇同志是中国著名的马克思主义哲学家、教育家和革命家。他一生刻苦学习，勤奋写作，立场坚定，忠于党，忠于祖国和人民，为中国革命和社会主义建设事业而奋勇战斗，为在中国传播和发展马克思主义哲学理论，作出了重大而卓越的贡献。理论界一致公认艾思奇为中国推动"马克思主义哲学大众化的第一人"，是"人民的哲学家"。

　　今天，我国哲学社会科学地位更加重要、任务更加繁重。面对社会思想观念和价值取向日趋活跃、主流和非主流同时并存、社会思潮纷纭激荡的新形势，要始终坚持和巩固马克思主义在意识形态领域的指导地位，培育和践行社会主义核心价值观，实现中华民族伟大复兴的中国梦，迫切需要哲学社会科学更好地发挥作用。

　　恩格斯说过："一个民族要想站在科学的最高峰，就一刻也不能没有理论思维。"党的十八大以来，习近平总书记在其系列重要讲话中，多次高度强调要学习和创新理论，特别是学习和运用马克思主义哲学。他在中央政治局第十一次集体学习时着重指出，要学哲学、用哲学，努力把马克思主义哲学作为共产党人的看家本领。他在《在哲学社会科学工作座谈会上的讲话》中进一步指出："当代中国正经历着我国历史上最为广泛而深刻的社会变革，也正在进行着人类历史上最为宏大而独特的实践创新。""这是一个需要理论而且一定能够产生理论的时代，这是一个需要思想而且一定能够产生思想的时代。"这就要求我国广大的理论工作者，必须让哲学走出书斋，深入社会生活，植根广大群众，将哲学通俗化，以大众易懂的形式把哲学思想交给人民。

在当代中国，发展哲学社会科学必须坚持以马克思主义为指导，这是我国哲学社会科学区别于其他哲学社会科学的根本标志，也是艾思奇哲学的鲜明特征。学习和发扬艾思奇哲学既忠诚于马克思主义，又立足于现实实际进行大众化传播的理论风格，是当代马克思主义理论工作者应当努力的方向。

曾经影响过一代人的艾思奇哲学思想，历经岁月沉淀，依然闪耀着奕奕光辉。2016年6月，经济科学出版社计划将艾思奇同志的部分著作重新整理出版。在征求了多位专家学者的意见后，决定先期出版《艾思奇哲学文选》（六卷），主要以其中具有代表性的哲学理论成果为主。

艾思奇的哲学思想是同当时的时代特点紧密联系在一起的，有哲学理论上的共通性，同时在论据方面也不可避免地会存在一些历史上的局限性。希望读者能用发展的、创新的、批判的视角来看待艾思奇的哲学思想。

本书编委会

2016.6

出 版 说 明

艾思奇同志一生思想丰富，著作颇多，全部遗著大约有750万字。本书项目组本着"忠实原稿，求精求新"的编写准则，经过各方专家学者的论证，认为"辩证唯物主义和历史唯物主义"是艾思奇著作当中最重要的部分，也是最经典核心的内容，能够代表艾思奇哲学思想的精华，是比较成熟的理论著作。同时，为了兼顾艾思奇著作的完整性，我们又挑选了艾思奇著作中具有代表性的马恩列斯和毛泽东的有关哲学思想、西洋哲学史、大众哲学和逻辑学等内容。经过反复多次的整理和筛选，按照著作的写作时间或者发表的年代顺序摘编成《艾思奇哲学文选》（共六卷），每卷约30万字，共约200万字。

所有文章著作的搜集、筛选、编辑、出版，是集体的成果。由于出版时间紧迫，虽有多位专家学者指导，仍难免挂一漏万。希望学界的同仁和广大读者提出宝贵意见和建议。

目 录

《马克思恩格斯关于历史唯物主义的信》讲解 …………………… 1

《实践论》、《矛盾论》在党的历史发展中的作用和意义 ………… 88

略谈毛泽东对量变质变规律的贡献 …………………………………… 148

学习《实践论》辅导报告 ……………………………………………… 158

学习《矛盾论》辅导报告 ……………………………………………… 195

马克思列宁主义及其哲学发展的几个时期（讲学提纲） ………… 219

再论恩格斯肯定了思维与存在的同一性 …………………………… 234

《马克思恩格斯关于历史唯物主义的信》讲解[*]

(1964.3)

第一次辅导

(1964.3.10)

今天开始讲马克思、恩格斯书简。

我准备用我自己翻译的本子来讲,因为准备时是用的这个本子,所以讲时也用这个本子。这个本子翻译的时间早一些,译法接近直译,稍微难看一些,其中有一两处翻译错了,我讲的时候提一下。大概编译局要把这个本子重新校过,另外出版,既不是这本,也不是另外一本。出入不太大。

一、关于"历史唯物主义的信"的意义和结构

"《书简》集"也叫做《马克思恩格斯关于历史唯物主义的信》。很

---

[*] 《马克思恩格斯关于历史唯物主义的信》辅导,是艾思奇在1964年3月间,给中央高级党校"59班"、"60班"哲学专业所讲的讲课速记稿,这里是按速记稿整理,用的是艾思奇自己的译本(人民出版社出版1951年7月第1版,1961年6月北京第8次印刷),研究时,可参照《马克思恩格斯选集》第4卷新译文(中共中央马克思、恩格斯、列宁、斯大林著作编译局编译,人民出版社1995年6月第2版),《马克思恩格斯选集》里没有的4封信可参照《马克思恩格斯全集》中文版,还可参考1962年人民出版社出版的《马克思恩格斯书信选集》这里不再一一标明。讲课稿原无标题,现在的标题是我们整理时所加。

早的时候（大概在 1936 年、1937 年）《马克思恩格斯文选（两卷集）》有一个版本，叫做《马克思恩格斯关于历史唯物主义的信》，所以我的版本也叫做关于历史唯物主义的信，后来出的两卷集里，改叫做《书简》，原因就是原来这信集里只有 9 封信，连给库格曼的信都没有，后来马恩选集再版时又增加了十一封，范围比较大了。加上的这些信都是中间的，两头是原来的。加上的这些信里讲阶级斗争、政治、国家的较多，都是揭露拉萨尔、巴枯宁这些人的。因此，这本书已经不仅仅是历史唯物主义的一般理论，而是涉及到国家与革命的问题。由于这个原因，就不再叫做关于历史唯物主义的信，而叫做《马克思恩格斯书简》。我的译本仍然叫做关于历史唯物主义的信，因为我原来最早出版的版本就叫这个名字，所以就沿用了这个名字。沿用以前的名字也不算大错误，因为革命问题、阶级斗争、国家问题也可以算是历史唯物主义。现在叫做《书简》也好，因为它不仅限于历史唯物主义的一般理论。如果仔细地读一读这 11 封信，就可以看到，这个本子虽小，但包罗万象，比如：生产力决定生产关系的问题、基础与上层建筑的关系问题、国家与革命的问题、阶级斗争问题，包括了历史唯物主义的全部内容。不仅是历史唯物主义的问题，而且是马克思主义的战略、策略问题、共产党的组织问题、国际工人运动的问题，这些问题的基本原理在这书里都有了，不过没有展开就是了。所以，这本书的内容是很丰富的。

有的同志说，你讲讲现在读这本书的意义。我说，这里的内容很丰富，这一点就很有意义。所谓意义，简单地讲，无非是能够帮助我们提高对马克思主义的哲学观点、世界观的认识，加深我们对毛主席思想的认识，加深我们对反对现代修正主义问题的重要性的理解。这里面虽然没有直接反对修正主义，但是反对了各种机会主义。这里有一些反对机会主义的信，特别是 1865 年 2 月 23 日给库格曼的信，是我们批判修正主义的很好的参考；还有第十五封信《马克思和恩格斯给倍倍尔、李卜克内西、布拉格等人的通告》，也是我们反对修正主义的材料；此外，第十一封信、第十二封信都是揭露巴枯宁的,对反修正主义很有参考价值,这两封信揭露巴枯宁搞宗派主义、分裂活动,嘴上讲团结,利用团结的口号搞分裂,我们"七评"上面就引用了上面好几段话。其他的反对蒲鲁东的信里也有一些值得我们在反修正主义中参考的东西。

所以,学马克思主义经典著作的意义就是看现在斗争需要解决什么问题,就有什么意义,它本身是包罗万象的,很难说哪点有意义、哪点没有意义,但是如果根据现在斗争的需要来说,就可以着重讲某点特别有意义。这本书不仅帮助我们了解一般的历史唯物主义、一般的马克思主义世界观的著作,我们哲学专业要注意根本的理论方面;同时,要注意里面反对机会主义的信,这对我们今天反对修正主义很有意义,这一点不能忽视。这方面的信主要就是中间的几封。

整个这本书好像很有逻辑地安排,同时又是按照历史的顺序编的。包括从马克思、恩格斯的最早期著作直到恩格斯临终的时候(1846年到1894年)这么长一段时间的信,按照时间排列起来。因此,对于马克思、恩格斯思想的发展过程,也大体可以看到一些线索。同时,也可以看出马克思和反马克思主义的各种思想斗争。和马克思、恩格斯斗争的机会主义主要有三派:拉萨尔派、蒲鲁东派、巴枯宁派。杜林算不了什么,在国际共产主义运动中没有什么影响和活动,后来在德国工人运动中一时有了名望,但是时间很短,影响很小,不像拉萨尔、蒲鲁东、巴枯宁,他们在理论上、实际上都和马克思作过长期的较量。从这本书里,可以看出马克思和机会主义斗争的历史线索,可以看到国际共产主义运动在马克思、恩格斯时代的线索。

所以,这本书有些像小百科全书,仔细研究,味道很深。不但是历史的顺序,而且逻辑上也有一定的联系。

第一封信很长,里面讲到全部的由生产力到生产关系,再到上层建筑,包括国家和观念形态、由物质领域到精神领域的这样一条历史唯物主义的线索。

第二封信很短,接触到了阶级问题。

第三封信进一步谈到无产阶级的党、宪章党的问题，还提到关于马克思主义和农民的关系问题、工人和农民的关系问题。

第四、五封信谈到了和阶级斗争有关系的军队问题。

第六封信就进入政治了。其中揭露了拉萨尔的投降主义。第一次鲜明地阐明了无产阶级对资产阶级的政治影响应该怎样，是否能够随便地妥协？阐明了在政治上马克思主义的革命观点和机会主义观点的对立。

第七封信谈到政治斗争。有政治斗争就有党的问题，这里就谈到党的问题，反对蒲鲁东的无政府主义。

第八封信中间插了一个经济学的问题，这是插进来的，本来这些信主要是讲政治的。这里写了一些马克思主义观察问题的方法，就是不要只看现象，要看本质。科学的任务是观察本质，不要只看表面现象。把庸俗的经济学和马克思主义的科学的政治经济学对立起来。

第九封信就进入到国家与革命的问题，谈到巴黎公社、法兰西内战。

第十封信也是谈革命问题。

第九、十封信都是谈革命问题，又是总结巴黎公社的经验，称赞巴黎公社。这里有这样的思想：革命士气可鼓不可泄。尽管巴黎公社有错误，是失败了，但是你应该承认他们有冲天的干劲，对这种干劲应该赞扬，这是历史性的创造。所以，革命运动，不管他犯什么错误，首先要肯定他的创造性。当然，错误也要检查，但首先要从积极的方面来看，要看他创造历史的英雄行为。

第十一、十二封信就进入到关于国际共产主义运动的问题。这里主要是反对巴枯宁的宗派主义。国际共产主义运动要不要权威？无政府主义者想利用反对权威来破坏国际共产主义运动，搞宗派主义。赫鲁晓夫还不是反对"斯大林主义"、反对"个人迷信"！这和巴枯宁反对权威有什么区别？形式上有区别，实质上是没有区别的。

第十三封信也和国际共产主义运动有关系，这里也是讲宗派主义和党的统一问题。前两封信是揭露那些高叫团结、实际上搞分裂的人。这一封信里讲到一个思想，就是我们要怎样的统一，是主要争取一两个犯错误的人和我们统一，还是面向广大群众，从广大的群众中找统一的意志？对那些犯错误的人，你争取他，他也可以进来，他进来以后当然经常要把错误的观点带到里面来散布。这些人要搞分裂，分裂就分裂，也没有什么了不起的，无产阶级政党主要有广大群众做基础，有真正的马克思主义做基础，我们就可以忍受这些分裂。

第十四封信就是讲，巴黎公社虽然失败了，但也有胜利。这个胜利震动了世界，国际共产主义威信大大提高。但因此也就在国际共产主义运动中有各种各样的人想按照自己的要求来解释这个运动，因此就要有各种不同的分歧，就会有人搞宗派。

第十五封信是一个通告，是对党内新出现的机会主义的倾向提出警告，这种倾向是以三人的宣言表现出来的。三人里面包括伯恩斯坦。这封信表明，马克思、恩格斯已经预见到党内要出修正主义。当时不叫修正主义，伯恩斯坦这些人还不敢大规模地向党进攻，还没有系统地进攻，但是已经有宣言，并且已经提出纲领来了。所以，马克思和恩格斯在那时已经开始反对修正主义了。

讲到关于政治方面的阶级斗争、国家与革命的问题、国际共产主义运动的问题的，就是这几封信。从第六封信到第十五封信，包括了以下六个问题：阶级斗争、政治、国家、革命、国际共产主义运动、反修正主义。

从第十六封信起，就开始进入历史唯物主义比较一般的理论范围。

第十六、十七、十八、十九，这四封信都是讲基础与上层建筑的关系，上层建筑的相对独立性。这两个问题在第一封信里没有讲到，第一封信里只是讲了一个方向问题，没有讲到上层建筑对基础、生产起什么反作用。从第十六封信直到第十九封信，这四封信就专门讲到相互关系问题，肯定首先是物质决定精神，基础决定上层建筑，这是最基本的，是第一性的关系。肯定了第一性的关系并不能否定还有第二性的关系，这就是精神反过来又作用于物质，上层建筑反过来又作用于基础，而且上层建筑还有自己相对的独立性。这个相对的独立性表现在两方面：一方面，每一种上层建筑都有自己发展的历史。它最后决定于基础，但是它还有自己发展的历史。比如，哲学有哲学的继承性，它是利用以前的哲学才能发展，它并不是割断以前的联系而简单地、直接地从基础产生的。另一方面，各种上层建筑有相互的关系，政治可以影响宗教，宗教可以影响政治。不仅基础决定上层建筑，上层建筑互相间有第二位的决定作用。政治斗争当然最后决定于经济，但政治斗争的形式（只讲形式）往往又决定于别种上层建筑。有一个时期，资产阶级的革命就采取了宗教战争的形式。所以采取这种宗教的形式，并不是由经济决定的，而是由当时的宗教情况决定的。如果在中国，资产阶级的革命例如戊戌政变、辛亥革命就没有宗教的性质，因为中国的宗教势力不是那么大的。当然，中国的农民战争也还有宗教战争，如太平天国。但是资产阶级革命没有宗教的性质。

这里有历史的过程，也有逻辑的过程，开始第一封信讲第一性的关系，最后再补充第二性的关系，如上层建筑对基础的反作用。恩格斯后来的补充是因为早期没有这样的问题，批判蒲鲁东主要是打击他的唯心主义，所以强调由生产力、生产关系决定上层建筑，强调了这个方面，就忽视了反作用的方面，忽视了上层建筑的相对作用。

第二十封信是讲农村公社问题，也是补充前面没有讲过的问题。农村公社是什么东西，会有什么发展前途？当时俄国还有民粹派，这封信好像是反驳民粹派在这方面的主张。1893年到1895年，列宁写了《什么是"人民之友"以及他们如何攻击社会民主主义者？》就是系统地批判民粹派的主张。恩格斯在这封信里已经开始谈到民粹派对农村公社的错误看法。

最后一封信是比较综合的，说明了基础和上层建筑、上层建筑和基础的关系，并且也具体分析了一下经济基础的概念。

这本书大体上就是这样的结构，它既反映了历史，也反映了马克思主义的逻辑结构。逻辑结构和历史发展过程是一致的，逻辑结构也是历史发展的索引，是整个历史过程的胎生学的反映。整个的逻辑结构概括了历史，把历史的复杂过程撇开了，只把历史的最基本的关系概括出来，把马克思主义的全部思想都包含在里面了。所以，把这本书仔细读一下，加以展开，联系别的经典著作，联系毛主席的思想、联系现在我们的斗争，是可以得到很多东西的。

我从前翻译的时候，也没有看全书，现在准备讲课，就等于再学一遍，一学就感到内容很丰富。以前我还没有意识到这一点，以前有人问我：你翻译这本书有什么体会？我一点体会都没有，只是适应大家的学习要求。因为从前根本没有这样仔细地读。

面对这么多的东西，怎样讲呢？我想这样：挑两篇最难的读一读，对其他各篇只把一些重要的向大家提一提。准备读一读第一封信、第十八封信和最后一封信，别的信就不读了，只把里面重要的几段指出来就可以了，因为那些信都容易读，没有读《自然辩证法》那样困难，我看大家是能够读下去的，问题是有些历史知识需要考证，可以由别的同志作些辅导，把知识性的东西讲给大家听，这方面我就不讲了。

二、第一封信（马克思给安能科夫）逐段讲解

现在就从第一封信讲起。

马克思的这封信（1846年12月28日于布鲁塞尔）是他的另一部哲学著作，即《哲学的贫困》的提纲，他写了这封信就准备写《哲学的贫困》，所以这封信大体包括了这本书的思想。

第一段、第二段说明了蒲鲁东那本书很不对，很不好，他要批评那本书。

第二段的意思就是讲蒲鲁东随便抓了一些哲学的词句就想来解释经济问题。这里有一句难懂的话："蒲鲁东并不是因为作为可笑的哲学的所有者，才给予我们以政治经济学上的虚假的批判，他之所以把可笑的哲学供给我们，是因为他不了解现代社会制度的锁链……"（《关于历史

唯物主义的信》，人民出版社出版1951年第1版，1961年第8次印刷，第5页，以下引文只标页码）这个意思实质上就是讲，蒲鲁东在哲学上没有什么了不起，他的经济知识所以错误，并不直接地因为他有一整套错误的哲学，主要是他对现代社会制度的客观情况不了解，所以勉强抓了一些哲学词句套上去。这是知识的贫乏，主要是因为他对资本主义社会没有什么研究，对于资本主义的规律没有什么知识。"现代社会制度的锁链"就是讲资本主义的规律性联系。由于他在这方面没有去研究，根本不懂，所以就要勉强地解释。他没有别的办法，只好抓唯心主义的哲学，从傅立叶书里随便抓一些片面的东西来勉强加以解释。"现代社会制度的锁链"是借用傅立叶的话，傅立叶当然也不知道现代资本主义社会的规律，但是他多少知道一些资本主义社会的罪恶。"锁链"在马克思主义手里就要解释成"规律"。

"为什么蒲鲁东要讲到神，讲到普遍的理性，讲到与个人无关的人类理性，说它是任何时候都没有错误的，说它先是和自己本身相等的，说人们必须对它获得正确的表象，才能够掌握真理？何以他要依靠浅薄地摄取了黑格尔的哲学，来把自己描写成深刻的思想家？"（第6页）

他的哲学思想实际上是浅薄的，但是还要借用黑格尔的名义把自己装作深刻的样子。他的思想内容，无非是说世界上有一种永久存在、永久正确的理性，这种理性不知道存在在哪里，反正世界上有。人要得到正确的思想，就要从天上找到这种理性，要使自己的思想符合这种理性，才能得到真理。天上有一个永久的理性，只要你善于祈祷，它就会降临到你的脑子里来，宗教家经常讲祈祷，请"上帝"给他"启示"，牧师讲道的时候就说：上帝给了我一个启示，我讲给你们听，你们要好好地听，上帝是正确的。蒲鲁东的思想就是这样的思想。你看，讲社会主义的人可是又讲神的理性。

蒲鲁东为什么这样说？下面一段是解释。蒲鲁东觉得有一个永久正确的理性，这不是决定于个人，个人只能去认识它，适应它，但不一定能够掌握它，个人的认识有时会错误，与理性不一致。为什么有这种情况？他自己给我们提供了揭破谜语的关键。

"他自己就提供给我们揭破谜语的关键。蒲鲁东在历史中看见社会进化的某种序列。他看出历史是进步的实现。总之，他看出作为单独的个体的人们，没有理解到自己所做的是什么，他们是错误地设想了自己本身的运动。这就是说，一眼看去，他们的社会发展似乎是超越于、独立于、不依赖于他们的个人发展的东西。"（第6页）蒲鲁东看到了历史发展不依赖于个人的情况。本来他已经看到了规律，看到了历史的必然倾向。但是问题在于："他没有能力来解释这个事实"（同上）。

人的历史为什么不依赖于个人发展，为什么人不能自觉地认识它？有的时候是出乎人的意外的。中国的形势发展得这样好，不是就出乎他们意外的吗？今年有十大意外：石油自给，周总理到非洲这么受欢迎，法国居然能够承认我们，美国到处碰壁、对这么小的南越竟没有办法等等，都是意外。为什么历史是人的历史，但总是出乎人的意外呢？蒲鲁东不能解释这个事实。

由于他不能解释这个事实，"于是在这里就出现关于自己显现着的普遍理性的臆说。再没有比发明神秘的理由，也就是发明缺乏正确意义的空话这件事更容易的了。"（第6页）好像有普遍的理性、客观的理性支配人类的历史，历史是服从于这个普遍理性的，所以他就离开了唯物主义。如果他真正了解了历史发展规律，那么用唯物主义的方法就可以解决了，用不着用什么理性来解释。但是他不能这样解释，他觉得很奇怪、很神秘，只能用理性来解释。客观唯心论都是这样产生的，所有的客观唯心主义产生的原因和宗教产生的原因都差不多，由于人类对自己周围的规律无法认识、无法支配，经常出乎意外，于是只好用上帝、鬼神来解释。古代的人知识少，就说是上帝，近代的人文明一点，就说是普遍理性。所以，理性和上帝就是一个东西。

下面作一个结论："蒲鲁东先生不是正因为承认自己对于人类历史发展的完全无知——当他从普遍理性、神等等大吹大擂的名词里去找依靠的时候，他就承认了这一点——因而也就不可避免地承认自己没有能

力理解经济的发展吗?"(第6页)

承认对历史的完全无知,因而就不可避免地成为没有能力去理解经济发展的法则。用神来解释历史,实际上就等于承认自己无知。这并不是说,蒲鲁东公开承认自己无知,他认为自己还是很有知识的。马克思说他是客观上承认了自己无知。这是对蒲鲁东唯心主义的揭露。

下面是马克思正面阐述自己的观点:"什么是社会,不管它属于哪种形式?是人类的相互作用的产物。人类可以自由地选择他们的社会形式吗?绝不能。人类的生产力发展到了一定的程度,就会有一种相应的交换和消费的形式。在生产、交换、消费的一定发展阶段上,就会有一种相应的社会结构的形式,就会有一定的家庭组织、阶级状况,一句话,就会有一种相应的公民社会。在这样的公民社会基础上,就会有一种相应的政治状态,而这政治状态正是公民社会之正式的表现"。(第6~7页)

上面就是历史唯物主义的第一性的关系:由生产到交换、消费,一直到阶级、国家、政治状况等这样一条线索。这都用不着解释了。要解释的是这样的问题:人类的生产力发展到一定程度就会有相应的交换和消费形式,为什么马克思在这里不讲生产关系?这是马克思最早期的著作,那时他的概念还没有最后形成和确立,生产关系这个概念还没有使用。这里说的交换、消费的形式就是指生产关系。我们不能用今天的观点来要求马克思最早期的著作,对他也应该有历史的观点,不可能要求什么概念都确定下来。

这一段最后还有一句:"这一切,都是蒲鲁东先生不会了解的,因为他以为,只要从国家转向公民社会去求诉,也就是从社会之正式的总结转向正式的社会去求诉,就算是做了大事情了。"(第7页)这意思就是说,蒲鲁东不懂得国家政治是反映生产关系、生产力的,他不懂得政治是国家经济的集中表现,因而也就不懂得要解决经济问题,根本的关键在于解决政治问题、国家问题。所以,他以为可以离开国家转向工业、转向经济,直接通过经济搞一个社会结构。也就是说,离开社会的集中的东西而只是讲社会性，把目的放在社会本身而不放在解决政治问题方面。这是批评蒲鲁东的无政府主义。

"还必须要再附加一点：人们对于自己的生产力——他们的全部历史的基础——并不是能自由选择的，因为任何生产力都是已经获得的力量，都是从前活动的产物"（第7页）。这是没有办法选择的，是以前已经形成了的。

接着说："固然，生产力是人类的实践能力的成果，但这能力本身却决定于人类所处的情况：即由以前已经获得的生产力在他们之前已经存在（不是他们所创造的，而是过去世代的生产物）的社会形式所形成的情况。"（同上）这里也是说，生产力和生产关系都是以前已经形成的，不是自由选择的。

接着说："任何后来的世代都是靠着先前的世代所获得的生产力（它对于前者是作为新的生产的原料）而存在的，这一个简单的事实，就在人类历史中间构成了一种联系，构成了人类的历史，这历史，当着人们的生产力愈更发展了时，从而人们的社会关系也愈更发展了时，就愈更成为人类的历史。"这里是说，不仅仅是受自然的影响了。

"由此得出必然的结论：人类的社会史，常常只是他们的个人发展的历史，不管他们对于这点是否意识得到。"这里讲的"个人"不是讲一个人，而是讲许多人。每一个人都有一定的作用。历史是人创造的，历史是人的历史，每一个人都在历史里起作用。不过这一点他不一定能意识到。

"他们的物质关系构成了他们的一切关系的基础。这物质的关系，只是他们的物质的、个人的活动藉以实现的必然的形式"。这里的"个人的活动"不能简单地解释为个体生产，还是每一个人都参加了活动的。这是和"普遍的理性"对立的，历史并不是受"普遍理性"的支配，而只是每一个人活动的总的结果。这里总是提"个人"。这并不是个人主义，并不是认为个人决定历史。而是说，历史是人类的历史，是许多个人活动的总的结果。

"蒲鲁东先生把观念和事物混淆了。"这是把上面的话总结一下。历史是一个事物,不是受观念支配的,观念只是反映这个事物。而蒲鲁东认为,理性就支配历史,历史是以理性为基础的。这样,就把事物本身和观念混淆起来,好像事物的运动就是观念的运动。历史是许多个人活动的结果,所以是一种事物,它本身不是观念,它本身的历史不是观念的历史,观念的历史只是反映事物的历史。蒲鲁东认为历史是观念的历史,就是把观念和事物混淆了。

下面是另外的解释:"人类决不放弃他们所获得的东西,但这并不是说,他们也不放弃那他们藉以获得某些生产力的社会形式。完全相反,为着要使争取得的成果不至于丧失,为着不要失去了文化的果实,人类在他们的交换方法不能再和既已获得的生产力相适应的一瞬间,就不能不改变他们的传统的社会形式——我这里所说的"交换"是指最广义的用法,就等于德文里的'往来'(Verkehr)的意思。"(第8页)这里讲的"交换方法"、"社会形式"都是指生产关系。这里讲的"文化成果"也不是指思想文化,而是指人类进步的成果,即生产力发展的成果。生产力是一种文化,广义的文化包括生产力。我们到故宫博物馆去参观,古代的铜器、铁器有许多是生产力,但是也叫文化。要使生产力的成果不致丧失并继续发展,就要在一定的时候抛弃生产关系。"交换方法"就是指生产关系。"往来"就是指人和人的联系。

接着下面是:"举例来说,譬如特权,行会和社团的制度,中世纪的法规等,都是社会关系,这些社会关系仅只是适应于既已获得的生产力和以前存在过的虽使这些制度产生出来的社会状况"。就是说,这些社会关系以前是适合生产力性质的。

"在这些社团和法规的庇护之下,资本就积蓄起来,海上贸易发展了,殖民地也建立起来,而人们如果还要想保守着那使这些果实在其庇护之下成熟起来的形式,那么他们就会连这些果实也要失去。由此才发生了两次暴动,即1604年和1688年的两次革命。"(第8页)这里讲,有了资本主义的生产力,行会就不能要了,历史上发生的两次暴动,就是为了取消行会制度的。

"一切旧的经济形式，一切和它相适应的社会关系，以及旧公民社会的正式表现即政治的状态等，在英国都被打碎了。这样，人类实行生产、消费，交换等所依据的经济形式，都是过渡的、历史的。随着新的生产力的获得，人们就改变他们的生产方式，又随着生产方式的改变人们就改变一切的经济关系，而经济关系仅只是这种特定生产方式的必然关系。"（第8页）

这里面的"生产方式"、"经济关系"混用了。我们讲生产方式，是包括生产力和生产关系，所以生产方式已经包括经济关系了，这是现在这样用的。马克思的早期著作中，用得不是这样严格的，他说的生产方式有时是指生产力，就是指技术方式、劳动的方式、劳动使用什么工具。生产方式是两方面，一方面是说用什么工具，另方面是在生产中人采取什么方式，互相结合。就是说，人和什么样的生产资料结合，人和人怎样结合，这样两个方面。这里讲的生产方式主要是讲人和什么样的工具，什么样的生产资料结合，实际上就是指生产力。这两方面是分不开的。

"这些都是蒲鲁东先生所不了解，尤其是很少论证到的。由于没有注意到历史的现实过程，蒲鲁东先生就给我们提供一些幻影作为补充，而这幻影是力图要成为辩证法的幻影。他不觉得有必要来讲一讲17、18和19世纪的事，因为他的历史是出现在想象的九霄云雾之上，并且是高高地存在于时间和空间的限界之外的。一句话，这是黑格尔派的废物；这不是通常的历史——人们的历史，而是神圣的历史——观念的历史。"

这里讲黑格尔的历史是在九霄云外的历史，不是在现实世界里面的历史，所以说是观念的历史。

"……按照他的观念，人类只是被观念或永久的理性利用来使自己发展的工具。"

黑格尔有一句很有名的话：世界上的英雄人物都是绝对精神的工

具,拿破仑到了德国的时候,黑格尔说:这是骑着白马的绝对精神。因为个人是没有意思的,所以黑格尔把个人和绝对精神对立起来了。

"……进化,照蒲鲁东先生的说法,那是在绝对观念的神秘天国里实现着的进化。如果你揭去了这神秘词句的掩盖,你就会看见蒲鲁东先生是在向你叙述着那种秩序,那里面的经济的范畴都是在头脑中安排成的。用不着很大费力就能证明,这是最糊涂的头脑的秩序。"(第9页)

他口头上说世界理性支配历史,实际上他解释历史是用他自己脑子的观念来安排历史,不去研究客观世界,糊里糊涂的想,这种头脑是糊涂的头脑,是脱离现实的,凭脑子想来随便解释问题。和黑格尔一样,教条主义虽然讲的是马列主义,但实际上是把脑子里凝固化了的一些死的东西看做是支配客观实际的动力。

下面就具体地批评蒲鲁东的那些范畴。

"蒲鲁东先生的著作一开始就讨论到他所爱好的玩艺,即价值。对于这一部分作品,我现在不打算加以分析。"

"永久理性的经济进化的系列,是从劳动分工开始的。"他认为蒲鲁东脑子里所想象的那种发展是从劳动分工开始的,所以首先讲劳动分工。"对于蒲鲁东先生,劳动分工是极其简单的事情。但是,难道等级制度不能算是劳动分工的一定的样式吗?难道行会制度不能算是劳动分工的另外的样式吗?又,难道在英国由17世纪中叶开始而到18世纪末完结了的工场手工业时代的劳动分工,不是绝对地有别于现代大工业的劳动分工吗?"(第9页)

这里批判蒲鲁东的劳动分工的概念是死的概念,简单的就是劳动分工,他不知道劳动分工是一种生产力发展的不同形式,不懂得行会制度的时候,有封建时代的劳动分工;资本主义初期工场手工业时代,有工场手工业时代的分工;而工场手工业时代的分工,又不同于现代大工业的分工。有各种各样的劳动分工。这些问题是蒲鲁东一点也不研究,说明他对经济一点都不懂,就是简单地讲劳动分工。劳动分工怎么来的、怎么发展的,他就没有这种观念。

"蒲鲁东先生是那样不善于了解事情的本质，以至于竟会忽略掉连普通的经济学家也不会忘记的事情。讲到劳动分工时，他全然没有感觉到有必要谈一谈世界市场。难道说14世纪和15世纪，当殖民地还不存在，当欧洲还不知道有美洲，而和东亚的交往仅只能依赖君士坦丁堡的时候，那时的劳动分工不是应该根本地区别于已经有了殖民地的充分发展的17世纪的劳动分工吗？"（第9～10页）

就是说，劳动分工随着市场的发展也有不同。

"但还不止此。难道说各民族的一切内部组织，他们的一切国际关系，不是劳动分工的一定样式的表现吗？难道说这一切不会要随着劳动分工的变化而变化的吗？"（第10页）

这一段讲蒲鲁东不懂得生产力可以决定生产关系，可以决定社会组织，他是用当时的语言来讲的。

"蒲鲁东先生是那样不能够理解劳动分工的问题，以至于连城市和乡村的分化也没有提到，这分化，以德国为例，是从9世纪到12世纪之间产生的。"（第10页）

我们读马克思、恩格斯的著作有这样的好处，就是他们在作理论分析时，同时就说历史概况，所以，可以使我们知道许多历史过程，读了这一段，我们就知道在欧洲什么时候有城市和乡村的分化。以此为榜样，如果我们研究中国的经济，也要研究一下中国的城乡分化是什么时候出现的。理论分析要和历史概况密切结合，这种方法是要经常注意的。总要研究历史经验，概括历史经验，毛主席、党中央从来就是这样。我们听了周总理、陈毅同志的报告，他们在非洲时，人家和他们谈问题，他们总是讲中国历史的经验，讲了就能解决人家的问题。马里凯塔总统一定要在公报上写他是搞社会主义的，如果我们简单地反对，他就不高兴，我们就讲我们的历史经验。我们到了全国胜利，还不谈是社会主义，要等待、要研究，使人民脑子里成熟了。不能以为我们搞社会主义就写上社会主义，你写上大家不能接受，就会脱离群众。把历史经验一概括。他就没有话讲了，还很佩服。如果非常生硬地说：你的社会主义不是真正的社会主义，我们不能写。那就要搞僵了，还叫什么统一战线？所以，说服人要善于利用历史经验。毛主席和外国人谈话也是用这种方法。因为讲我们的经验就讲到普遍规律，我们的经验带有典型性，讲我们的经验也能说服人，人家也不好反驳，因为我们讲我们的经验，并不强加于你，供你参考，但是你不能不尊重我的经验。我们这样大的国家，这样大的胜利，他也不能不尊重。所以，这样就能够说服人。蒲鲁东根本不研究历史，马克思、恩格斯十分注意研究历史，讲城乡分化是决定于生产力的发展，他有确凿的证据，时间、空间确确实实的，在9世纪至12世纪中间，德国有了城乡的分化。

"……在蒲鲁东先生看来，这分化是永久的，不变的规律，因为他既不知道它的产生，也不知道它的发展。他在自己的全部著作里是这样地论述着，好像这一定生产方式之下的产物，是会永久地继续存在下去似的。蒲鲁东先生关于劳动分工所讲到的一切，都不外是亚当·斯密以及其他许多人在他以前已经讲过的东西的概括，而且还是非常肤浅的，不完全的概括。"（第10页）

亚当·斯密是资产阶级的经济学家，所以蒲鲁东的经济学观点实际上是资产阶级的。

"永久理性的第二步进化，是机器。"这是说劳动分工产生机器的观点，第一步是劳动分工，第二步是机器。"劳动分工和机器之间的联系，被蒲鲁东先生讲得非常神秘。劳动分工的每一种样式，都有过自己的特殊的生产工具。例如从17世纪中叶到18世纪中叶，人们就不是完全用手工作，他们有许多器械。而且还有极复杂的，如像车床、船只、杠杆等等。"（第10页）

"由此可见，把机器的出现一般地看做劳动分工的结果，是非常荒谬的。"（同上）

马克思说，它们的关系应该反过来，工具的发展产生劳动分工的不同形式，而不是劳动分工产生机器。所以蒲鲁东是荒谬的。

"顺便指出，蒲鲁东先生对于机器发展的历史之缺乏了解正像对于它的产生的历史一样。"

这里说的"它的产生的历史"就是认为机器是劳动的分工产生的。至于机器怎么发展，蒲鲁东也不怎么懂得。

"……应该说，1825年——第一次普遍危机的时候——以前，消费的需要一般地是比生产的发展快，而机器的发展，则是市场要求的不可避免的结果。"资本主义的第一次经济危机是1825年，这是一个重要的历史事实。"从1825年起，机器的发明和应用仅只是企业主和工人之间战斗的结果。但这只对英国来说才是正确的；至于说到欧洲各民族，那么，他们之被迫应用机器，乃是因为不论在他们本身内部的市场上和国际市场上都受到了英国的竞争的缘故。最后，在北美洲，不但由于对别的民族的竞争，也由于劳动人手不足，即由于北美洲工业的需要和它的人口之间不相称，唤起了机器的采用。根据这些事实，你就可以断定，当蒲鲁东先生把竞争的怪影当做第三步进化，当做机器的反命题召唤出来时，是表现了怎样的一种识见。"（第11页）

蒲鲁东是这样的公式：劳动分工产生机器，因此，同样的，劳动分工使机器发展了。但是，现在马克思主义的分析，历史上机器的发展有各种各样的原因，所以蒲鲁东根本是主观主义。同时，机器的发展原因之一还有竞争，由于欧洲受到英国的竞争，所以欧洲非用机器不可，所以竞争产生机器。但是蒲鲁东认为机器以后才有竞争，所以把竞争当做机器的反面，这完全是一种主观的错误的思想。

"最后，把机器看成与劳动分工、竞争、信用等等相并列的经济范畴，一般地说也是荒谬的。"（第11页）

下面就解释。

"机器不能算做经济范畴，正如拉耕犁的牡牛一样"，这是一种工具，工具不是经济范畴。马克思说，生产力要素和经济不是一回事。

"……现代机器的应用，是我们现代经济制度的一种关系，但机器的利用方式并不等于就是机器本身。火药总是火药，不管它的使用是为着要引起人类的伤害，或者是为着要治疗人类的伤害。"（第11页）

这里附带可以联系这样的问题：现代修正主义把核武器的出现这件事说成是决定了时代的变化，使得战争的正义性和非正义性不存在了。这种观点也是把一种工具简单地看成是一种社会关系。好像核武器的出现就没有正义与非正义的区别了，时代就变了。实际上，核武器的出现是一回事，这是人类发现的一种工具；另外，正义与非正义是一种社会关系，这种社会关系决定于经济关系，决定于阶级关系，决定于社会制度，这是完全不相干的两回事。所以马克思讲，火药总是火药，至于用火药来治疗人们或者伤害人，那是人的关系问题，和火药不是一回事。

"蒲鲁东先生作了空前的努力，来把竞争、垄断、税收或警察、贸易差额、信用和所有制等，按照我这里所列举的秩序，从自己的头脑中构想出来。"（第11页）

在竞争以后，又出现了垄断。竞争、垄断、税收、警察……这种排列都是主观的。

"……几乎所有的信用制度，在英国，在18世纪初期，在机器还未发明以前，就已获得了自己的发展。"不是在机器竞争的时候，而是在机器以前。"国家信用仅只是使税收得到提高和使资产阶级掌握政权后所造成的新的需要获得满足的新的方法。最后，所有制在蒲鲁东的体系里构成末尾的范畴。在现实的世界里却相反，劳动分工以及蒲鲁东先生的一切其他范畴都是社会关系，它们在总体上构成现在时候人们称做所有制的东西。"（第12页）

所有制不是最后出现的，劳动分工的出现就有所有制，各种社会关系都以所有制为基础。这句话的意思是这样：所有制不是在最后，而是几乎在最前面。

"……离开了这些关系，资产阶级的所有制就不外只是形而上学的和法律的幻想。"（第12页）

还没有所有制以前就有这种社会关系。

"……另外时期的所有制，封建的所有制，是在全然不同的社会关系中发展的。由于断定所有制是孤立的关系，蒲鲁东先生就做出了某些比方法论的错误更坏的事情：他暴露自己不懂得把一切资产阶级的生产形式统一起来的那些联系，他暴露自己不懂得一定时期的生产形式具有着历史的和过渡的性质。由于没有看见我们的社会的建制都是历史发展的产物，由于不能理解它们的产生以及它们的发展，蒲鲁东先生对于它们就只能给予教条主义的批判。"（第 12 页）

这一段的意思就是说，所有制在很早就有，对所有制本身也要历史地看。蒲鲁东最坏的一点就是不懂得把一切资产阶级的生产形式统一起来的那些联系，他暴露了自己不懂得这种关系的历史过程，不懂得一定时期的生产形式具有着历史的和过渡的性质，他把所有制的各种方式都看做是永久的、固定的支配人类历史的，所以，蒲鲁东就是一个教条主义者。

"当要说明发展时，蒲鲁东先生就不得不依靠虚构。依他的想法，劳动分工、信用、机器等等的发明，都是为着给他那麻烦的观念——平等观念服务的。"（第 12 页）

他认为分工、信用、机器等，最后总是要发展到平等。

"……他的解释是极端地幼稚。所有这些东西都在平等的名义之下构想出来。但，不幸的是它们都是趋向于反对平等的。"（第 12 页）实际上，所有这些东西都是和平等相矛盾的。"他的全部议论都处在这种情况中，这就是说，他采取随意的臆测，但是，由于现实的发展每一步都和他的虚构相抵触，他就由此做出结论，说矛盾存在着。同时他却掩盖了这一点：即矛盾仅只存在于他那麻烦的观念和现实的运动之间。"（第 12 页）

他也承认了矛盾，但是，他就不知道他的那种虚构的观念和现实的运动是惟一的矛盾。这并不是说否认客观矛盾，他所讲的矛盾实际上并不是矛盾，他真正碰到的矛盾，主要是他的麻烦的观念和现实的矛盾，这不是否认矛盾的意思。

"这样，蒲鲁东先生首先是由于没有历史知识，因此就不了解，人们是在发展自己的生产力的时候，也即是在生活的时候，就发展着一定

的相互之间的关系，而这些关系的性质是不可免地要随着这些生产力的改造和发展而发生变化。"（第12~13页）

马克思的这个分析中没有用"生产关系"这个词，但是并不是没有生产关系的含义。所以这一点一定要注意。

"……他不了解，经济范畴只是这些现实关系的抽象，并且只在这些关系存在着的时候才具有真理性。"（第13页）

人的主观范畴受客观的支配，范畴只是历史经济关系的反映，如果这经济关系不存在了，那么这范畴就没有实际意义了。这一句话很重要，是唯物主义的观点。重要的是他两句话在一起，范畴要反映现实的关系，范畴是现实关系的抽象。不仅仅是反映，而且范畴的真理性要关系存在的时候才具有。这个关系如果已经过去了，你还要使用这个范畴，那就要犯错误。所以，真理也还是相对的，要在它所反映的事物存在时才有真理。所以，没有永久的范畴。修正主义者就认为有永久的范畴，自由、平等、博爱，这是永久的，将来共产主义就要实行自由、平等、博爱，其实这是资产阶级革命的口号。资产阶级的革命过去了，这个口号就没有真理性了。现在讲自由、平等、博爱就是骗人的口号。因为现在我们一方面要自由，一方面也要有些人不自由，自由和不自由是联系的。平等也是这样，资产阶级只有法律上的平等，法律上的平等也是有限制的，没有经济平等。我们讲平等也不是讲平均主义，不是抽象地讲平等。平等友好，在一定的条件下，和不同制度的国家做买卖可以讲，兄弟国家的关系在讨论问题时要有平等的关系。修正主义在讲平等，对待别的兄弟国家就不讲平等，这不是骗人吗？博爱，更不行了，爱敌人行不行？所以这是骗人的话，一点真理性也没有，因为不符客观事实。

下面马克思讲，由于他不懂这些，"这样他就陷落到资产阶级经济学者的错误当中，他们把这些经济范畴看做是永久的，而不是历史的规律——这规律，仅只对于历史发展的一定阶段，对于生产力发展的一定阶段才是现实的。因此，蒲鲁东先生不是把政治经济学的范畴看做现实

的、过渡的、历史的社会关系之抽象,而是神秘地颠倒着问题,把现实的关系看做仅只是这些抽象的东西的体现。"(第13页)

现代修正主义者就是把共产主义看做是自由、平等、博爱的最高体现,是所谓"人情"的体现,就是人道主义范畴的体现。现代修正主义主要还是主观唯心主义,但是在这些问题上还有一些客观唯心主义。主要是主观唯心主义。

"……而这些抽象的东西,乃是自从开天辟地就已睡眠在上帝的胸怀里的一些公式。"(第13页)

所有这些公式,在盘古开天辟地以前就在上帝的脑子里了,还是黑格尔主义。

"这里,我们良善的蒲鲁东先生就开始陷于严重的智力上的困境。倘若所有这些经济范畴都是神的心胸里的流出物,倘若它们都是人们的隐秘的和永久的生命,那为什么,第一,发展会存在着;第二,蒲鲁东先生会不是保守主义者?对于这明显的矛盾,他是用对抗的全部体系来作为说明的。"

为什么说还要改革、还要发展,为什么不早一点实现上帝的这种范畴?为什么以前不会实现,偏偏要蒲鲁东才能实现?蒲鲁东就用他的全部对抗的体系来说明。他怎样调和对抗的体系?

"试举例来解释这个对抗的体系。"

蒲鲁东的体系里面有互相对抗的一些范畴,他要把它调和。

"垄断好,因为这是经济范畴,也就是神的流出物。竞争好,因为它同样也是经济范畴。"

两个对抗都好,怎么办?

"……至于垄断的现实和竞争的现实,那却是不好的。"(第13页)

他这样解释:作为神的范畴是好的,但是作为现实存在,垄断和竞争是不好的。

"……尤其因为垄断和竞争彼此要互相吞没的,就更不好。怎么办呢?蒲鲁东先生以为,这两种永久的神的思想既是互相矛盾的,那么显然地在神的胸怀里也同样会具有着双方思想的综合"（第14页）。蒲鲁东只有用神的思想调和，人是没有办法调和的。"在这里，垄断的坏处由于竞争而得到均衡，相反地也是一样。"（同上）现实世界不调和没有办法，由于神的因素就调和起来。

"……观念双方之间的斗争会得到那样的结果，即只有它们的好的方面向着外部显露出来。神必须培养这些隐秘的思想，然后应用它们，而一切就会美满了。"（同上）

就是说，要像神一样，把自己对抗的概念的好的东西都设法显露出来，使它把那些坏的东西都能够消灭，不显露出来，这样就会融合、美满了。

"……必须去发现那隐藏在与个人无关的人类理性的混沌中间的综合的公式。"就是调和的公式。"蒲鲁东先生是一分钟也不动摇地以发现这个秘密的资格自任。"（第14页）

就是对立面的融合论、对立面的调和论，现代修正主义者也是用这种观点来歪曲对立统一的规律。对立面是经过斗争使矛盾解决的，不是经过调和来解决矛盾，任何矛盾的对立面都不能调和，不管是对抗的或非对抗的。比如我们党内正确与错误的思想，这是非对抗的矛盾，但是这个矛盾的解决是否能把正确思想和错误思想加以调和就能解决？不能，只能经过两种思想的斗争、批评与自我批评，把错误克服了，然后才能解决。我们所谓矛盾是不能调和的，意思就是说，矛盾是不能经过调和来解决的，而是要经过斗争来解决。并不是没有调和，调和是有的，不过矛盾不能通过它来解决。修正主义者就是和资产阶级调和，要想调和矛盾。调和会不会解决矛盾。对立面的统一暂时是有的，有条件的调和是有的；但是调和并不能解决矛盾。两种不同的意见在一起谈判，得到一个调和，公报是混合的公报，这当然有一个暂时的统一性，可是矛盾并没有解决。马克思主义者和修正主义者能不能经过谈判搞一个调和的公报？不可能。

1960年莫斯科会议以及1957年莫斯科会议，在个别问题上有一些调和，那是没有解决矛盾，因此修正主义抓住公报里调和的地方，特别是和平过渡问题大做文章，所以矛盾还是发展了。我们不否认一定的条件下调和的事实，但是有这种事实并不等于矛盾要经过调和来解决，矛盾是不能用调和的方法来解决的。蒲鲁东也是一种庸俗的调和矛盾的论点，他一分钟也不动摇地想来调和矛盾，所以他就是机会主义，实际上是和资产阶级站在一边。在这个地方，马克思用辩证法来反对他的那种变相的形而上学。

"但是，请把视线略微投到现实生活上去吧。在现代的经济生活中，你不仅仅会找到竞争和垄断，也同样会找到它们的综合"，这是另外一种综合，"不是表现为公式，而是表现为运动。垄断生出竞争，竞争生出垄断"。(第14页)对立面互相转化。"然而这种均衡化的结果是造成愈更困难和愈更混乱的局面，而不是如资产阶级经济学家所想的那样会排除现代局面的困难。"(同上)矛盾总要经过革命才能解决。在资本主义条件下，矛盾越来越激化。"这样，如果把现代经济关系所从属的基础加以改变，把现代的生产方式加以消灭，你就会不只是消灭掉竞争、垄断和它们的对抗，也会消灭掉它们的综合——竞争与垄断的现实的均衡化所由此产生出来的运动。"(第14页)

"这里我给你举出蒲鲁东先生的辩证法的范例。"(同上)

"自由和奴役表现为对抗。我不需要讲到自由的好的方面或坏的方面。至于奴役，它的坏处也用不着提及。只有一点需要说明——这就是奴役的好的方面。"(同上)

大家对"奴役的好的方面"不懂得，马克思主义分析的方法是一分为二的，奴役也有好的方面，不是说奴役好，只是说它有一些积极的作用。

"……问题不在于间接的奴役，不在于无产阶级的奴役。问题是在于直接的奴役，在于苏立南、巴西、北美南部诸州等地的黑种人的奴役。"(第14页)

黑奴是直接的奴役制度。

"直接的奴役之成为我们现代工业的基础，是正如机器信用等等一样。"（第15页）

"没有奴役就没有棉花，没有棉花就没有现代工业"。当时纺纱用的棉花主要靠非洲的黑奴种出来，美国南部就主要是种棉花。

"……奴役使殖民地具有价值，殖民地创造世界贸易，而世界贸易——是巨大的机器工业所不可缺少的条件。在黑人贸易没有建立以前，殖民地给'旧大陆'的产品是很少的"美洲没有黑奴就没有这么多的棉花。"并且也没有使世界面貌发生什么显著的改变。这样，奴役——这是具有巨大意义的经济范畴。没有奴役，北美洲——最进步的国家——也许会变成家长制的国度。"（第15页）

奴役是经济范畴，是生产关系，资本家使用黑奴，奴隶是生产力、劳动力。

"……只要把北美洲从世界地图上除去，你就会看到贸易和现代文明的无政府状态，它们的完全的衰落。"（同上）

当时的黑奴这样重要，没有黑奴，资本主义就不存在。

"……而奴役的消灭，就可以看做是从世界地图上抹掉美洲。这样，正由于奴役是经济的范畴，所以它是自从开天辟地就会为一切民族所遇到。现代的人民只能在自己中间掩盖着奴役，但在'新大陆'又使它暴露出来了。蒲鲁东先生的关于奴役的这些想法究竟是为着什么呢？他是要寻找自由和奴役的综合，寻找真正的黄金般的中心，换句话说——寻找奴役和自由之间的均衡。"（第15页）

他专门讲奴役的好处，使奴役和自由均衡起来。黄金般的中心，就是说找到天平支架中的一点使两边平衡，这像黄金一样，很不容易找到。找到了重点，两边就平衡了。这里的翻译是用直译法，所以有时看起来有些难懂。

"蒲鲁东先生很能了解人类制造毛呢、麻布和丝织物这些事；而了解这样一些微末的事情，并不算是很大的劳绩。但蒲鲁东先生所不了解的是，人类还能适应着自己的生产力来生产出他们在其中制造呢料和麻布的社会关系。蒲鲁东更了解不到的是，人们不但生产着与他们的物质生产相适应的社会关系，并且还会创造出观念、范畴。"（第15~16页）观念、范畴不是要有就有的。"也就是创造出一些社会关系的抽象的观念的表现。因此，范畴也和他所表现的关系一样，不是永久的，它是历史的和过渡的产物。"（第16页）

资产阶级的自由、平等、博爱是道德的范畴，不是属于当时历史的，现在就没有真理性。

"……蒲鲁东先生却完全相反，把抽象和范畴看成最初的根源。照他的意思，创造历史的就是它们，而不是人类。抽象、范畴，只就它自身来看时，也就是，把它从人类和人类的物质行动分离开来看时，自然是不死的、不变化的、不运动的，它本身只是一种纯粹理性的产物，这不外等于说，抽象这东西就是抽象的。多好看的同语反复？"（第16页）

就是说，没有什么意思。把抽象的东西离开了人的生活，看起来当然是永久的。我已经把它抽象了，变成普遍的东西，然后我又说是普遍的、永久的。这是我抽象出来的东西，是普遍的东西，我就把它看做是永久的。那有什么意思呢？自由、平等、博爱离开了资产阶级革命来看，那当然可以看做是永久的东西，如果我们把它联系起来，说这是资产阶级的口号，那他就不是永久的东西了。所以冯友兰说抽象的继承，他总是想不开，总觉得这是对的。抽象的东西是永久的、具体的东西，所以他说我们就是继承了抽象的东西。就是因为他的抽象和历史条件剥离开来，所以他觉得它就永久了。

资产阶级的学者怎么也不能理解，抽象的概念总是一定历史条件的反映，所以只是在一定的历史条件下是真理。我们现在也可以继承他的概念、名词，但只是在形式上借用这个名词。我们现在讲的自由是借用资产阶级用的名词，并不是继承他的抽象的东西。人要思维，当然总要用一些概念，有一些是可以创造的、有一些是可以把现成的拿来应用，从概念形式上把它借用过来，如此而已。并不是把资产阶级概念、资产阶级思想抽象地继承下来。

"于是，在范畴的形式上所看到的经济关系，对于蒲鲁东先生也成了永久的公式，它既没有起源，也没有发展。"（第16页）

"用另外的话来讲，蒲鲁东先生并没有直接肯定，说资产阶级的生活在他看来是永久的真理，他是间接地肯定了这一点，因为他把在思想的形式的表现资产阶级关系的范畴加以神化。当资产阶级社会的产物在思想的、范畴的形式上呈现到他前面来时，他就把它当做自发地生出来的、天赋着独自的生命的、永久的本质。因此，他没有超过资产阶级的水平线。"（第16页）

他们的哲学思想本身是资产阶级的范畴，他把它看做是永久的，结果事实上等于肯定资产阶级的生活是永久的真理。这是一个普遍的范畴。替资产阶级的生活辩护的科学家一般地都不直接地说这一个生活是永久的，但是他把生活里面反映出来的概念说成是永久不变的真理。这样一来，就把他所辩护的制度说成是永久的。董仲舒讲："天不变，道亦不变"。他所谓的道就是封建统治阶级的道，道不变，实际上就是说封建统治永久不变。蒲鲁东讲的某些道的不变，就是理性不变。中国旧的"道"翻成现在的语言，就是理性。蒲鲁东讲理性不变，他的理性就是资产阶级的理性，因此他讲理性不变，实际上就没有超过资产阶级的水平。

"……因为他是用资产阶级的观念来立论，并把他们当做永久的真理，他就要寻找这些思想的综合，寻找它们的均衡，却看不见它们的保持均衡的现代的方式，正是惟一可能的方式"（第16页）。

只有现在他才能说成精神、观念，超出了这些观念的都要消灭。

"事实上，一切良善的资产者们所做的，他都做了。"（同上）

良善的资产阶级，就是主观上以为自己是在做好事，他们主观上都认为自己要把社会制度搞得很好，甚至要为劳动者谋福利，实际上他是资产者。主观上以为自己是为人类谋福利，为劳动者谋福利，甚至真的以为是替人类的幸福着想。蒲鲁东也是这样，他以为他搞社会主义，他要来解放工人阶级。

"……他们都告诉你们说，竞争、垄断等等，在原则上，也就是作为抽象的概念来看，是生活的惟一基础，但在实际上，他们都还希望着许多其他的东西。他们都希望竞争不要有竞争的悲惨结果。"这是好心。"他们都希望着不可能的事，也就是希望资产阶级生活的条件不要具有这些条件的必然的结果，他们都不了解，资产阶级的生活方式是一种历史的、过渡的形式，就像封建的形式是过渡的一样。"（第17页）

董仲舒就希望封建社会按照道的原则永久地存在下去，他不希望会发现封建社会的具体罪恶，不了解封建社会是一种过渡形式。

"……这错误的发生，是由于他们以为资产阶级人类是一切社会的惟一可能的基础，是由于他们设想不到那样的社会制度，在里面人会不再是资产者。"（第17页）

现代修正主义者也有这种味道，他就是认为不可能有那样一种共产主义，那种共产主义里面的人不要求个人的利益，不追求个人的物质刺激，他认为追求个人利益、追求个人幸福是永久的范畴，永久的真理，所以共产主义也是为了实现这种永久的真理。赫鲁晓夫实际上是资产阶级的代表，也觉得"人不为己，天诛地灭"，人都是自私的，人的积极性的惟一鼓励的方法只有一种，就是物质刺激，最多再加上精神刺激，精神刺激无非是名誉、表扬，不是什么政治思想，和物质刺激是差不了多少的。他认为人都是要名利的，他不相信人不要名利，因此他认为走向共产主义惟一的道路就是物质刺激，就是个人主义。蒋介石从前"剿共"的时候，得意扬扬，曾经说过这样的话：我不相信人不要钱，不相信人不要做官，我有钱一定能够搞垮共产党！他就不能理解有一些人就是不要钱，就是不要做官，甚至生命都可以不要，就是要共产主义。他不能理解，赫鲁晓夫也不大能理解，他以为像新西兰这样一个小党，几百人的小党，那还不容易吗？六百镑（英币）就想收买它。他就没想到，这个党虽小，就是收买不了，他们就不爱钱。夏吉的党虽然比新西兰的党大一些，但是行得通，因为他和赫鲁晓夫一样，可以收买，大概八九万卢布，比六百镑高一些。他不能设想，在资产阶级的人以外还有另外一种人，蒲鲁东也是这样，他讲的是社会主义、实际上他的真正的思想是资本主义，他脑子里的人是资产者。蒲鲁东是主张分散小生产，不主张集中的生活，实际上是为个体生产辩护，为小生产者辩护。

"因此，蒲鲁东先生必然是教条主义者。"（第17页）

又是一个教条主义者！客观唯心主义——它是教条主义，教条主义也就是客观唯心主义。修正主义一般是主观唯心主义或经验主义，只看眼前利益，表面现象，感觉就是实践，物质就是感觉的复合，有用的就是真理。修正主义一般的是这样一种世界观，教条主义是客观唯心主义。蒲鲁东是教条主义者。

"……他把那引起现代世界的变革的历史运动，归结为要在两重的资产阶级思想中间去找到适当的均衡、综合的问题。于是这位灵敏的青年就用技巧来发现隐秘的神的思想。发现两个孤立的思想的统一，其所以是孤立的，仅仅是因为蒲鲁东先生使它们从实际生活孤立起来，使它们脱离了它们所表现的现实性的结合，即现代的生产的缘故。"（第17页）

像竞争和垄断，实际上不是互相孤立的，是互相联系的，但是蒲鲁东先生使它脱离了经济，变为两个东西外部对抗的、互相孤立的概念。

"……蒲鲁东先生用自己的头脑的荒诞的运动，来代替那人类已获得的生产力和不能再适应于这生产力的社会关系中间的冲突所产生的伟大的历史运动"，他不研究历史运动，而用头脑里的荒诞的运动来代替它，"来代替那一国的许多阶级中间以及在许多的国家中间准备着的可怕的战争，来代替那惟一能够解决这些纠葛的、实际的、强有力的、群众的行动，来代替这一广泛的、长期的而又复杂的运动。"（第17页）

一句话可以这样解释，蒲鲁东不去研究资本主义社会生产关系和生产力的矛盾，不去暴露这些矛盾，不去研究由于这些矛盾引起的阶级斗争、国内、国际的战争，以及为了解决这些矛盾必不可少的群众的革命斗争，这些东西他都不要，他只要脑子里主观空想的对立的调和、综合。现代修正主义也是这样，不要暴露矛盾，不要去展开和解决斗争，不要开展群众的革命斗争来反对帝国主义、改造世界，相反地，要调和矛盾，迁就、让步、迎合、投降，想通过调和来解决矛盾。

"……这样一来，有学问的人，能够知道神的隐秘的思想的人们，就创造着历史，而普通的人民只要在实践中承受他们的启示就行了。"（第17~18页）

修正主义不也是这样吗？就是那些明智的人、明智的头脑创造历史，至于亚、非、拉美搞民兵、游击战争的人，都应该听那些明智的人的话，当然他还是主观唯心主义，和蒲鲁东不同，但是就这一点来说，是一样的，是掩盖矛盾、取消斗争，反对人民的革命运动，用自己认为是明智的头脑来代替这种运动。

"……这样你就可以了解，为什么蒲鲁东先生是一切政治运动的露骨的敌人。现代的问题的解决，在他看来，并不是通过社会的行动，而是通过他头脑中所进行的辩证法的转动。"马克思的修辞很漂亮。"在他看来，范畴即是推动力"，先改变范畴，然后作为结果来改变实际生活。"因此就用不着靠改变实际生活来改变范畴。完全相反，应该先改变范畴，然后作为结果，就发生现实生活的改变。"（第18页）

"由于热望着调和矛盾，蒲鲁东先生就根本不问一问，是不是应该把这些矛盾的基础本身加以推翻。"矛盾的基础就是根本的制度，他根本不问。"他和那些想把国王、众议院和上议院都看做社会生活的不可少的部分，看做永久的范畴的政治教条主义者完全一模一样。"他认为现存的制度的基础不能推翻。"他只想去寻找新的公式来使这些势力得到均衡，其实它们的均衡恰恰是在它们的现代的运动里，在这些势力之一或者成为另一势力的胜利者，或者成为奴隶的运动里。"（第18页）这里说的现代的运动，就是指资产阶级革命和无产阶级的革命运动，主要讲无产阶级的革命运动，无产阶级的革命已经起来了。均衡只有依靠运动来解决，只有依靠两个势力的斗争，谁战胜谁的斗争来解决。

"……像这样，在18世纪就有过很多平庸的头脑努力想寻找真正的形式来使社会的诸阶层，即贵族、国王、国会等等得到均衡，而到后

来，不论国王、国会或贵族都没有了。"（第 18 页）

资产阶级有革命的资产阶级，有自由的资产阶级，自由的资产阶级就是改良主义，他的改良主义就是要和国王、贵族妥协。18 世纪出现了许多资产阶级革命家，但是也还有一些平庸头脑的资产阶级改良主义者，这些改良主义者都失败了。

"……一切构成封建存在之基础的社会关系的覆没，一切构成封建存在中对抗势力之基础的社会关系的覆没，就是这些对抗势力的真正的均衡。"（第 18 页）

这里均衡不是调和，而是矛盾解决了。矛盾的真正均衡实际上就是矛盾的解决。

"因为蒲鲁东先生把永久的观念，纯粹的理性的范畴摆在一个方面，而把人类和他们的实际生活（在他看来，这只是那范畴的应用）摆在另一个方面，因此你在他那里一开始就遇到关于生活和观念，灵魂和肉体之间的二元论——在种种的形式里反复出现的二元论。你就可以看到，这样的对抗，只不过是表示蒲鲁东先生对于他们神化了的范畴的平凡的起源和平凡的历史没有能力来理解罢了。"（第 18~19 页）

这里说的二元论不是一般哲学上讲的二元论。蒲鲁东的观点是唯心主义的、黑格尔主义。这里的二元论是讲他们的整个言论，他的思想和现实的矛盾没有办法解决，他的思想经常受到现实的反驳，他的现实生活和他的观念、灵魂和肉体之间，就是他的理性和客观实际两者之间是无法一致的。最后一句话，就是蒲鲁东把范畴神化了，把平凡的历史摆在一边，结果就无法理解，这两个东西经常打架、经常互相否定。

"我的信写得太长了，我已不能再涉及到蒲鲁东先生对共产主义的那些可笑的责难。请你暂且同意我这一点：对于现代社会情况不了解的人，是更没有能力来理解那为破坏这个社会而进行的运动，以及这个革命运动的文献表现的。"（第 19 页）

蒲鲁东根本不懂得革命。

"我对蒲鲁东先生完全同意的惟一的一点，——就是他对社会主义

的温情幻想所表示的反感。"（第19页）

这里讲的社会主义的温情幻想，就是指空想社会主义，是不实际的，不能实现的，他以为他的观点是实际的。

"……在他以前，我已经因为嘲笑了卑屈的、温情的、乌托邦的社会主义而引起了许多人对我的敌意。"（同上）

因为他对乌托邦有反感，我也曾经嘲笑过乌托邦，因此，在这一点上大家有同感，都是对空想的社会主义不同意。

"……但蒲鲁东先生只能算是为自己造成了一些奇怪的错觉，因为他是用自己的小资产阶级的温情幻想——我指的是他关于家庭，关于夫妇爱的夸夸其谈以及他的一切庸俗议论——来和社会主义的温情幻想相对立。"（第19页）

蒲鲁东是一个小资产阶级的代表，他是赞美那种小生产、小家庭夫妇的代表，所以他的思想是庸俗的。他用这种小资产阶级的幻想来和空想的社会主义的幻想相对立，他以为自己比那些高。这是一种奇怪的错觉，其实他并不比空想社会主义高，还比空想社会主义庸俗。

"而后者，例如就傅立叶来说，是比我们良善的蒲鲁东先生的骄傲自大的鄙俗见解更为深刻得多的。"（第19页）

那种社会主义的温情的幻想虽然是空想，但是他的思想比蒲鲁东深刻，因为它能够揭露资本主义的罪恶，不是像蒲鲁东那样掩盖资本主义的矛盾。所以说它深刻得多，就是因为他想搞社会主义、想解放无产阶级。蒲鲁东是肯定资产阶级、小资产阶级的所有制，而傅立叶是想要取消私有制。

"……由于他自己也很感觉到自己的论据的完全空虚，自己谈论这一切事情的十足无能，因此突然不能自抑地陷于狂怒，陷于高傲的愤怒、哀号起来，发狂、谩骂、谴责、诅咒，捶胸顿足，向神和人吹嘘自己的清白，说社会主义的丑事与自己毫不相干！"（第19页）

这里有一些像赫鲁晓夫，自己感觉到空虚，只好用谩骂、发狂来掩盖自己的空虚。

"……他并有对社会主义的温情幻想或他所认为的温情幻想给予批判。"（同上）

实际上他并没有真的批判。

"……他像圣者，像教皇一样，把诅咒加在贫穷的罪人身上，而对小资产阶级的及可怜的、色情的和宗法式的家庭幻想则唱起光荣的颂歌。"（第19~20页）

这也有一些像赫鲁晓夫，他不是咒骂那些贫穷的人吗！他说，人多不过是一堆肉。是死尸运动。

"……这并不是偶然的。蒲鲁东先生是彻头彻尾的小资产阶级的哲学者、经济学者。"（第20页）

这里的所谓"经济学者"，实际上就是资产阶级的经济学者。

"……小资产者在发现了的社会里，由于他本身的地位关系，一方面会成为社会主义者，而另一方面又成为经济学者，这就是说，他迷惑于大资产阶级的豪华，又感受到人民的苦难。"（第20页）

他迷惑于大资产阶级的豪华，但是又感到人民的苦难，所以就要搞社会主义。在资本主义社会里，小资产者有两重性，这一段讲得非常深刻。

"……他同时是资产者又是人民。他在自己的灵魂深处有着这样的骄傲：他是不偏不倚的，他发现了那敢于说与中庸之道的确有所不同的真正的均衡。这样的小资产阶级把矛盾加以神化，因为矛盾是它的本质的基础。"（第20页）

他承认有矛盾，但是又要调和矛盾、掩盖矛盾。

"……它本身不外就是具有形体的社会的矛盾。它需要在理论上来证明它在实际上的情形，而蒲鲁东先生的功劳就在于做了法国小资产阶级的科学的解说者；"他在理论上反映了小资产阶级的思想。"这是真正的功劳，因为小资产阶级将是以后一切社会革命的组成部分。"（第20页）

马克思承认蒲鲁东有一个功劳，就是把小资产阶级的观点理论化了，又系统地提出来了。这样，可以帮助我们了解怎样联合小资产阶级，并且和小资产阶级作斗争，改造小资产阶级，使他成为社会主义革命的组成部分。社会主义革命的组成部分不等于无产阶级革命的组成，但是在无产阶级革命中也会有小资产阶级参加，所以，了解小资产阶级是非常重要的。马克思也是一分为二，一方面批判他的错误，另一方面肯定他有什么功劳，在哪一点上有共同的根本的利益。是否定的，但是又肯定他做了一些历史上需要做的工作。

"我很想把我关于政治经济学的书……。"（第20页）

这一段不必解释了。

第二次辅导

（1964.3.12）

三、第二至第十六封信的概略讲解

现在讲第二封信。第二封信很短，是讲阶级问题的，大家都能看懂。要注意的就是关于阶级的学说，马克思以前已经有人注意到，这里面主要的是关于阶级学说的特点。这个特点在什么地方呢？讲了三条：第一，它的来源是生产；第二，有个去路，有个来龙去脉；第三，将来消灭要经过无产阶级专政。

虽然很短，但关于马克思主义阶级斗争的学说讲得很深刻，很清楚。和修正主义有原则的区别，和资产阶级学说也有原则的区别。资产阶级学说：第一，不看生产；第二，否定无产阶级专政；第三，否认阶级消灭要经过无产阶级专政。修正主义就是否认无产阶级专政，否认阶级消灭要经过无产阶级专政。

第三封信，马克思讲到英国宪章党和他自己的关系。这里重要的就是，这些宪章党的主持人"相信我们是宪章党的惟一亲密的同盟者"

（第22页）。别人要出钱买票才能参加的会，他是被邀请去的。下面讲那时大家不承认这点，他说："任何时候我们都有权利来把历史已经归属于我们的地位重新抓住"（第22页）。工人运动、工人党，归根结底要马克思主义来领导，可能一个时候被机会主义者所影响，他讲法国侨民集团，法国人可能是指受蒲鲁东影响的人。

这封信的最后一段讲德国革命问题，值得注意的是最后一句："德国的一切事情都有赖于无产阶级革命要能够得到某种再版的农民战争的支持。那时一切就会很顺利……"。（第23页）这是他的工农联盟思想，这个思想在《拿破仑第三政变记》中已经开始有了。他总结了拿破仑政变的经验，为什么拿破仑那样的流氓会做了皇帝？归根结底是靠法国小农的支持。那时候农民不认识无产阶级，对拿破仑有幻想，拿破仑解决土地问题，这实际上不是拿破仑的功劳，是法国革命的功劳，使农民得到土地。后来拿破仑成了领袖，农民以为是拿破仑的功劳，拿破仑第三（他是拿破仑的侄子）就利用农民对拿破仑的崇拜思想出来活动，做了皇帝。

在《拿破仑第三政变记》里，马克思就讲到拿破仑第三得到农民支持上了台，将来农民对拿破仑第三的幻想破灭，那时拿破仑的纪念碑就要倒了。农民就会支持无产阶级，无产阶级革命就会胜利。那句话就说明了这个意思。

第四和第五封信没有什么好讲的。第四封信主要的意思是第二段开头一句话："军队的历史，比任何事物都更明白地显示着我们的关于生产力和社会关系之联系的见解的正确性"（第24页）。第五封信也是这个思想："……对于我们的生产手段决定劳动组织的学说，能够有比在杀人工业里所有着的还更辉煌的确证吗？"（第24页）。

战争是政治的尖端表现，战争的主体——军队，把社会的矛盾更突出地表现出来。因此马克思主义基本的理论，生产力和生产关系的原理，在军队里特别会首先表现出来。这是这两封信的中心意思。政治是经济的集中表现，军队又是政治的最高表现，战争也是政治的最高形式。所以，军队里特别突出地能表现马克思主义的许多基本原理。如果联系到现在来说，为什么现在解放军总是走在前头呢？这是有道理的，当然人民解放军首先是有党的领导，许多事情值得我们学习。联系这个问题来考虑，军队在许多重要的事情上走在前头。

第六封信，是马克思在1865年2月23日给库格曼的，这封信很重要，我们现在研究反修正主义的问题很值得参考。我提出几段大家注意一下。

第27页，第三条开头一句："由于还在他进行宣传工作以前，我就从伦敦这儿向他详细地解释过和证明过：要对'普鲁士国家'进行直接的社会主义的干涉——这是荒谬的见解"。普鲁士资产阶级国家和封建势力妥协，要用社会主义思想直接干涉它，使它按照社会主义原则改变，那是荒谬的见解。马克思和拉萨尔在当时就争论这个问题，拉萨尔和马克思的思想相反，他想去干涉，勾结普鲁士政府，幻想普鲁士政府可以搞社会主义。实际上是他投降了普鲁士政府，投降了俾斯麦，出卖了工人阶级。但他说是可以进行社会主义干涉，这是表面的借口，是错误的。现代修正主义的思想就是这样，和平过渡就是这样的思想。什么叫和平过渡？在现有政权下可以过渡到社会主义。通过结构改革，现有政权可以改变为社会主义？！拉萨尔早有结构改革的思想，马克思早已驳斥过了。

下面揭露拉萨尔的背叛，他和俾斯麦签订了条约。拉萨尔刚死的时候，马克思并没有揭露这点，有种种的原因；他和拉萨尔还有点友谊，有个伯爵夫人苦苦哀求，写了申诉信。伯爵夫人受了拉萨尔的帮助，对拉萨尔有好感，在拉萨尔死后，写了申诉信，替拉萨尔说好话。马克思、恩格斯觉得应该参加到《北极星》杂志里。这是拉萨尔派主持的，想参加进去影响他们。由于这些原因，暂时没有揭露他，只写了个声明。但后来《北极星》派捣乱，所以马克思在这封信里把他的底交出来了。

这封信还有一点，第29页这一段很重要，这是讲拉萨尔犯错误的原因，为什么会叛变工人阶级的原因："拉萨尔走上了这条歪路，是因为他是米克尔式的'现实的政治家'"。他不是马克思主义者，不是无产阶级革命家，他是米克尔式的现实政治家。米克尔是当时的资产阶级政客，拉萨尔是学资产阶级政客的，是现实的政治家。

我要特别提起大家注意，赫鲁晓夫经常讲现实性。去年年底他接待合众社记者，发表了谈话，甚至这样说：我们马克思主义者乐观主义的基础就是现实主义。他不讲马克思主义世界观的基础是辩证唯物主义，而讲马克思主义世界观的基础是现实主义，乐观主义就是一种世界观。赫鲁晓夫要说这种话的原因，就是想把话说得使资产阶级喜欢听，因为资产阶级经常讲现实主义。戴高乐是现实主义，肯尼迪是现实主义，资产阶级政客喜欢讲现实主义，赫鲁晓夫也跟着讲现实主义，甚至说是我们世界观的基础，他是为讨好资产阶级而说这个话的。同时说他的世界观不是辩证唯物主义，是资产阶级的现实主义。

现实主义是什么东西？现实主义是实用主义的代名词。他是政客，要从政治上考虑，要用能更普遍影响人的名词，所以叫现实主义。现实主义是资产阶级政客的现实主义，赫鲁晓夫嘴里讲的现实主义或现实态度，都是实用主义。

拉萨尔这种行动中也表现了实用主义，这点马克思也有揭露。"这是因为资产阶级习惯于只看见直接横在他们脚底下的作为'现实性'的利益"（第29页）。所谓现实，就是习惯于看到直接横在他们脚底下的、现实的利益，就是眼前利益。实用主义的特点就是眼前利益。下面说："也因为这个阶级在事实上甚至于对封建主义也到处进行了妥协"。一个是为眼前利益，一个是对环境采取妥协态度，应付环境的态度，这不完全是实用主义吗？那时候没有实用主义的名词，但已经有了实用主义。拉萨尔机会主义的思想基础，就是实用主义。

这一段大家可以研究一下。

下一段还讲资产阶级实用主义。"另一方面，由于卑劣的'现实的政策'，——它使德国资产阶级忍受了1849年至1859年的反动并对民众之被愚弄采取了袖手旁观的态度"（第 30 页）。现实的政策就是这种政策，肯尼迪耍和平手腕，这是他的现实政策。戴高乐的现实政策承认中国，这当然好了，从中国方面说，是中国的胜利。但从戴高乐方面说，他的现实政策有他的打算。一方面承认我们，和我们搞友好关系，另一方面也要和我们斗争。不过现在和美帝国主义的矛盾更大，所以对我们在友好方面讲得多点。对资产阶级的现实政策，是不能不警惕的，因为它主要是谈眼前利益，为着眼前利益，可以搞点对人民有利的事情，但它只是暂时搞点对人民有利的事情，决不是为了人民，而是为了进一步来剥削人民。如果你不注意，就要上当，就要被愚弄。它刚承认我们，就向蒋介石致敬，如果我们不公开宣传不承认两个中国，它也就不会那样快的想办法对蒋介石方面施加压力。蒋介石撤回大使，和法国断交，是因为富尔的一个谈话，当然富尔是代表戴高乐的，他公开讲蒋介石政权不能代表政府，只是一个个人的政治代表，这样蒋介石政府吃不消了，就主动断交。

我们平常看到资产阶级讲现实的政策、现实主义觉得还有点好，它现实了嘛。我们有时讲反映现实，这是革命的反映现实，用革命的态度反映现实，和现实主义不一样。名词有点混淆，听不出问题来，要在哲学上加以揭露。上一次我讲实用主义，对这点没有很好地展开来讲。

这篇文章中值得我们注意的是这个问题，这里面讲现实的问题是好几种。在 31 页上说："我相信施维泽尔等人是有真诚的心情的，但他们是'现实的政治家'"。"我相信施维泽尔等人是有真诚的心情的"，这是客气话，也许他们主观上想搞社会主义，但他们是"现实的政治家"，"他们想就现存的条件来作打算，而不愿意让米克尔独占'现实的政治家'的特权"。他们要向资产阶级政客争风头，和资产阶级搞和平的竞赛。也许他们真心想将来搞社会主义，但他们现在要和资产阶级比赛，要学资产阶级。也许赫鲁晓夫脑子里想将来搞共产主义，可以作为他主观上想搞共产主义，马克思对施维泽尔就是这样的解释。也许他将来要搞社会主义、共产主义，但现在要向资产阶级学习，要向资产阶级争地位，要做官。

"他们知道，在普鲁士（并且也在德国其他地方）工人的报纸和工人运动是只能在警察允许之下存在的"。他们明明知道这点，"因此他们就想来顺应当前那样的环境，想不去刺激政府，等等"，不作非法活动。"全然就像我们的'共和主义的'现实的政治家一样地'接受'霍亨索伦族的皇帝"（第32页）。资产阶级现实的政客向封建皇帝妥协，无产阶级"现实的政治家"向资产阶级投降。

第32页倒数第一段也讲了这个问题，拉萨尔的信徒和马克思作对，举出两个原因："第一，他们极端愚蠢地生怕失掉自己的影响"，患得患失。"第二，他们知道我是公开反对德国人所谓的'现实的政治家'的。（这是这样一种'现实性'，它使得德国远远落后于一切文明国家。）"（第32~33页）所以我们真正的马克思主义者应该公开反对现实主义。

这封信值得注意的，就是这些问题。

第七封信是反对蒲鲁东主义的。第一封信是批判蒲鲁东的理论，这封信是反对蒲鲁东在国际工人运动中的一些破坏行为。

第一段有两句话可以注意一下，"我有意地限制了它的论点"，马克思给第一国际搞纲领，在日内瓦会议上，他的纲领有意识地把论点加以限制，不要搞得太高，"使它们可以取得工人们的直接的同意和共同的行动，并且为阶级斗争的需要和把工人们组织成阶级的需要提供直接的营养料和推动力"（第34页）。根据工人阶级现在的情况，把自己的革命论点稍微限制一点，这不是原则上取消，是按照工人现在能接受的程度。这不是应付环境，应付环境是应付资产阶级。这不是应付资产阶级，是为了提高工人，根据工人阶级现有的水平来提高它，最大限度地把工人阶级组织起来。他的目的是把工人团结起来，组织起来，搞的纲领就要做到这点。

要团结最大多数。毛主席讲得更形象了，毛主席又发展了，组织群众，搞群众运动要争取百分之九十五以上。怎样争取？就是靠我们的政策、纲领。纲领、政策不好，路线不好，就争取不到百分之九十五，这是很重要的问题。革命必须依靠这样的力量，因为这样，就要反对无政府主义，反对蒲鲁东主义。

蒲鲁东是什么态度？这里面有描写："他们傲慢地对待一切革命的、也即是从阶级斗争本身生长起来的行动，傲慢地对待一切集中的社会运动，也即是那些可以通过政治的手段（如像劳动日的法律上的规定）来加以贯彻的运动"（第34页）。他们是反对政治运动、反对集中的社会运动的。第一封信讲到蒲鲁东轻视政治，认为只要靠头脑的转动，就可以使世界转动。蒲鲁东不向社会求诉、不向国家求诉，意思就是说，不要解决国家问题，不要解决政治问题，只要去解决一般社会问题就行了。不要集中地解决社会问题，只要零碎地解决社会问题。国家问题、政治问题，就是集中起来解决社会问题。阶级斗争、各种运动，这是政治问题，这是政治运动，也是目标在于夺取政权的运动，至少是为国家问题斗争的运动。政治和国家分不开，政治是经济的集中表现，怎样集中？集中到国家问题上。政治问题的核心，是国家问题，政治革命的问题，就是夺取政权问题，一切革命的基本问题，就是政权问题。革命的政治运动就是要夺取政权，国家问题是政治问题的核心。蒲鲁东的根本错误，就是不向国家问题去求诉，以为撇开国家可以解决社会问题，只要直接去处理一件一件的社会问题，就算是做了了不起的事情。

这封信主要是反对蒲鲁东这种观点。

下面还有句话可以注意："借口自由，借口反对统治权或借口与一切权威作对的个人主义，这些先生们——他们十六年来安静地容忍了并且容忍着最可耻的暴政"（第34~35页）。对暴政一点不关心。"在事实上只是宣扬了由蒲鲁东主义所观念化了的普通的资产阶级经济"，"借口与一切权威作对的个人主义"。现在赫鲁晓夫与斯大林作对，借口反对个人迷信，实际上搞他的个人主义。对待马克思主义者搞个人主义，但对一般群众，他又要搞权威主义。

第八封信是讲经济学，这封信在这里，逻辑上是插进的东西，不过历史顺序是这样的。我们不是讲经济学，所以不一定要多研究。

有两点可以注意一下：

第一点，就是关于按比例分工规律的问题。"同样地谁也明白，为要产生出与多种多样的需要的量相适应的物品的量，就必须有多种多样的，在数量上确定了的社会综合劳动的量"。有多少物品，就要有多少劳动。下面一句比较重要："社会劳动按一定比例分工的必然性，决不会在社会生产的一定形式之下被消灭，能够变更的只是它的表现方式"（第36页）。这句话值得研究。就是讲社会劳动按比例分配、按比例发展是必然现象。自从有劳动分工以后，整个来说，劳动就要按比例分配，整个社会劳动的发展也要按比例发展，这是必然的，是带支配力量的总的趋势。问题就是形式不同。比如资本主义社会按比例分配、按比例发展的必然性，是要通过危机来解决的。因为它是一种无政府生产，所以不会有意识地来按比例分配劳动，这个生产发展到一定程度，比例大大破坏，结果发生危机。在危机的调节下，比例有适当的恢复。只有社会主义才能采取有计划的形式，比较自觉的形式。

这句话讲形式会变更，就是这个意思，一个是资本主义社会，是盲目的，被按比例分配劳动规律所支配；社会主义社会，则能比较自觉地掌握按比例分配劳动的规律。社会主义社会不一定能立刻百分之百地掌握有计划按比例的规律。我们搞了十几年，是不是能完全掌握？我们的方向是要掌握，是要运用这个规律，但不是一开始就能完全掌握。我们在马克思主义指导下有意识地要去掌握这个规律，主观上有这个方向。所以我们的社会是社会主义社会，至少基本上是社会主义。在实践上还不能完全体现这个规律，我们的计划并没有百分之百的体现这个规律。基本方向是正确的，中间还有许多盲目性，特别是最大的比例，工农业的比例长期不自觉。毛主席看的最早，1953年就提出工农业并举，1959年着重讲农业为基础。这样才开始更正确地认识到这个比例。从1959年提出农业为基础，到全党了解农业为基础还有几年的距离。大家了解了，实践上完全贯彻了又要有个过程，所以说还有距离。我们掌握规律。要经过反复实践，中间会有差错的问题，只要方向是这样，就是社会主义。

这段话是比较重要的。

后面讲现象和本质的关系问题，这是哲学问题。这里面讲到思维和存在统一的问题："另一方面，正如你正确地指出的那样，理论的历史终归证明了，价值关系的理解经常总是同样的，不过有时比较明确些，或者比较模糊些"。人对价值的理解，不管是哪个国家，总是不谋而合的，为什么不同地方的人的思想会一样呢？这是"由于思维过程本身是从特定的关系中成长起来，它本身就是自然的过程"（第37页）。因为它要反映它的自然过程，它有它的自然规律。"因此现实地理解着的思维只能是同样的，不过随着发展的成熟性的不同，特别是随着思维器官的发展的不同，而有着程度上的差别罢了"（第37页）。不承认天才，这也是片面的，有天才的问题，但不是说天才不可以学，不能完全学到，也可以接近。上高山不一定能完全达到，往那里走去，总是一天一天接近。马克思、恩格斯，我们要学习，还是可以接近的。思维反映存在，所以只要存在条件一致，思维也是基本上一致，只有程度不同。中国的封建社会和欧洲的封建社会完全没有来往，可是两个社会的思想本质上一致。所以，真理只有一个，对价值的正确理解只能有一个，离开这个就是错误的。

下面批判，"庸俗经济学者一点也没有认识到，现实的、日常的交换关系，和价值的大小是不可能直接成为同一的"。大家学过经济学，就可以不讲了。"资产阶级社会的全部要点就在于，在那里根本就没有任何自觉的、社会的生产调节"（第37页）。苏联就是要放弃这种自觉的、社会的生产调节，事实上他也没有调节，赫鲁晓夫上台十年就是盲目指挥，到处碰钉子。"合理的东西和具有自然的必然性的东西，只表现为盲目地作用着的平均数"（第37页）。资产阶级社会里，合理的东西、必然的东西，只是在不断被动的过程中作为平均数表现出来。只要有反复的实践长期的确切的统计，就可以摸索出它的规律来。

研究经济学比较不容易，要研究各种统计，而且要研究长时期的统计。《资本论》里常常出现几十年的统计，一个一个的表，用这些统计来证明规律。搞经济学一定要掌握长期的统计才行。搞一般的社会规律也要这样，只看眼前不行，要看几十年的统计。只看眼前是庸俗经济学，赫鲁晓夫就是庸俗经济学者，在哈萨克开荒就是两年增产，一点东西就高兴得冲昏头脑，立刻做出结论。现在10年了，10年再一看就很清楚了。没有10年以上的统计，就看不出规律。

一般看问题也要这样，往往有这种人，看问题只看现在。我们有时候只看现在一时困难了，就以为规律就是困难的规律，一时好了，就以为好得了不得。毛主席经常在困难的时候看到光明，在得到胜利的时候指出困难。1957年是我们胜利的时候，他强调社会主义建设不是风平浪静的，没有一点困难，是很不合理的幻想。那时候很多人头脑发胀，看不到困难，这当然不是修正主义，也不是实用主义，但有经验主义的味道。这种经验容易改正，因为是不熟悉马克思主义的思想方法，只要经过学习就了解了。

"庸俗经济学者却认为，只要他针对着内部关系的揭露而自负不凡地提出反对的主张，声明事物在现象上是另外一回事，这就算是做出了伟大的发现了"（第37～38页）。庸俗经济学就是想用表面现象反对内部关系的科学。我们说，帝国主义的本质不变，赫鲁晓夫说肯尼迪很明智，艾森豪威尔关心和平，用表面现象掩盖事物的本质，反对我们揭露事物的本质。马克思这里批判的是庸俗经济学，我们批判的是赫鲁晓夫庸俗的主观唯心主义。

下面的话很好："事实上他所引以自负的，乃是在表面性面前匍匐献媚，乃是把表面性看做根本的东西。"（第38页）马克思最反对这种对科学危害性最大的观点，也就是形而上学的观点。

下面两封信是讲巴黎公社的，又回到阶级斗争了，这是国家问题了，用不着多少解释。

第九封信有一段话说："如果你看一看我的《拿破仑第三政变记》

的最后一章，你就会看到，我是主张最近法国革命的意图不能像从来那样把官僚的军事机构由一双手转递到另一双手，而要打碎它，而这也就是大陆上一切真正的人民革命的前提条件。"（第39页）打碎国家机器，这一段的中心思想就是这样，和修正主义针锋相对，这是用不着解释的。

第十封信可以注意的，是关于哲学问题。第二段是讲偶然性的问题。他认为偶然性在历史上还是起作用的，不过不起支配作用。"这些偶然性本身当然要作为组成部分而进入一般的发展进程中，同时又为另外的偶然性所抵消。但事情的加速和延缓在很大程度上却依赖于这些'偶然性'"（第41页）。这是大家可以理解的。

群众要起来革命，但眼前由于偶然原因，有重大困难。巴黎公社时普鲁士军队站在巴黎门口镇压革命。这怎么办？马克思说只有两条路，看哪一条好。"因此他们就逼使巴黎人在二者之间择一：或者接受挑战而进入斗争，或者就放弃斗争"（第42页）。革命形势面前出现严重困难，你究竟是勇敢地斗争，还是放弃斗争？马克思是主张勇敢斗争的，他说："在后一种情形下面，工人阶级的道德败坏，会比随便几个领导者的牺牲更是极大的不幸。工人阶级对资本主义阶级和代表资本主义的阶级利益的国家的斗争，由于巴黎公社而进入了新的阶段"（第42页）。如果放弃斗争，那就是工人阶级的道德败坏，坚决斗争，可能失败，可能牺牲几个领袖，但牺牲几个领袖也是值得的，工人阶级的道德精神大大振奋，可以向全世界工人阶级宣布，工人阶级敢于作这样的事情，可以作这样的事情。巴黎公社失败了，公社万岁，有了这个先例，就可以从中取得经验。像右倾机会主义者，胆小鬼；不敢斗争，或者失败以后，垂头丧气，像普列汉诺夫那样，对工人阶级来说就是道德败坏。这和赫鲁晓夫也是针锋相对的，赫鲁晓夫说，革命不是为了死，即使是壮烈地死去，也不值得。还说："我们根本不打算死，我们就是要活着"。他认为壮烈的死，都是不值得的，而马克思的看法却相反，认为牺牲几个领袖不要紧，比放弃斗争值得，英雄地死，比跪着投降有价值。英雄地死去，对历史做出了贡献，创造了历史。

下面讲工人阶级对资产阶级的态度："工人阶级对资本主义阶级和代表资本主义阶级利益的国家的斗争，由于巴黎公社而进入了新的阶段。"（第42页）这是直接夺取国家政权的阶段，直接建立社会主义制度的阶段。前面的阶段是准备夺取政权，以前的直接行动只限于向国家要求立法，要求八小时工作，没有到直接打碎国家机器的阶段，"尽管这一次的事情并不曾直接有所成就，但具有世界历史意义，重要性在于新的出发点却仍然争取到了"（第42页）。这是新的出发点。

毛主席的气可鼓而不可泄的思想，马克思早已经有了。

第十一封信，是马克思给波尔特的，这是反对巴枯宁的，反对宗派主义的。第十二封信也是反对巴枯宁的，恩格斯更具体地揭露了巴枯宁的破坏过程，马克思主要是在理论上讲到宗派主义应该反对。

第一句话就是："共产国际的创立，是为着要用工人阶级进行斗争的真正的组织来代替社会主义的和半社会主义的宗派"（第43页）。要有一个能进行阶级斗争的真正组织。这个话用到现在国际共产主义运动上也是很好的武器。马克思特别讲到反对宗派主义的必要，在工人运动成熟的时候特别需要。在工人运动没有成熟以前，那是准备阶段，出现各种宗派是不可免的，成熟以后，就应该统一起来，真正进行阶级斗争，反对宗派主义的分裂。不是不要分裂，有了宗派主义，就要和宗派主义分裂。宗派主义的分裂阴谋、破坏阴谋要揭露，要坚决反对。

第二段说："国际的历史，也正是总委员会对于宗派的不断的斗争，正是对于那些企图在国际本身内部巩固起来来反对真正的工人阶级运动的浅薄尝试所进行的不断的斗争。"（第43页）宗派还会巩固起来，反对真正的工人运动，这是一种浅薄的尝试。这都可以联系现在。

下面有一段，讲到蒲鲁东主义在巴黎开始很占优势，法国是小资产阶级国家，小农多，蒲鲁东主义很得势。后来集体主义发展了，后来终于与他们相对形成了实证主义、集体主义以及其他集团。那还不是马克思主义，但已经主要搞集体主义。实证主义就是注意一下实际要求。工人阶级要求组织起来、统一起来进行斗争。

下面讲，巴枯宁的话是没有任何理论知识的。我们"三评"引了一句话：一个人如果说他在理论方面毫无所知，但作为阴谋家倒是很有本领的。我这本有点出入："如果说他在理论方面是个零数，那么，作为阴谋家倒是符合他的本性的"（第45页）。宗派主义最主要的特点是搞阴谋活动。

第45页最后一段，讲到什么是政治运动："另一方面，一切的运动，一切使工人阶级作为阶级来反对统治阶级并力图通过'从外面的压力'来战胜后者的运动，都是政治运动"（第45～46页）。政治运动，是整个阶级对整个阶级的斗争，通过外部压力，这不是说纯粹是外部斗争，是人家说的话，用外部压力战胜后者，这里有国家斗争、政治斗争的意思包含在内。

下面解释经济运动，是个别工厂中、个别工业部门的斗争。下面说："相反地，如果运动的目的是在于要强迫发布关于八小时劳动日的法律，等等，那就是政治运动"（第46页）。政治运动是要整个阶级动起来，强迫资产阶级对工人阶级让步，这就是政治。发布法律等等就是国家问题，虽然没有推翻国家，但要变成国家法律。政治运动，归根结底是要涉及到国家的。

下面说："这样，从工人们的分散的经济运动中到处成长着政治运动"（第46页）。分散的经济运动集中起来，成为全阶级的，就是政治运动。经济斗争变成集中的东西，变成整个阶级的斗争，变成围绕国家问题的集中斗争，就是政治运动。

下面说："成长着力图把自己的利益用普遍的形式，用对于自己的社会具有强制力量的形式实现出来的阶级的运动。"（第46页）政治运动就是把自己的利益变成普遍形式表现出来，变成全社会的强制力量。靠什么强制？靠国家力量。政治运动如果没有这种形式，工人阶级不是要去把自己的力量普遍化，不是要使它成为全社会带有强制性的，就不叫政治运动。

这是历史唯物主义的问题。

为什么要讲这些东西？就是蒲鲁东主义者、无政府主义者都是反对集中斗争的强制力量的。

最后还讲这个问题："在工人阶级还没有把自己的组织发展到足够开始向统治阶级的集体的权力即政治的权力举行决定性的攻击的地方，他就需要时时刻刻在这方面从事准备。"（第46页）工人阶级要准备对资产阶级的政治权力进行攻击。下面说："为此就要不断地进行反对这个权力的宣传鼓动，就要对于统治阶级的政策保持敌对的阵势"。工人阶级经常要把自己的纲领和统治阶级的纲领对立起来，而不是要混淆起来。你不对立起来，就没有办法教育工人准备对资产阶级进行总有一天要来到的集中的攻击。修正主义恰恰相反，就不愿意对统治阶级的政策保持敌对的阵势，不愿意反对资产阶级的政治权力，相反地，要替它涂脂抹粉，向它妥协。意大利就是这样，要在现有的宪法下进行改革。丹吉完全是个叛徒，把尼赫鲁的纲领当做自己的纲领。马克思说："要不是这样，工人阶级就会被后者所玩弄"。不这样，统治阶级就可以玩弄工人阶级，修正主义者就是帮助资产阶级玩弄工人阶级，生怕刺激资产阶级，总是希望说出话来资产阶级喜欢听，连哲学也要说得资产阶级喜欢听。资产阶级说现实主义，他也就说现实主义。资产阶级讲马赫主义，他也跟着讲马赫主义。马赫主义是列宁所驳倒了的，所以不敢公开跟资产阶级教授走，没有公开宣传资产阶级教授的哲学。苏联也不是绝对没有，有人就说斯大林对资产阶级哲学太宗派主义了，否定一切。不敢说用资产阶级哲学代替马克思主义哲学。现在不敢，可是采取另外的方式，跟着资产阶级政客的屁股后面跑，资产阶级讲现实主义，也跟着讲现实主义。修正主义帮助资产阶级玩弄工人阶级，他自己也玩弄无产阶级。

第十二封信是一些具体的揭露，可以不讲了。

开头一段着重讲到巴枯宁主张的特点，就是认为一切罪恶来自国家，所以要根本反对国家。这封信主要是指出这点，其他都是一些具体历史，就不讲了。

第十三封信，是恩格斯给倍倍尔的，是讲党的统一问题。党的统一、党的分裂，是统一和分裂的辩证法。有许多话在"七评"里都引用了，因此用不着多讲，只是提几点值得注意的地方。

第三段有一段话很重要："依照许多经验所证明了的我们的意见，宣传方面的正确的策略并不在于要从这里和那里去夺取敌人的组织成员中的个别人物和集团，而是要去影响广大的、尚未被吸引到运动中来的群众。一个由我自己从荒地里找到的新人，比十个常常要把自己的不正确的观点因素随身带到党内来的拉萨尔派投诚者更有价值。"（第57页）这段话很重要，就是我们宣传的对象主要是什么，政治上联合的对象主要是什么，主要是面向广大群众，不是某个团体里个别的头子、某些领袖，那些人物和我们的思想是不一致的。当然也要争取，也有一定的好处，但不要把希望寄托在这些人身上。修正主义者和社会民主党的关系与马克思主义者不同，马克思主义者是要去影响社会民主党的群众，修正主义者就是想和社会民主党的领袖去拉关系，赫鲁晓夫就是专门和修正主义领袖拉关系。去年开反对氢弹原子弹大会，赫鲁晓夫的代表就和社会民主党右派勾结起来，反对共产党。你能在群众中找到一个真正觉悟了的工人，比10个经常和我们闹意见的头子要好得多。这是马克思主义面向群众的观点。

你看，甚至说："如果能做到仅仅吸收群众而不要地方的领袖，那也还行。遗憾的是常常要附带地接受一大堆这类的领袖，他们不是由自己过去的观点联系起来，就是由自己过去公开的主张联系起来，并且他们首先总是想证明他们并没有背弃自己的原则，证明社会民主主义工人党反倒宣传着真正的拉萨尔思想。"（第57页）他想证明社会民主党宣传拉萨尔思想，这是指巴枯宁。巴枯宁反对马克思，把马克思和拉萨尔拉在一起，马克思反对拉萨尔的事实他根本不管。他参加国际的领导，经常要证明他的对。不要姑息这些人，这些人捣乱太厉害，分裂出去没有什么了不起。

下面一段有些话就是"七评"引用的。"不要因为关于'统一'的叫喊声而把自己弄迷惑了。那些最喜欢把这个口号挂在嘴上的人，恰恰就是挑起纠纷的主要角色；目前瑞士尤拉的巴枯宁主义者们正是这样，他们是所有的分裂活动的挑拨者，却对于统一比一切都叫喊得更厉害。"（第57页）赫鲁晓夫对统一叫喊得最厉害。这一段最后一句说得非常重："这就是为什么最顽固的宗派主义者和最喜欢播弄是非的人以及最卑劣无耻的人在一定的时候要用最大的声音叫喊统一。"（第58页）

对待这些人采取什么态度呢？下面一段讲了，捣乱很厉害的人，群众也知道他捣乱了，就是说分裂已经成熟了。我们要不要调和？恩格斯说："如果我们在海牙采取协调的态度，如果我们抹煞了已经成熟的裂痕，结果会像什么呢？宗派主义者，也就是巴枯宁主义者就会获得更多几年的时间，来借着国际的名义做出更多的蠢事和丑事来"（第59页）。到裂痕已经成熟的时间，要来调和，结果只有让坏人多做一些丑事、蠢事。赫鲁晓夫为什么要说停止论战？就是希望多延长几年，多做点丑事。这样会有什么危险呢？危险很大。他说："最发展的国家的工人们，会要因为不满而走开"。搞丑事的人在这里，真正觉悟的工人要走开。"气泡不会破裂，它会因为受到针刺般的伤害慢慢蜷缩起来，而最近将来的大会——在那里，危机一定会要发展起来——将会变成最庸俗最丑恶的个人间的内讧"。现在妥协，将来闹得更厉害。"因为原则在海牙已经被牺牲了"。原则已经牺牲了，将来闹得更坏。"这样一来，国际就要在实际上遭到破灭，为了统一而'破灭'"（第59页）。想统一，结果整个国际都垮台。国际共产主义运动的左派分裂出来，或者把右派领导打下去，不这样作，统一就完全垮台。

第60页第三段很重要，也是讲分裂问题的。这里引了黑格尔的话，他讲辩证法有些好东西："此外，老黑格尔就已经说过：党是这样来证明自己的生活力量，它走向分裂，并忍受得起分裂"。经过分裂，还能更团结。"无产阶级运动不可避免地要通过种种的发展阶段，在每一阶段都有一些不愿意再前进的人们堵塞着道路。仅仅这一点就说明了，为什么'无产阶级的团结'在实际上到处都是以各种各样的党的分派的方式来实现的"。这是辩证法：团结是以各种分派的方式来实现的，团结是以分裂来实现的。"这些分派相互间进行着生死的斗争，就像古罗马帝国处在最严重的被迫害时期的基督教宗派那样"。基督教最初是奴隶、被压迫劳动人民的宗教，在纪元3世纪以前是被压迫的，由耶稣诞生二三百年间是受压迫的。那时基督教为了团结抵抗罗马统治者的压迫，内部常常要闹分化，因为有些人被收买了。12门徒里有个犹大，得到30元金币，就分裂出去，把耶稣出卖了。以后11个门徒继续团结起来，一直搞了几百年，后来到3世纪，罗马一个皇帝用各种压迫、收买的办法，杀的杀，有一部分收买了。这个皇帝叫君士坦丁，把所有拉拢了的基督教的头子，开了个宗教会议，承认基督教为国教。掌握在统治者手里以后，基督教变成统治阶级的教了。

这一段讲的是毛主席一分为二的思想，团结总是通过分裂发展起来的。不断地巩固团结，不断地发展团结，但同时又不断地分裂。把坏东西分裂出去，团结就能进一步巩固，进一步发展。从前修正主义分裂出去，后来丹吉分裂出去，以后还有什么人分裂出去还要看斗争。分裂不分裂，在于改造不改造，向好的方面改造，就可以不分裂，坚持坏的东西，总归要分裂。赫鲁晓夫这样的人恐怕没有希望，恐怕总归是要分裂出去的。我们还有策略，说要分裂，不是马上和赫鲁晓夫分裂。但要看到这个趋势，看到一分为二，不要那样害怕，不要那样大惊小怪。如果有一天分裂来了，就分裂，如果能不分裂，就不分裂，容忍到一定程度，非分裂不可，就分裂。容忍的目的就是要争取一部分人、改造一部分人。有些人跟修正主义走是可以觉悟的，是被迫的。周总理到阿尔巴尼亚去，阿尔巴尼亚的同志作东欧的工作。东欧也不是不能一分为二的，就是苏联也是一分为二的。所以在一定的时候容忍，就是要做工作。你主动的分裂，太快了也不好。要经得起分裂，愿意分裂就分裂，但也不要时机不成熟就分裂。群众还没有了解的时候，修正主义还没有彻底孤立的时候，你提出分裂就脱离群众。

可是，我们的世界观告诉我们，分裂是必然的，团结也是必然的。分裂和团结是对立的统一，一切都是对立的统一，一切都是一分为二。有人提出问题：马克思主义是否也一分为二，当然会一分为二。既然根本理论是一分为二，当然它本身也是一分为二。问题是怎么分法，马克思主义一方面有革命性，一方面有科学性。马克思主义有普遍真理，有具体实践，这也是一分为二。革命搞过头了，也会忘记科学性，太注意科学性，有时候就忘记了革命精神。我们有些搞理论工作的人，在搞理论批评的时候，纯粹搞理论批评，忘记了还要在政治上给他一些打击。要统一起来，要能结合。这个矛盾结合好了，就是完全的马克思主义，结合得不好，就会出偏差。偏差很大，就会变成错误。在发展马克思主义过程中，也会分出反马克思主义，这并不是外来的，这是在马克思主义发展过程中，在马克思主义队伍中分裂出来，分出修正主义，分出教条主义。教条主义就是普遍真理和具体实践没有结合。这个矛盾没有结合得好，只注意到普遍原理，忽视具体实践。结果普遍原理变成空的，变成教条主义。现在的教条主义不是这样，现在的教条主义根本没有普遍真理，机械地搬外国的现成的纲领，这是另外一种形式。

辩证法会不会一分为二？也会一分为二。这也是普遍原则和具体运用的问题，把普遍原则具体运用到实践中去，这是真正的辩证法。只讲普遍原则，算不算辩证法？只是嘴里讲一点，没有运用，这还不是教条主义？所以辩证法是不是有条件，就这点说，是有条件。作为真理性，一定要把普遍原则用来分析具体问题，真正掌握辩证法。讲辩证法是为了要掌握它，要把辩证法学到手，要能用它分析具体问题。这是讲辩证法是对立统一规律。马克思说过了，恩格斯、列宁也是这样说的。对立统一规律是马克思主义的根本规律，仅仅这样讲，算不算讲辩证法？我看还不算。讲辩证法，引证大量的马克思、恩格斯、列宁的话，引证大量的毛主席的话，可是思想可能不是马克思、恩格斯、列宁、毛主席的思想。引证也是要的，但引证的目的是为了把它拿来具体运用。如果我讲辩证法是对立统一的规律，你们提出那个问题，我说马克思主义是不一分为二的，那我就没有辩证法，只是嘴上讲辩证法，不敢分析马克思主义本身。承认对立统一的对立面在一定条件下互相依赖，在一定条件下互相转化，承认这个规律就要肯定这个规律在一切问题上都能运用，问题是它的转化方法不同，转化形式各种各样，但原则到处都可以运用。问题就是要具体解释。

第十四封信也是关于国际问题的，是恩格斯给左尔格的信。这封信主要是讲国际为什么会有分裂。分裂的发展有一个原因，有的时候得到一个胜利，就会发生这种问题，"第一次巨大的胜利就会要破坏这一切派别之间的天真的合作。这样的胜利就是巴黎公社，它无疑地是国际的精神的产儿，虽然它的产生并不是由于国际直接的推动；这样，可以完全公正地说国际对于公社是在某种程度上负有责任的。当着国际因为公社的关系而成为欧洲的道德力量时，这时纠纷就开始了。每一个流派都想为着自己来利用这次胜利。"（第61页）得到胜利以后，就要警惕会发生的困难，这是很好的经验。恩格斯总结了这个经验，每次胜利以后搞得昏头昏脑，如果不警惕，错误的东西就会发展。在胜利中，各种各样的思想都会有，想来利用胜利的结果。如果不注意困难，不辨别是非，就会搞得一塌糊涂。第一国际分裂的发展就是在巴黎公社以后，在巴黎公社以后的第二年，巴枯宁实在闹得不成样子，马克思、恩格斯只好把他开除出第一国际。

这封信也讲到第一国际的解散，讲为什么要解散。第一国际和第二国际、第三国际都不同，它是各种各样思想集团联合的、各党各派联合的统一战线。第三国际是共产党联合，第二国际是社会民主党联合。第三国际是以马克思主义为指导思想，第一国际中，马克思主义虽然占领导地位，但它不是统治的，有拉萨尔、蒲鲁东、巴枯宁等。它是一种旧形式，这个形式经过了巴黎公社，它的历史任务就完成了，它的形式过时了。特别是巴枯宁开除以后，马克思主义占了统治地位，这时需要一个新形式，就是一个以马克思主义为统治的党，但这个党在那时不是成熟的。这里讲了它不成熟的原因。

"在十年的期间国际支配着欧洲历史的一个方面——也就是奠定将来的方面,它很可以自傲地来回顾自己的工作。但它已经历过了自己的旧的形式。要想像旧时那样建立一个新的国际,即建立一切国家的一切工人党的联盟,那就必须要有普遍的工人运动的压力,像1849至1864年那样"(第62页)。巴黎公社以后,工人运动有一个低潮,资本主义有个和平发展的时期,一个比较稳定发展的时期。在这种低潮前面,组织国际,群众基础不成熟,过了15年,恩格斯才组织第二国际,工人运动才慢慢恢复起来,特别是德国的工人运动,那时德国工人运动是中心。1889年第二国际成立,1899年修正主义大举进攻,10年就堕落了。第三国际是1919到1943年,第三国际的寿命很久。说明20世纪帝国主义时期是革命战争时期,是帝国主义垮台时期。第二国际时间短,就是在资本主义稳定的发展时期。到了20世纪,帝国主义走向崩溃,革命高涨,所以第三国际一直保持它的精力,保持它的革命性。

现在没有国际了,恐怕也会出现一个国际,现在实际上有个国际共产主义运动,这个运动中现在出了修正主义。1956年出了赫鲁晓夫。国际共产主义运动中马克思主义的旗帜没有倒,还是有人坚持,不像第二国际有个时期几乎全面垮了,就是俄国有列宁坚持。社会民主党还是一部分,列宁的处境比我们困难得多。我们现在有这样大的国家,有许多国家站在一起,一开始形势就很好。有些人认为我们孤立,这是完全没有道理的。出修正主义的时候,同时就是东风压倒西风的时候。修正主义成为国际共产主义运动中的东西,还是赫鲁晓夫1956年搞起来的。现代修正主义,真正主力是赫鲁晓夫集团。

第十五封信,是马克思、恩格斯开始看出德国社会民主党内出现修正主义(那时是修正主义前身,不叫修正主义),有倍倍尔等三人在苏黎世作宣言,马克思、恩格斯看到了非常生气,发一个通告反对他们。这一封信很值得我们好好研究,和我们现在有很好的联系。

修正主义和拉萨尔派有点类似,我们还是提出几段,大家注意一下:

三人宣言和拉萨尔主义是一致的，在信里马克思、恩格斯指出了机会主义、资产阶级的特点。第64页上说："照这些先生们的意见，社会民主主义的党应该不是片面的工人党，而是'为真正的人类爱所鼓舞着的一切人'的全面的党"。这里有赫鲁晓夫的观点。"为着证实这一点，它就应该首先断绝粗糙的无产阶级的热情，并在有教养的和具有慈善心情的资产阶级领导之下来'获得优良的口味'和'熟习优良的语调'"（第64～65页）。赫鲁晓夫自己没有本领说出充满资产阶级优良的语调，就拼命学习资产阶级的优良语调。"那时，某些领袖们的'不漂亮的风度'就要让位于修养良好的'资产阶级的风度'（好像这些人们的外表上不漂亮的风度，也不能不算是他们该受斥责的很重要的东西）。那时很快就会出现，许多来自有教养的和有财富的阶级中间的多方面的人物。也就是必须把他们吸引到自己这边来……以便使鼓动工作获得显著的胜利'"。要把有教养的资产阶级吸引到这边来，赫鲁晓夫现在不能公开地把资产阶级吸引到共产党里来，不能公开地把社会民主党吸引到共产党里来，实际在那里拉拉扯扯。东欧有些党就是社会民主党合并起来的。他以为这样才能获得显著的胜利。"德国社会主义是'过多地重视了争取群众的意义，并因此忽视了所谓上层社会中间的强有力的宣传工作'"（第65页）。

下面一段，他有句话很重要："一句话，工人阶级没有能力亲手争取自己的解放"。修正主义者不相信工人亲手解放自己，要靠别人解放它。"其次呢？不应该有任何需要对资产阶级进行斗争的想法，——只需要用强有力的宣传工作把它吸引到自己方面来"（第65页）。只要宣传共产主义吃得好，桌子上有丰盛的盘子，资产阶级就可以吸引过来了。

下面一段说："既然我们希望争取社会的上层，或者即使是争取其中对于我们怀有善意的分子，那我们就要注意使他们不至于受惊"（第65页）。怕资产阶级受惊！毛主席说要有武松打虎的精神，老虎不管你刺激它也好，不刺激它也好，就是那样。修正主义就是怕刺激它，毛主席思想就是坚决贯彻马克思主义精神，发展马克思主义。

还有精彩的，第67页第二段最后一句话："消灭阶级斗争，使资产阶级和'一切独立的人们''不至于害怕来和无产阶级携手'。然而，这就是说，无产阶级受到了愚弄"。像修正主义那样，主张眼睛向上层。发动群众消灭阶级斗争，让资产阶级不至于害怕，让艾森豪威尔、肯尼迪很高兴，这样愚弄无产阶级。反修正主义，可作的文章很多，"七评"没有作完，这些都还没有写进去。

下面还有一段讲到修正主义者的实用主义："'人们应该了解'，我们（这是替苏黎世三人说的）并不想'拒绝我们的党和我们的纲领，不过我们认为，我们尽可以放到以后的年代来做，因为我们的一切力量，我们的一切精力都要用来争取达到一定的、十分切近的目的，这目的是在我们能够开始考虑实现更进一步的任务之前，无论如何先要达到的'"。就是一个十分切近的目的就够了！"这样一来，'现在被悬得太远的要求……所骇退了的'资产阶级，小资产阶级和工人们的群众，就会开始来和我们联合了"（第67页）。不要用远大的目的吓唬人，不要树立共产主义旗帜。可以暂时摆一摆，可以口头通过，但实际上不做。

下一页，反驳修正主义的主张："用不着拒绝纲领；不过应该把它的实现搁置……到一定的时候，接受它，但实际上不是为了自己，不是为要在自己生存的期间来追求它，只是为要做成遗嘱来交托给儿子和孙子"（第68页）。现在不干共产主义，只搞眼前的利益，等儿子、孙子来搞，我是主张共产主义的，你们去搞好了。"目前则把一切力量和一切精力都用到种种细微末节以及对资本主义制度的可怜的补缀方面，借此表示自己多少总算做了些事情，而同时又不至于使资产阶级受惊"（第68页）。这些都和现代修正主义一模一样。马克思、恩格斯描写得非常生动，对修正主义、对机会主义描写得深刻。

第68页第三段："在我们面前的是小资产阶级的代表"。那时，机会主义者是小资产阶级的代表。"他们满怀恐惧地宣称，说无产阶级由于自己在社会上的革命地位所激发，可能'走得太远'了。不是要坚决的反对立场，而是要到处调和；不是要对统治者和资产阶级进行斗争，而是要设法去劝说他们并把他们吸引到我们方面；不是要对从上面来的压迫进行忿怒的反抗，而是要温驯地低首下心，承认应该受罚"。承认应该受压迫!?

下面一页，揭露了机会主义的虚伪，第二行就讲了这个问题，修正主义"在纸上也承认这斗争，因为它已经不是可以随便否认的事情，而在实际上都来掩盖它、抹煞它、减弱它"。就是在纸上也承认阶级斗争，而实际上掩盖它。"社会民主党不应该是工人阶级的党，不应该引起资产阶级对自己的仇恨，或者一般地不应该引起任何人的仇恨"。引起任何人的仇恨，就不符合人性，就是好战，就是想用世界大战推进革命。但我是主张斗争的，帮助被压迫人民进行斗争，赞成无产阶级和资产阶级斗争。和平共处也是斗争。但如果真正要斗争，就说你是好战。这一段很精彩。"它应该首先在资产阶级所害怕而在我们这一代又不能完成的目标放在第一位，而是最好让它把自己的全副力量和全副精力用来实现那小资产阶级的改良补缀，这样来巩固旧的社会制度，也许借此还能将那最后的灾祸转变为渐进的、一点一滴地实现的、尽可能地和平的蜕化过程。这是这样一类人，他们在煞有介事地注重实际的伪装下面，不仅仅自己什么事也不做，而且还要企图妨碍所有不属于空谈的事情的出现"（第70页）。他们的思想是庸俗进化论，希望一点一滴地渐进的变化。实际上是要巩固旧制度。

下面一段讲到机会主义者讲的人类爱。最后两行反驳了人类的爱的问题："在阶级斗争被当做不值得注意的和'粗野的'事情而避开了的地方，作为社会主义的基础的东西，就只剩下'真正的人类爱'和关于'正义'的空洞词句了"（第70~71页）。现代修正主义照样讲人类爱，讲什么人性。这就是上封信讲的，思想总是同样，思想反映现实，现实是同样的，现实只能反映同样的思想。机会主义、修正主义反映同样的立场，所以不谋而合的就是一种思想。掩盖矛盾，实用主义、庸俗进化论、人性论，所有赫鲁晓夫有的东西，这里都有，或基本上都有，不过程度不同，历史发展阶段不同。

后面就讲他们的主张，大家可以自己看。值得注意的是 72 页的第二段，这条是讲无产阶级革命可不可以吸引别的阶级的人参加。马克思、恩格斯认为；不是绝对不可以，但是有条件："如果有别的阶级的代表参加到无产阶级运动里来时，首先就要要求他们不要把资产阶级的、小资产阶级的以及这一类的成见的残余带进来，而要无条件地学懂无产阶级的世界观"。要经过思想改造。修正主义、机会主义是要把资产阶级、小资产阶级请进来，吸引来。马克思、恩格斯不是形而上学，不绝对排斥别的阶级的人，别的阶级的人可以一分为二，不能绝对排斥。马克思、恩格斯虽然坚决反对把资产阶级、小资产阶级请进来，但也不排斥有条件地容许他们进来，条件就是思想改造。

这个思想，毛主席是大大地发展了，在新的条件下，采取许多具体形式，马克思、恩格斯没有讲思想改造，毛主席用新的思想改造来概括这个问题。规模更大了，采取新的形式，还有许多新的具体办法，整风的办法，这都不是马克思、恩格斯在当时条件下考虑到的。把它的内容进一步丰富了、充实了，采取许多新的形式表现在更大的规模上。就是这样发展了，不是把马克思、恩格斯的原则丢掉，另外来一套，不是另起炉灶，而是继续生长，把枝叶发展起来，开花结果，算不算开花结果？毛主席就是开花结果，我看是可以说的。毛主席就是大量开花结果，做出新的结论，根本原则并不违背，但有了新的形式，有了新的更多的内容，根本认识是完全一致的。

如果这些人带来小资产阶级的东西，我们一定要反对。"如果有什么理由要暂时容忍他们那我们所要做的也仅只是容忍他们，而不是要让他们影响党的领导，并且还要懂得和他们的分裂仅只是时间的问题。"（第 72 页）如果坚持他们的立场怎么办？还要请他们、求他们留在组织内？没有这个理由，他不改造，一定坚持他的立场，还要影响领导，分裂只是时间问题。"这样的时间，在我看来，是已经到来了"（第 72 页）。那时要开除他们。"我们完全不能理解，党怎样才可以再容忍这些论文的作者留在自己的队伍里"。他公开搞宣言、搞纲领，怎么留？"如果党的领导竟然在某种情形下落到了这些人们的手里，那就是说让党随便受到阉割，并使它不能再葆有无产阶级的精力"（第72页）。

马克思、恩格斯的《通告》一发以后，伯恩施坦感到害怕了，暂时承认一些错误，后来没有开除，可是后来在党内继续要搞他那一套阴谋，而恩格斯死后就进攻了。这里讲了如果修正主义者领导党，会发生什么结果，就是尽力销蚀无产阶级革命精力，有很大的坏处。

最后一段可以提一提："在将近四十年的期间，我们的头一件事就是推动作为历史的直接动力的阶级斗争，特别是作为现代社会变革的强力杠杆的资产阶级和无产阶级之间的阶级斗争；因此我们是怎样也不能够和那些企图把阶级斗争从运动中取消了的人们走在一道"（第73页）。马克思、恩格斯搞了40年，都是为了要推动阶级斗争，修正主义想取消阶级斗争，怎么能和他站在一起。

这里面讲了一点历史唯物主义哲学问题。这里把阶级斗争叫直接动力，意思是说还有许多别的动力。动力就是矛盾，其他的动力，就是各种其他的矛盾。其他矛盾还是比较艰巨的，但推动历史要靠阶级斗争。其他矛盾包含什么矛盾？产生阶级的那些矛盾，生产关系和生产力的矛盾，基础和上层建筑的矛盾。这是不是历史的动力呢？这些基本矛盾都是历史的动力，这些动力都表现为阶级斗争，并且通过阶级斗争直接推动历史发展。我们现在社会主义社会的基本矛盾，还是生产关系和生产力的矛盾，基础和上层建筑的矛盾，但这些矛盾都要表现为无产阶级和资产阶级的斗争，两条道路的斗争，包括大量的人民内部矛盾。总之表现为阶级斗争和人民内部的斗争，并且通过无产阶级和资产阶级的斗争、人民内部的斗争、两条道路的斗争，直接推动社会主义的发展。

马克思、恩格斯用词很严密，叫直接动力，把直接两字漏掉，就在理论上犯大错误。

第十六封信是给史密特的。从这封信开始进入历史唯物主义理论的范围，以后好几封信都是讲历史唯物主义的问题，特别是讲上层建筑对基础的反作用，基础和上层建筑的相互关系。

这封信开头是批评巴尔特的书，写这封信的时候，恩格斯没有看过这本书，间接听到了，以后看了。费尔巴哈也提到这本书。这个人用庸俗唯物论、机械唯物论，或经济唯物论来曲解马克思主义。有人说，经济唯物主义以谁为代表？在这封信里恩格斯以巴尔特为代表。我翻译得有毛病，有的地方译成巴特，这是一个人。这个人认为马克思主义只看到经济基础，对上层建筑的作用没有看到，上层建筑反过来影响基础。所以恩格斯就反驳他："如果一个人不懂得，当我们说到物质生活条件是第一位的原因时，并不因此就否认观念的领域本身又能够反过来对这物质生活条件发生第二位的作用，如果一个人不懂得这一点，那么他就无论如何也不可能了解他所写的那个对象"（第74页）。

如果不懂得相互关系，那就根本不懂得所写的对象，本来想写马克思的思想，可是又完全不懂得。这两句话大家注意一下，物质生活条件是第一位的原因，观念领域有第二位的作用。我们常常讲物质是第一性，精神是第二性，这两个概念这样来解释，第一性就是第一位的原因，精神第二性，就是精神在宇宙各种联系中是第二位的原因。不这样了解，就有点形而上学的味道。讲先有物质，后有精神，就不够。辩证法按照这样了解，第一位的问题，是物质到精神的问题，物质为原因，精神为结果。然后精神到物质，精神又是原因，可以变为物质，这是第二位的关系。讲宇宙的发展，当然应该说先有物质，后有精神，这是绝对的，这是一个方面的解释，这方面也不能取消。但有了精神以后，有了高等动物以后，问题就不能这样简单了。就整个宇宙说，一个时候没有精神，后来才有精神，在这种关系上，可以说先有物质，后有精神，就等于说，物质是第一性的，精神是第二性的。如果涉及人类文化，物质第一性，精神第二性，就用另一个解释，由物质到精神是第一位的关系，而精神到物质是第二位的关系。所以我们谈到精神到物质的关系，那基本上是联系起来讲的。首先物质到精神，然后精神到物质，首先实践到认识，然后认识到实践。

毛主席讲认识是两个阶段，第一个阶段物质到精神，第二个阶段精神到物质。这也是说的这点，第一性的联系是物质到精神，第二性的联系是精神到物质，这种联系都不能取消，不能取消任何一个，不能片面强调一个，而忽视另一个，两个都要注意。

这里面有个翻译问题，第一位的原因，别的本子译成基本的原因，我认为是不确切的。因为第二位的原因，原文倒是第二位的意思，但第一不简单是第一的意思，也不是基本的意思。这是个拉丁字，按照中国旧术语，比较确切的译法是"太初"，就是最初的最初、最原始的、最后的。是纯粹的科学术语，不是简单的、普通的第一，而是最后的第一。翻成基本，有点轻，翻成太初，文不文，白不白，翻成第一位，比较熟悉一点。"太初"两个字，好像太上感应篇，有点迷信。这是哲学术语，是最原始的意思，从哲学上来说，就是世界最初的东西。"太极"两个字好像也有点迷信，被和尚、道士搞得很神秘。其实太极图也不很神秘，就是两个鱼盘在一起，一黑一白，就是矛盾，是最初的东西。黑格尔说矛盾相互关系是最初的原因，阴阳搞在一起是宇宙的最初原因。这并不是宗教名词，最有辩证法味道的哲学名词。

这封信还有个地方可以谈一下。"但奇怪的是，没有一个人曾考虑到，分配的方式在本质上是以被分配的产品的多少为转移的，而产品的多少，当然又要随着生产和社会机构的进步而发生变更，这也就是说，分配的方式也应该变更"（第75页）。下面讲辩证法，"参加'社会主义社会'讨论的人们都看不到任何经常变更和进步的东西，而只看到固定的、一成不变地建立起来的分配方式"（第75页）。这里面涉及到经济学问题，巴尔特讲经济学，讲社会主义社会的分配，应该有个固定不变的形式。我们要了解按劳分配，应该很好地研究这段话，按劳分配究竟是一个固定的形式，或是个基本原则。按照恩格斯的意思，社会主义按劳分配，只是一个基本原则，至于按劳分配实现的具体形式，可以有多种多样，随着社会主义生产的发展而变化。大家要好好研究这个问题，特别要研究社会主义经济学、社会主义生产关系。

现代修正主义有种想法，好像苏联的分配方式，就是最高的、惟一的社会主义的方式，它的高薪阶层反对平均主义，高低相差 100 倍到 300 倍。最低 30，最高 3000，特殊情形下，一个院士兼莫斯科大学校长，大体是 9000 到 10000 新卢布。他认为这种分配形式很好，这样做才会自然而然地进入按需分配。我们的实际生活看得很清楚，有各种各样的形式，工业有计时工资、计件工资，具体搞法也有不同。以什么为定额？要不要计时工资加奖励？怎样奖励，现在都要研究，不是已经搞得最完善了。农村就更复杂，北京郊区几乎要搞货币工资。像红星人民公社主要是工资，稍微远一点的地方，搞工分制。还有些地方，工分也不能搞，就是基本口粮加一点照顾，或基本口粮加按劳分配，或基本口粮加奖励。基本口粮加按劳分配，就是基本口粮加工分。种类很多，能不能机械地搞一种？那不行。由郊区到边远地区，生产力的发展不同，采取同样的分配形式，一定要失败的。我们有这样的基本原则，就是按劳分配、反对平均主义。有各种各样的生产条件，就要采取各种不同方式，这形式一定要适合生产力的发展情况。按劳分配本身要不断发展，发展到一定程度，发生质变，变成按需分配。恩格斯的这个思想是很宝贵的。

第 76 页，最后一段第四行，"学生"两个字应该是学者，学生怎么会骄傲自满。

第三次辅导

(1964. 3. 13)

四、第十八封信（恩格斯给史密特）重点讲解

恩格斯给史密特的信（1890 年 10 月 27 日于伦敦）一开头说：
"我利用最初的闲暇时间来答复你，我认为你接受'züricher Post'报的工作，是做得很对的。你在那里可以和很多人从事经济方面的研

究，特别是，如果能够经常注意到，苏黎世仅只是第三等的货币和投机市场，因而从那里所获得的印象，就由于经过了第二遍或第三遍的反映而减弱下来，甚至于受到有意识的伪造。"（第82页）

这一段话是说，你在的那个地方是一个投机市场，要想通过投机市场认识经济情况不能认识的准确，特别是货币投机市场。货币价值的涨跌，能够反映经济情况，但是不能准确地反映，有时候不但不能准确反映，甚至会歪曲，有意识地伪造。

下面解释说："但你在实际上对所有的机关都是熟悉的，你就应当从伦敦、纽约、巴黎、柏林、维也纳等地去索取第一手的交易所公报。"要求他注意全面看问题，不要在那一个市里面就根据那个市的交易所来了解经济情况。"那时世界市场就会作为它的货币和有价证券市场的反映而显示在你的面前。经济的、政治的以及其他的反映，和人的眼球中的反映有相同的情形。它们通过了折光镜，因而在达到人的头脑里时就表现成倒立着的样子。不过前者缺少着能使我们的印象再度倒转回来的神经工具。"（第82页）

眼睛的构造像照相机一样，外面的图像到照相机上是倒的，人的像到眼睛里在眼底上是倒的，经过神经的倒转，我们看人就是正的。现在我看大家是正的，实际上在我的眼球里面的影子是倒的，因为有神经的构造，因此我看不出大家是倒立着的。但是，社会上货币市场反映经济情况就不是这样情况，货币市场反映经济市场就是倒反映的，人看起来就是倒的。意思就是说，按照客观规律，世界经济市场决定货币市场，就是生产的情况决定货币的情况。但是在货币交易所里面来看，在货币市场来看，好像货币市场倒过来决定经济情况。比如某一种行业，你的股票价格跌了，为什么跌？之所以跌归根到底是这个行业的生产不景气了，要发生危机了，或者是已经发生了危机，有了这种情形这些企业的股票就跌价了，或者是这些企业还不一定就要衰落，只是有一点衰落的因素，但是搞货币投机的人，看到了这种因素，大家一起哄起来出卖股票，结果价格就跌了，价格跌的结果影响这个企业更困难，它的股票大家都不要，于是这个企业的股份投资就有人要来兑现，这个企业本来就有点困难，股票再一跌就更困难了。股票的跌首先是由于企业本来有一点不好，但交易所把这个不好企业的股票一出卖，这个企业就更不好了。由此在表面上看起来，在股票市场上大家都不要这种股票，都来出卖股票，使得股票的价格就跌了，引起了企业的衰落。表面上是这样的现象，好像是货币市场，有价证券市场的变化引起了经济生产的变化，而不是像原来的规律，经济生产的变化引起了货币市场的变化。这种颠倒的情形在市场上就不会像人的神经一样再把它恢复正确了，而把颠倒的印象直接表现出来。这是现象和本质不一致，现象里面有倒立着的假象。

交易所的人只能通过货币市场和有价证券市场的倒立着的反映来看工业运动和世界市场，因而就把结果当成了原因。对于这一点，还是在四十年代时我就已经在曼彻斯特看到了："要依据伦敦的交易所公报来构成关于工业发展的过程以及它的周期的高涨和低落等观念，是不中用的，因为那些先生们总想用货币市场的危机来说明一切现象，而货币市场的危机本身大部分都只能看做仅仅是些征兆。"（第82~83页）

这是说，有时危机往往在征兆以后暴露出来，所以看起来好像是货币市场的危机产生在工业生产的危机以前，因此似乎货币市场是原因，工业市场是结果。这一句话可以用来作为《自然辩证法》中有一段话来解释，就是在感觉中间先后出现的东西不一定表明因果规律。所以休谟怀疑因果规律，他认为这是感觉先后反复出现多次，这种反复多次，只是一种感觉习惯，并不一定就是因果关系。不可知论者就抓住这个片面作为他不可知论的理由。他抓住的这个片面确实存在，但是他把这种片面现象夸大了，认为是因果规律。在感觉这种现象里面先后出现并不一定等于因果规律。这种情形在世界上的确很多，比如我们看到寒暑表上升了，因此温度提高了，我们的说法是这样的：我们看到表上升了，然后才知道温度上升，如果不看到就不知道温度上升。有时就有这样的错觉，气温上升是由于寒暑表上升，因为我们是先看到寒暑表上升，实际上是相反的，气温上升了，寒暑表才上升。

"这在那时是为着要拒绝把一定时期的生产过剩作为说明工业危机的发生的原因，因此全部事情还更包含着一种力图曲解真相的目的。"（第83页）

那时资产阶级为了要掩饰生产过剩是工业发生危机的原因，因此故意说工业发生危机是由于货币市场发生了问题。我们解放以后没有这种事情了，解放以前上海就有这样的情形，报纸上常登某个工业发生危机了。为什么？是因为银根吃紧。银根吃紧是什么意思？就是这个工厂的流动资金没有了，工资发不出去，没有钱买原料，反正是有各种困难，要关门、破产。债还不起，一个企业经常向银行借债来补充流动资金，债太多了，银行就不借了。银行逼债，工人要工资，没有办法只好关门、破产。这种现象是货币发生了困难，结果使得企业也就发生了困难。这种论调在资产阶级报纸上虽不一定每天有，几乎也是每星期有的。资本主义国家也是这样，把货币发生危机作为工业发生危机的原因，以此来掩盖资本主义生产过剩这个根本原因。实际上是他这个企业生产出来的东西不容易销出去，因此钱拿不回来，流动资金就少了。资产阶级采取人为地利用货币的力量来缓和危机的办法，就是通货膨胀的办法。这不是讲一个企业，是整个企业发生了周转不灵，仓库里面的存货太多，资本家就联合起来向政府要求帮助，这时政府一个是采取通货膨胀的办法，再一种是让银行多印钞票，然后银行借债给企业使得他手头松一些，流动资金比较松了，既发了工资，债也可以缓一下，以前的旧债可以借一笔新债来还。仓库里面堆着的东西暂时卖不出去也不要紧，而且也还可以卖一些，因为通货膨胀，经营商业的企业可以向银行借钱向工厂买些东西，工厂的存货就可以销掉一些。利用通货膨胀的办法使工业企业产生一种人为的缓和，这也是一种现象。货币市场松动了引起企业生产、工业市场的松动，这种现象是不是客观事实？是客观事实，但这不是第一性的事实，是第二性的。首先是工业危机引起了货币市场的危机，工业影响货币，生产影响货币，以后才是货币影响生产，本来是这样一种相互关系，但是在资产阶级经济学里面，把第二性的关系当成了第一性的关系。而且有一些资产阶级经济学家，为了掩盖资本主义的弱点，故意这样做。

恩格斯讲这是40年以前的情形，下面他说："在今天，这一点至少对于我们是永远不存在了"。这是说故意歪曲真相的情形。就英国来说是这样的，实际上至少对于我们——马克思主义者，永远不会这样看。"而且下面的情形又是不容怀疑的事实。即货币市场也可以有它自己的特殊的危机，而工业领域的直接的瓦解对它只能起从属的作用，或甚至于不起什么作用。在这里，就需要对于最近二十年的许多事情特别从历史上来加以探讨和确定。"

这里面讲货币和生产的关系，货币市场和工业市场的关系，相当于经济基础和上层建筑的关系，不过货币市场并不是上层建筑。经济基础内部也有生产关系，第一位的关系是生产影响货币，第二位的关系是货币影响生产。同时也像上层建筑一样，上层建筑本身有相对的独立性，货币市场本身也有相对的独立性，有它自己的规律，他在服从总规律以外有自己的规律。所谓总的规律，就是货币市场的变化归根到底决定于工业市场的变化，除了这个以外，货币本身它有自己的特殊规律。有时货币危机的产生不需要工业发生什么变化也可以直接产生。有时候，市场上买卖人的心理状态也会起这种作用；有时候，在政治上造一个谣言，也可以发生这种危机。

解放以前蒋介石政府经常利用政治谣言来制造货币市场的变化。比如他造谣说国民党打了胜仗。这个谣言一哄，国民党的工业股票或是金圆券就涨起来了。不过这是一天两天的现象，因为很快大家会看到真相，但是他就利用这个时间把存的股票卖出去，看到卖完了，就跌价，所有买他股票的人吃大亏。这是一种赌博，国民党经常搞，搞到最后钱都集中在他的手里，不但是老百姓发生问题，民族资本家也受他的骗。

所以，货币市场有它自己的规律。你要了解问题的真相就需要对20年来的事情特别是从历史上加以探讨和确定，要经过长期的研究。

"在全社会的规模上实现着劳动分工的地方，个别的劳动过程在相互的关系上就成为独立的东西。"（第83页）

这句话译得长一些，有点难懂，另外一个译本好懂一些：全社会各种劳动有分工的地方，每一种劳动彼此之间的关系是独立的。比如农业和工业有分工，农业和工业的关系是彼此独立的关系。农业是农业，工业是工业，封建时代农业和手工业是搞在一起的，没有全社会的农业和手工业的分工。

"生产具有最后的决定作用。但当着贸易把生产品和本来意义的生产隔离开来时，它就有了它自己所有的运动，对于这个运动，生产的运动在总的方面是起着支配作用的，但在个别的部分和在这总的从属性的范围之内，贸易的运动还是有着自己固有的规律，即在这新因素的本性里所包含着的规律。"（第83页）

这也是解释我们刚才讲的问题。这是讲贸易和生产也是一种分工，这种社会贸易和生产各自有一定的独立性。贸易有自己独立性，自己的规律，比如供给和需要的规律，这个规律不直接是生产的规律，而直接是贸易的规律，市场货物多了就跌价，货物少了就涨价，这种情形最后决定于生产。当然有时候市场货物多不一定是生产多了，有时候市场货物少不一定是生产少了，用的多少也可以影响价格或者是跌价。货币市场也有自己的规律，现在我们不用金属货币了，从前用金属货币的时候，有劣币驱逐良币的现象，这和生产没有关系。如果在货币市场出现了两种银币，一种是含银成分高的，一种是含银成分差一些的，两种货币在市场上使用的结果，一定会出现这样的现象：经过一定时候，在市场上充满了银子成分低的货币，银子成分高的货币很快会在市场上消失，这是货币市场的规律，这个规律和生产没有关系。劣币驱逐良币的现象，17世纪英国经济学家把它当做一个规律表现出来。

"这贸易的运动有它自己固有的样式，并且它自己又反过来对生产运动表现出反作用。美洲的发现是由于对黄金的渴望引起的，这种渴望在以前已经把葡萄牙人驱使到非洲去了（参看谢特柏尔的'贵重金属的生产'），因为14、15世纪欧洲的工业的发展以及和它相适应的贸易的发展是那么强烈地使人要求更多的交换手段，而德国——1450年到1550年间最大的产银国家——却不能满足这样大的要求。从1500年到1800年葡萄牙人、荷兰人和英国人的征服印度，目的都是为了要从印度输入。没有人想到要向那里输出什么。可是结果，这些纯粹由贸易的利益所引起的发现和征服，对于工业竟发生了多么巨大的反作用：单单为了向这些国家输出的需要，就建立了和发展了巨大的工业。"（第83～84页）

最初是从这些殖民地国家输入一些工业国所需要的东西，但这种输入不久工业发展变成了输出为主了。

"货币市场也是一样。当着货币贸易从商品贸易分离开来时，它就——在一定的条件下和在生产与商品贸易所规定的限界之内——具有着自己所固有的发展，具有着由它本身的特性规定了的特殊的规律和样式。不仅如此，当着货币贸易在自己的更进一步的发展中搞大成为有价证券的贸易，并且这有价证券又不仅仅表现为国家的证券"（第84页）。这是指公债，我们国家也有公债，但我们现在的公债是不买卖的，资本主义国家的公债可以到交易所买卖。

"而且还把工业和运输企业的股票也包含在内时，当着货币贸易（它在总的方面是受生产支配的）在这样的情形之下对于生产的一部分取得了直接的支配权时——那时货币贸易对于生产的反作用就会更为强烈和更为复杂了。"（第84页）上面我们讲的用通货膨胀来影响生产这是一种方法。

"银行家成了铁道、煤井、矿坑的所有者。这些生产资料具有着两重的性质；它的劳动既必须适合于直接的生产的利益，又必须适合于股东们的要求，因为他是银行家。"这种生产银行家觉得可以发财他才干，不能发财，他就不去搞了。"这里最为明显的例子，就是北美洲的铁道。它们的全部业务都从属于当前的某个吉·古尔得、万得比尔特之流在交易所的活动，——对于个别的铁道及其作为交通工具的利益来说是完全异类的活动。"（同上）不是直接的生产活动，交易所活动可以引起生产的多一些或者少一些，能够支配铁道的生产活动。

"就是在这里，在英国，我们也看到许多铁道公司在几十年间为着划分他们的区域而继续不断地进行着的斗争，在这斗争里花费了巨量的金钱，并不是为着生产和运输的利益，而仅仅是由于持有股票的银行家们力图使交易所的活动容易进行这个惟一的目的。"（同上）

恩格斯这封信是1890年写的，这个时候资本主义已经接近于帝国主义时期，银行垄断资本的作用逐渐抬头，所以这封信表明恩格斯在这个时候开始看到银行垄断资本对工业的重要作用，开始看到资本主义由自由竞争发展到垄断的苗头。当然没有列宁后来写《帝国主义论》的时候看得那样清楚，但是在那个时候所出现的这种突出现象，恩格斯已经看到了，而在前几十年的信或者是文章里面都没有谈到这个问题，在90年代恩格斯写这封信时，就谈到了这个问题。

"在我的这几点意见中——关于生产和商品贸易的关系以及这两者和货币贸易的关系的这几点意见中，我已经在基本上回答了你的关于历史唯物主义一般的问题。"（第85页）

这一句话是他的中心点。生产、贸易和货币这几点的关系说明了历史唯物主义的一般关系。历史唯物主义肯定第一性决定第二性的关系，同时第二性关系又反过来决定第一性的关系。事物在相互关系中间，有第一性的关系和第二性的关系。一切关系互为因果，但是互为因果中间有第一性因果关系和第二性因果关系；有第一位原因和第二位原因，要分清。找到第一位原因时不要忽视第二位原因。第二位原因也是原因，它有它一定的独立作用。它跟《自然辩证法》后面讲的因果关系联系起来，《自然辩证法》只讲相互关系，没有讲相互关系中第一位和第二位的关系，所以这里讲得更全面了。在相互关系中有第一性关系和第二性关系的区别。在恩格斯的信里，这种第一性、第二性的相互关系重复了好几遍，这是我们运用历史唯物主义来观察问题的基本原则。经常要注意第二位原因，我们很容易忽视第二位原因。

"从劳动分工的观点上来看，这就最容易了解。社会产生出它所不能缺少的某些公共的职能。担负这些职能的人们就形成了社会内部分工的一个新部门。他们由此获得了甚至于与他们的授权者互相对立的特殊的利益，他们与后者相对地成为独立的东西，于是——这就出现了国家。"（第85页）

这里讲到国家问题，国家本来是经济决定的，是阶级斗争的产物，但是形成国家以后，国家反过来可以影响阶级斗争，影响经济。而且国家里面的人有一定的独立性，国家统治者个人的特点有时会对社会起作用，做总统的人的特点不同，他起的作用也会有些不同，但是这种不同不能根本改变经济决定政治的规律，只是在某些具体特点方面，某些事情发展得快一点或者慢一点。

"同样的情形也在商品贸易以及稍迟以后的货币贸易里存在：新的独立的力量在总的方面来说应该是从属于生产的运动的，但由于它内部存在着的，或者更正确地说，由于一度赋予它而渐渐地进一步发展起来的相对的独立性"，这里直接用相对独立性这个名词了。"使得它对于生产的条件和进程也发生了反作用。这就有着两种不同的力的相互作用，一方面是经济的运动，另一方面是那向着最大可能的独立性进展的、一经产生之后，还能够进行独立运动的新的政治权力；经济的运动在总的方面为自己开辟着道路，但它仍然不能不受到那依据于它自己、而建立起来的、并且获得相对独立性的政治运动的反作用。"（第85页）

我们可以举这样的例子，比如老挝和柬埔寨从前同样是法国殖民地情况差不多，里面都有共产党。当头子都是亲王，一个是西哈努克，一个是富马，两个人的思想有一点不同，两个国家的结果不同，发展不同，如果富马到柬埔寨，西哈努克到老挝，柬埔寨和老挝的情况就不同了。苏加诺他有特点，崇拜孙中山，要学习孙中山，所以出现了像印尼这样的结果，当然，这个结果跟阶级斗争有关系，但是和出现苏加诺崇拜孙中山有关系。如果换一个人，情况也不一定这样。国家领导人站在国家领导地位就有相对的独立性，他可以在一定范围内起某种程度的决定作用，但不是起最后决定作用。不过那一个国家的共产党总是要最后胜利的，但是有些胜利得快一些，有些胜利得慢一些。这里面就有上层建筑相对独立性问题。也有偶然性的问题，某一个人当了总统，当了首相，也有若干作用。

"这政治运动一方面是国家政权的运动，另一方面是与国家政权同时产生出来的反对势力的运动。就像金融的市场在总的方面，在上面所说的保留条件之下，并且自然是颠倒地，反映着工业市场一样，政府和反对势力之间的斗争，也反映了从来就存在着、斗争着的阶级间的斗争，而这反映也是同样地颠倒着：它已不是直接的，而是间接的，不是作为阶级斗争，而是作为追求政治原则上的斗争。它是这样的颠倒，使得我们要经过成千年的时间，才能够再发现事情的真相。"（第86页）

这个运动本来是阶级斗争的集中表现，是反映阶级斗争的，但是看起来就是政治斗争，阶级斗争是由它决定的。政治斗争是为了一些政治上的不同见解，不同的政治原则而进行的斗争。

"国家政权对于经济发展的反作用可以有三种情形：它可能是循着同一的方向前进，事情就进行得更快；它可能与经济发展的方向相反，这样在今天的任何一个大民族里，国家权力都要在一定的期间走向破灭；或者，它会把经济发展的一定的方向切断，并推进到另外的方向——这一种情形，归根到底又会归结为前面两种的一种。很明白，在第二和第三两种情形里，政治权力对于经济发展会给与很大的损害，会造成大量的力和物的浪费。"（第86页）

举例来说，国家政权对于经济发展反作用的三种情形：第一种像我们社会主义国家无产阶级专政，能够把经济向前推动得很快，实现飞速发展；另外一种是修正主义国家，和经济发展的方向相反，因此要引起经济的破灭；第三种情形最确切的例子是外来民族的侵略，武装占领这个地方，它把经济切断了，比如欧洲人到了美洲，原来美洲印第安人是原始公社末期，按照历史发展规律是向封建社会发展，但是，欧洲人一去就切断了。还有中国古代的游牧民族占领了汉族的农业区域，如蒙古族和满族，可以把经济发展的历史切断。切断的结果有两种情形，一种是新入侵的国家它的方向和经济发展一致，比如蒙古入侵汉族，清占领汉族地区，它来了以后，仍然按照向前发展的方向从事政治活动。蒙古族开始到华北想把一些农田改成牧场，几乎要实行了，后来耶律楚材（是金人投降蒙古的，他有帮助金人搞统治的经验）要忽必烈不要这样搞，搞了牧场不好，还是让汉人照样生产下去，这样做有很多好处，每年可以收很多粮食来供给西征（打欧洲），如果不这样搞，尽搞成牧场，那么多牛羊运不到欧洲去，对西征没有好处。忽必烈接受了这一套，按照汉族制度来进行统治，所以生产没有受到大破坏。清朝也是这样，入关以后很快建立了统治，特别是康熙统治比较好，到了乾隆是发展的时代，这是清朝封建社会比较好的时代，和汉、唐一样是兴旺的时代，这是因为国家的方向和经济发展的方向是一致的。不能因为他是满清人，是进攻汉族的，我们就歧视他，把清朝人的统治看得一塌糊涂，一定把他说得很坏，这样不公平，他的统治比崇祯皇帝的统治好得多。欧洲人到美洲这个方向也是前进的，生产也是超过历史阶段发展的。另一种是这个国家的方向和经济发展相反，比如忽必烈刚到中原的打算，如果这个打算实行了，经济就发生很大破坏。但是不管哪一种切断，对经济、物力都会有大破坏。因为切断一个经济发展过程，尽管以后仍然还是前进的，可是在切断的过程里面有大破坏，比如蒙古人、满清人南下都有大破坏，对于这一点不能因为他以后有进步就给他涂脂抹粉，"扬州十日"、"嘉定之屠"，把全城人都杀光了，这些坏事他还是做了的。所以，恩格斯这里讲的可以概括一切历史情形。还有这样的情形，欧洲罗马帝国是奴隶制，很发达，后来日耳曼人进来把罗马帝国搞垮了，日耳曼人要用原始公社末期的制度来代替奴隶制度，所以他的方向是反动的，那时的破坏大了，经济受破坏，文化也受破坏。日耳曼的领袖认为学习文化是最丑的事情，是可耻的事情。有一个日耳曼的领袖，他的女儿认识了罗马教士（基督教士是有些文化的），她跟这个教士学习拉丁文，非常有兴趣，学了两年很有文化了，后来她父亲知道了就禁止了，处罚了她，也处罚那个教士，认为我们是高贵的人，是全能的，怎么能干"下流"的事情。所以那个时候文化是倒退的，从6世纪到9世纪这三百多年中间是过渡时期，9世纪才开始恢复。那个时候奴隶制度垮了，究竟是一个什么制度？很混乱。封建制度是9世纪开始的。历史是向前发展的，暂时切断了、倒退了，最后还是向前发展的，所以最后还是出现了封建制度。

"除此而外，还有经济资源的掠夺和野蛮的破坏这一种情形，这在以往的某些情况下面，有时会使一整个地区和民族经济的发展全部遭到毁灭。这种情形在今天却多半只有相反的作用，至少在大民族中间是这样：被打击者最后常常在经济上、政治上、道德上要比胜利者得到更多的胜利。"（第86页）

在奴隶制时代，占领一个地方可以把整个部落屠杀了，比如欧洲人到美洲，把印第安部落几乎全部屠杀光了，因为它是落后民族，是原始部落时代，抵抗力小，一下子可以杀光。近代就不同了，殖民地国家要摆脱殖民统治，最后的结果是相反的。恩格斯的话可以作为预言，把今天亚洲、非洲、拉丁美洲的情况都预见到了。

下面是讲法律问题，这一段比较重要。

"就法律来说，也是一样：当有了新的分工的必要而产生职业的法律家时，于是又展开了一种新的独立的领域。这个领域对于生产和交换虽然有着它的一般的依赖性，但同时对于后者又具有着一种特殊的反作用能力。"（第86~87页）

为什么上层建筑会有相对的独立性，因为上层建筑不是空的，是有一批人组成的，有一批人始终以上层建筑为职业，因此形成了一种特殊的阶层，这是社会集团，这个集团就要搞它的相对独立性。

"在一个近代的国家里，法律不仅仅应该适应于一般的经济状况，不仅仅应作为它的表现，并且还必须是一种内部首尾一贯的、不至于因为有内在矛盾而自相抵触的表现。为要完成这一点，就使得经济关系的反映的确切性愈更受到破坏。法律的典籍愈是不能作为严峻的、尖锐的、没有伪装的一个阶级统治的表现时，那破坏也就愈更厉害。"
(第87页)

第一段话比较重要，上层建筑除了它是一批人外，要有独立性。就要搞自己的系统，要使内部在自己的逻辑上能够首尾一贯，因此基本上它要反映经济的要求，可是为了它的逻辑系统，就不能完全反映。剥削阶级统治的时候，他要伪装成为全人类的，他要以全人类的名义贯穿他的系统。用冯友兰的话是他要采取一种普遍性的形式。实际上这也不是冯友兰的话，有这么一种伪装的普遍性，冯友兰把这种普遍性说成是超阶级的形式，实际上完全是阶级的，但是因为它有这种形式不是完全确切反映经济基础。统治阶级内部本来是有矛盾的，而一种法律观点只能反映这个阶级一个阶层的东西，这一派和那一派有不同的法律观点，某一派的法律观点占了统治地位，它能够反映这个阶层的利益，但是不能完全反映另外一个阶层的利益，这就会发生冲突。

中国古代，特别是讲儒家学说，讲经学的人，他的法律观点、道德观点和封建阶级某些人的意见是有矛盾的，因为他讲爱民，不要过分糟蹋老百姓，可是统治阶级里面最富裕，最有权势的人，偏偏不爱民，荒淫无耻，这就有冲突。这种冲突往往变成对抗性的，讲经学的人往往要遭殃，甚至遭到杀头。有时这个阶级的统治不稳了，非要他的东西来欺骗不可，就用他一下，讲经学的人一般不是当权的，比如汉朝的董仲舒，在意识形态方面代表统治阶级，而他本人在统治阶级里面来说是倒霉的，没有当过宰相，做过部分地方的国家官吏，不是皇帝的直接帮手。这种人在封建社会来说是正派人，他的言论里面有时也反映一些民生疾苦，而且对老百姓糟蹋得太厉害，有反感，但又不是真正站在老百姓方面，不过是为了统治阶级的统治着想，希望能够永久统治下去，希望不要发生封建统治规律所必然发生的情况，实际上是违反客观规律，但言论里面反映一些民生疾苦，描写了一些豪强糟蹋老百姓的现象，把它写成文章，奏本上也有一些暴露。

讲到对法律、道德有没有继承性的问题，可以肯定这一点。"继承"这二个字有广义、狭义的解释，广义的解释是建立马克思主义要利用旧的历史材料，旧的历史文化不管好的坏的统统要利用。利用的意思是总结历史经验，并不是说要把它拿过来作为自己的，而是把它拿过来研究，研究以后建立马克思主义思想。所以广义来说，所有的历史遗产，我们都继承。是继承材料，把材料留下来，比如我们图书馆里面把所有封建时代的东西，不管好的坏的统统保存起来，这也是继承，是广义的继承。

狭义的继承是我们是不是要它，是不是拿过来作为我们马克思主义者也要利用的一些东西，如果这样来解释继承就要严格一些，首先我们只能继承人民中间的东西，有科学贡献的东西，对大众有利的东西，并且在继承的时候，即使这些东西也要找精华，要批判地继承，而不是原封原样地继承。因此那些封建的、资本主义的东西统统不要，丢掉它。对于封建道德我们继承不继承？不继承。封建法律当然不继承，要根本决裂。但是要不要把材料保留下来作为研究的资料呢？还是要的。一点也不研究过去，怎么能够把现在建立得更好呢？这是不可能的。

有时候还有一些概念、形式可以利用，这种利用并不是继承封建道德，或者是资本主义道德本身，是利用它的学说。利用过来以后，形式、内容都变了，比如资产阶级讲自由，我们也讲自由，但我们讲的自由和资产阶级的自由并不是一个东西，从形式上看，还是自由这二个字，但怎么自由，和资产阶级抽象的自由根本不同，我们是又有纪律又有自由，自由和纪律是结合的；而资产阶级形式上是讲自由，但和纪律完全相反，是对立的。恩格斯提出关于继承问题的理论原则，具体的我们要作很多研究。

"应该说这事的本身就已经和'法律概念'有着矛盾了。"法律概念既然是反映经济基础的，就应当一点一滴地反映经济，但是它又不能完全反映。"1792年到1796年革命资产阶级的纯粹的彻底的法律观念，在'拿破仑法典'里面已经有了许多方面的伪装。"1792年那时是资产阶级革命的法律，倾向性比较明显，到了"拿破仑法典"里面就更明显了。"而所有在法典里面体现出来的那些,还要随着无产阶级力量的成长,每天每天各式各样地减弱下来。但这并不妨害'拿破仑法典'这个法律典籍成为整个大陆上的一切法典编纂的基础。因此,'法律发展'的进程主要地不外就是这样,首先是企图要排除那把经济关系直接翻译成法律原则时所发生的矛盾,并建立起一种调和的法律体系;接着是经济发展的影响和强制力又不断地把这体系冲破,于是,又把它卷入新的矛盾里(我在这里暂时只是就民法来说的)。"(第87页)

上层建筑与经济基础不断矛盾,不断地扩大矛盾,发展矛盾,解决矛盾,不但社会主义社会是这样,资本主义社会也是这样,封建社会也是这样,上层建筑中的法律学说,道德学说的基本精神不变,而个别部分是经常变的。

"经济关系之在法律原理上的反映,也必然同样是一种头脚倒立着的东西、它的出现并不为当事者所意识到,法律家总以为自己是根据着先验的原则行事,而不知道一切只是经济的反映——于是一切都头脚倒立着了。"(第87页)

上层建筑专家没有这种自觉性,不知道是在反映经济。"而这种颠倒,在它还没有被人认识的时候,就构成了我们所谓的意识形态的观点,而它之能够反过来对于经济基础给以反作用,并且在一定的限度内还能够变更经济基础,这对于我们好像都是自明之理。"(第88页)资产阶级知识分子认为他的意识形态是独立发展的,是反过来影响经济的,把第二性的关系当成第一性关系。

"就家庭发展的同一阶段来说:继承权的基础是经济的。可是,好像在英国有着绝对的遗嘱自由,而法国对于这自由却有着严格的限制,这就很难说它们在一切细节上都只是由于经济的原因。"这就有法律中的相对独立性起作用了。"然而两者都非常有力地反作用于经济,因为他们影响到了财富的分配。"(第88页)

"至于说到那浮悬在更高的空中的意识形态领域,如宗教、哲学等,那么,这里面还有着一种史前的、从历史时代中发生和继承下来的内容，这内容在今天我们把它叫做是荒谬思想。这些各种各样的关于自然、关于人类性质、关于精灵、魔力等的虚伪的表象，大都只是消极地建立在经济的基础上；史前时代的低度的经济发展，把关于自然的虚伪的表象当做了补充，有时也当做了条件甚至于原因。"（第88页）

这里，恩格斯把宗教、哲学和法律加以区别，法律包括道德，比较直接反映阶级利益，所以，它更直接决定于经济，继承性比较少一些。新的宗教、哲学跟史前时代的关系更多一些，新的宗教或者是新的哲学，差不多都要利用旧的哲学思想，旧的宗教神话建立起来的。西方的宗教哲学和东方宗教哲学是两个系统，形式上有很大不同（当然最重要的东西是共同的）。西方哲学受基督教的影响大一些，中国的哲学一般说宗教的影响少一些，特别是儒家学说、道家学说，就哲学方面来讲，宗教概念、神话概念比较少一些，孔子不讲鬼神，他也相信有鬼神，半信半疑，但不怎么讲鬼神。儒家学说不谈神的问题，只讲天，实际上唯心主义的，儒家的"天"就是神。西方哲学讲上帝，这是受宗教影响，这里说的"这些各种各样的关于自然、关于人类性质、关于精灵、魔力等的虚伪的表象，大都只是消极地建立在经济的基础上"，这句话的意思就是说，由于早期经济不发达对于自然界的规律不能认识，因此就用一些精灵、魔力来作消极的解释。

"但是，虽然经济的需要曾是，而且愈来愈更显著地成为前进着的自然认识的主要推动力，但如果有人想给这一切原始的荒谬思想都找到经济的原因，那就未免迂腐了。"（第88页）

这种荒谬思想有时是由于另外的原因产生的，不是由于经济原因。

"科学的历史，就是这种荒谬思想渐渐被排除的历史，是它被新的、荒诞性日愈减少着的荒谬思想所代替的历史。承担这个任务的人们，就又是从属于特殊的分工的领域，而在他们看来，好像自己是在一种独立的领域里工作着。在社会分工的内部他们愈更形成一种独立的集团，那他们的生产物，以至于他们的谬误，对于全社会的发展甚至于经济的就愈更会发生反影响。但不论如何，他们本身仍然是处在经济发展的支配的影响之下的。例如就哲学来说，这种情形在资产阶级的时代就最容易得到证明。霍布斯是最初的近代唯物主义者（在18世纪的意义上），但又是当时的绝对专制主义者，当时正是绝对君主专制在整个欧洲的全盛时代，而在英国正是开始与民众进行斗争的时代。"（第88~89页）

霍布斯是英国的一位唯物主义者，实际上是17世纪人，他的唯物主义是带有18世纪性质的。他在政治上是绝对专制主义者，拥护君主专制，可是他的唯物主义是18世纪的，就是说是适应资产阶级需要的。这说明上层建筑、意识形态有相对独立性，在阶级立场上可以站在封建贵族立场，可是作为哲学家，他向前走了一步，在哲学上和资产阶级一致了。

所以，我们研究哲学史不要简单化，阶级立场反动的哲学家，不一定哲学上都是反动的；有了进步政治思想的哲学家，不要毫无根据的一点材料都没有就说他的阶级立场一定是进步的。有一些人主张老子是唯物主义的，因此就一定要凑一点材料把老子说成是劳动人民的代表者这是荒谬的。他是周天子的史官或者是图书馆长这一类人，如果说那个时候是奴隶制度，他就是和奴隶主站在一起。古希腊的赫拉克利特，他的立场是同情贵族的，但他的哲学是辩证唯物主义的。这就是说，哲学家可以自相矛盾的，他作为一个阶级是落后的，作为一个哲学家，他要概括当时自然科学的研究成果，所以他在哲学上研究出来的东西是唯物主义的，可是在政治方面是代表贵族方面的。文学上也是这种情形，比如有的作家，作为阶级代表人是站在贵族方面的，但是作为文学家是好的文学家，是反映现实的，他反映封建贵族的没落，资本主义的发展。所以，他的立场是同情贵族的，而他的文艺作品是反映资本主义发展的。他自己就有矛盾。这个矛盾说明搞意识形态的人是有相对的独立性的。赫拉克利特在哲学上对于贵族奴隶主有相对独立性，他的哲学实际上是和工商业奴隶主站在一起。

冯友兰解释老子是荒谬的，他说老子是贵族奴隶主的代表，是反动的，他的哲学是唯物主义的。为什么？因为立场最反动，哲学最进步，好像只有反动的立场才能够有进步的哲学。他不懂得辩证法，不懂得上层建筑相对独立性的问题，因此不会解释这个问题。他的《中国哲学史新编》已经出版了，就是讲这一套的。立场越反动怎么会哲学越进步，进步哲学是反映他的反动立场的，反动阶级已经没落了，没落就绝望，绝望就讲辩证法。他的解释大体是这样的意思。"洛克在宗教上和政治上都是1688年的阶级调和的产儿。"（第89页）那个时候资产阶级和封建贵族采取了调和方法。霍布斯开始反对资产阶级，英国革命的时候他跑到法国，等到英国革命胜利了，又回到了英国，和资产阶级妥协了。洛克是反映资产阶级和封建势力妥协的产儿，他的哲学基本上是唯物主义的，有一点二元论的因素。

"英国的无神论者，和他们的更彻底的继承者，即法国唯物主义者，都是真正资产阶级的哲学家，法国唯物主义者甚至于还是资产阶级的革命的哲学家。在康德到黑格尔的德国哲学里，显现着德国资产阶级的庸人性质——时而积极地，时而又消极地。"（第89页）这是指向封建势力妥协的那一种资产阶级。"但是，作为特定的分工领域，每一时代的哲学都把一定的思想材料作为前提，这材料是它从它的先行者继承下来，而它就是从这里出发的。于是就发生这样的事：在经济上落后的国家，在哲学上倒能够奏起第一把提琴来：例如18世纪的法国对于英国（法国人就是立足在它的哲学上的），后来的德国对于前两者。"（第89页）

经济落后的国家在哲学上打先锋，不一定直接反映经济，只要能够综合一些材料然后就能向前进，例如18世纪法国对英国，18世纪法国比英国经济落后，但是法国的唯物主义比英国高。德国也是这样，经济比英国、法国落后，但是在19世纪初期，在哲学上比它先进。

"但不论在法国或在德国，哲学，就像当时一般的文学的繁荣一样，仍然是一种经济的高涨的结果。"（第89页）归根到底是经济高涨的结果，尽管是落后，但是在落后基础上高涨，从绝对意义上来讲是落后，但从相对意义来讲是高涨。

"我认为就是在这些领域上，经济发展的最后的至上权仍然是无可辩驳，不过它要表现在该领域本身所规定了的条件之内"即有条件地反映经济。"例如在哲学里就表现为经济影响对于先行者遗留下来的现有哲学材料所起的作用（它多半又是首先在政治等的外衣之下起着作用的）。"（第89～90页）

先行者遗留的材料一大堆，哲学家要在这一堆材料里面找出一些有用的东西来，哪一些对他有用，这最后决定于经济，决定于阶级斗争。

"经济在这儿并没有重新创造出什么东西，它只决定着在现存思想材料的变更方式和更进一步发展的方式，而这决定作用也多半是间接的，当它是作为政治、法律、道德的反映而对哲学发生着重大的直接作用的时候。"（第90页）

经济往往通过政治、法律然后影响哲学，正因为这样，哲学内部矛盾才会突出，哲学家从阶级立场上反映他的阶级，在哲学上可以因为政治、法律以及其他的前哲学的影响，比如当前哲学思想的影响，自然科学的影响，使得他的哲学表现和阶级立场、政治立场有矛盾。这种问题都需要具体分析。所以研究上层建筑问题很复杂，尤其是更高的上层建筑更复杂，特别是哲学史，在这个问题上不能简单化。现在有些同志简单化，哲学史特别是中国哲学史很复杂，有很多简单化的东西，要完全搞清楚还需要做很多努力。

下面几段没有什么，不念了，最后一段念一下。

"这些先生们所缺少的，就是辩证法。他们常常只看见这里是原因，那里又是结果。他们一点也不知道这是一种空洞的抽象，不知道在现实世界里，这种形而上学的两极对立，只存在于危机时期，不知道整个大的进程是表现在相互作用里——虽然是极不相等的力的相互作用，虽然经济的运动在这里一直都是最强力的、最根本的、最有决定性的——不知道这里没有绝对的东西，一切都是相对的。"相对里面有绝对，第一性与第二性是绝对的。"这事他们一点也看不见，对于他们，黑格尔是不曾存在过的……"（第91页）马克思、恩格斯都非常强调黑格尔的辩证法。

五、第十七封信、第十九至第二十一封信的概略讲解

现在回过头来讲第十七封信：恩格斯给布洛赫
——1890年9月21至22日于伦敦

这封信没有很多可讲的，主要还是开始那几句话。可以读一下。

"……依据唯物主义的历史理解，现实生活的生产和再生产在历史过程中是最后地成为决定的因素。不论马克思和我，都没有主张过更多的东西。倘若有人作这样的曲解，说经济的因素是惟一决定的东西，那他就会把这个原理转变成没有意义的、抽象的、不合理的空话。"（第78页）

有些讲马克思主义的人把马克思主义曲解了。经济是最后的决定原因，但不是惟一决定的东西，上层建筑有相对的独立性，这种相对的独立性，是有区别的，要看上层建筑和经济基础更接近还是稍微远一些，比如道德和法律，直接决定于经济，决定于阶级，更接近经济一些；哲学、宗教、文艺离经济间接一些。上面我们说过，哲学家的阶级立场和他的哲学思想发生矛盾的情形，在道德形式、法律形式里面一般看不出来。阶级立场是封建贵族的，但哲学思想是资产阶级的，这种情形在道德、法律里面一般是没有的，因为道德、法律直接反映经济，直接反映阶级。

"经济状况是基础，但上层建筑的各种各样的因素：阶级斗争的政治形式及其成果——胜利的阶级在战胜之后所创立起来的宪法之类——法律形式，以及这一切现实的斗争在斗争成员头脑里的反映，如政治的、法律的、哲学的学说，宗教的观念以及这观念之进一步发展为信条系统等等。"（第78页）

经济产生阶级斗争，阶级斗争产生斗争的政治形式，斗争的形式再产生新的阶级斗争，统治的阶级就把政治固定为法律。另外，阶级斗争和政治斗争上又有意识形态的各种学说，这种政治、法律、哲学学说、宗教概念又反映阶级斗争。所以第一是经济，第二是阶级斗争、政治斗争、法律，然后意识形态又反映阶级斗争，反映政治。毛主席在《新民主主义论》里面讲的政治是经济的集中表现，而意识形态又是政治和经济的反映，意识形态又反映经济、又反映政治。毛主席概括得很好，比斯大林在《论马克思主义在语言学中的问题》里面的说法完全一些。斯大林说，上层建筑首先是产生于经济，经济反映为上层建筑的各种观点，然后这种观点又产生政治制度以及其他的制度。好像先是经济，经济变为意识形态，意识形态反过来形成政治制度，这种提法有可以考虑的地方，值得研究。

"这些因素对于历史斗争的过程也会发生影响"（第78页），这是讲意识形态对于历史斗争发生影响，这就是反作用。原来意识形态是反映政治的，现在反过来对政治发生影响。发生什么影响？"而且在许多场合对于它的形式还起着主要的决定作用。"（同上）

上层建筑中间的意识形态不仅仅是反映基础、反映政治，而且能够反过来影响政治，并且在一定情况下对于政治起主要的决定作用。这是讲在政治斗争的形式方面起主要的决定作用，而不是讲对它的内容，上层建筑不能改变政治斗争的内容，只能反映政治斗争，然后又影响政治斗争，为政治斗争服务，但是不能把它的本质改变了。可是对于它的形式是可以改变的，可以决定政治斗争是采取这种形式还是采取那种形式，是采取宗教形式还是采取法律形式，或者是采取别的什么形式，或者是采取不同的学派形式、党派形式。比如我们中国从前有党派形式，明朝有东林党，从形式上看是学派。

"这里存在着一些因素的相互作用，其中，经济的运动是作为必然的东西通过无限大量的偶然性（也就是通过这样的一些事物和事件：它们相互间的内在关联是那么疏远，那么难于确定，使得我们可以把它撇

开，把它看做并不存在的东西），而最后地为自己打开道路。"（第78页）

这封信主要的是这些，后面所讲的都是一些例子，大家可以自己看。

* * *

第十九封信：恩格斯给梅林

——1893年7月14日于伦敦

第十九封信的内容多一些，原来决定把第二十一封信念一下，看起来二十一封信的内容不那么多，所以第十九封信多讲一些，把原来的程序改变一下。

这封信也是讲观念形态相对独立性和继承性的。这封信的第二段要注意一下，这不是涉及哲学本身问题，但有一点我们应当注意的就是恩格斯的谦虚态度，要好好读一读，值得我们学习。他对梅林说："你把超过了我的分内的过多功绩归到了我身上，尤其是当我想到，有许多东西，看起来好像有时是由我独立地发现的，其实在我之前，早已由眼光更深刻和视野更广阔的马克思所揭示出来了。"这很使人感动。虽然不是哲学本身的东西，也应当注意，特别是我们研究理论的人，谨防自己好像写出一点东西，好像是自己创造了什么东西，要警惕这一点。恩格斯始终把马克思称为巨人，把自己当做帮手，这种态度是真正的马克思主义的态度，值得我们学习。

第三段可以念一下，这是对梅林的书的意见。

"此外还有一点遗漏，这一点事实上在马克思和我的文章里通常地强调得不够，而由于这样的原因，我们都同样负有责任。这就是：我们最初是把主要的着重点放在政治、法律以及其他思想体系的观念如何产生的问题上，以及作为它们的基础的经济因素如何对它们发生制约作用的问题上——我们这样做是应该的。在这样做的时候，我们为了内容的缘故，竟忽视了形式的问题，如：这些观念的形成是经过什么途径的？这就使我们的论敌找到了所期望的口实，来挑起误解以至于进行曲解，其中最显著的例子，就是保尔·巴尔特。"

梅林这本书里面对于上层建筑观念形态的独立性没有太注意，所以恩格斯在这个问题上对梅林提出意见要注意这一问题，但是他提意见的时候是用自我批评的形式提出来的，我自己强调得不够，只注意经济基础决定上层建筑观念形态，没有注意上层建筑观念形态有它的继承性、相对独立性。上层建筑内容一定是反映经济，反映阶级斗争的，但是上层建筑形式只是从以往历史遗留下来的材料发展起来的。《反杜林论》也讲这个问题，社会主义内容是无产阶级和资产阶级斗争的结果，但是就它的形式来讲，是18世纪那一些思想家，一些思想材料的继承。所以讲继承性是讲继承的什么形式，如果讲内容，新的意识形态和旧的意识形态有原则的区别，特别是无产阶级意识形态和以前的意识形态根本是决裂的关系，但就形式来讲不一定。我们也会利用一些以往观念形态的材料。继承性问题要从内容和形式的区别方面来着眼、来考虑、来研究，才能解决问题，不要笼统讲我们是继承或者是不要继承，不加以分析笼统讲。是不能解决问题的。

下面一段和前面的意思差不多，还是讲思想家主观上的观念形态有它独立发展的过程。

"思想体系是一种过程，这过程虽然是凭借着所谓思想家的意识来完成，但所凭借的是虚伪的意识。推动着思想家的那真正的原动力，在思想家是不知道的，不这样它就不会成其为思想体系的过程。"（第93页）我们马克思主义者是知道的，这是写以前的思想家。"这就是说，思想家自己所想象到的只是假的或表面的原动力。因为它是思维过程，所以不论它的内容或形式，都是从纯粹的思维里引导出来，或者是从思想家自己的或者从他的先行者的。"（第93页）马克思主义从思想形式来说，是从德国哲学引导出来的，从英国经济学引导出来的，从法国社会主义思想引导出来的。

"思想家仅仅是凭借着思想上的材料来工作，他毫不踌躇地把这材料当做从思想里产生的东西，而不再进一步去探究比较远一些的、不从属于思维的源泉，这样的做法在他们看来好像是自明的，因为他们以为，既然人类的一切行动都是以思想为媒介的，那么归根到底它的基础也就应该是思想了。"（第93页）这不需要解释了，念一念是表示它的重要性。

"历史方面的学者（这里说的历史方面，是简单地概括了政治、法律、哲学、神学的领域，一句话，即属于社会而不是只属于自然的一切领域）——历史方面的学者"（第94页）。这不是讲一般地写一写历史，是研究社会方面的学者，"在每一科学领域里都保有着一定的材料，这材料是从前一辈的思维里独立地形成起来，并在这些相互继承下来的后辈的头脑里构成一种独立的、特有的发展系列。"（同上）这些都是一些思想家自己主观的错觉。这都不需要解释了。

另外注意一下第95页第二段，恩格斯做了自我批评。他说：

"对于事情的这一方面（我在这里对它只能略微提到）"，指思想观念形态有相对独立性方面。"我觉得我们都没有给予它所应该受到的重视。这是一个旧的典故：在开始时常常因为内容而忽视了形式。如像已经说过的，我就是这样做了，而缺点常常是在事后才看出来。因此，我不仅仅要避免为这种事向你提出责难，——相反地，像我这样一个在更早时候就负有同样罪责的人是没有权利这样做的，——我只是希望你在将来对于这一点提起注意。"（第95页）

下面一段前几句话可以念一下：

"与这相关联的，还有些学者们的荒唐观念：说因为我们不愿意承认历史上起作用的各种思想体系部门的独立的历史发展，因此也就否定了它们对于历史的一切作用。"（第95页）讲两个意思，一是思想体系的独立作用，一是思想体系对于历史其他方面的相互作用，有一些人就曲解了。"这种看法的基础乃是那呆板的，把原因和结果当做僵硬地互相对立的两极来看的非辩证法观念，是对于相互作用的绝对忽视。"（第95页）下面是说一些例子，"这些先生们常常故意忘记了：当一种历史的现象被其他的、归根到底被经济的原因推动到世界上来时，它就能够对于周围环境甚至于它本身的原因发生反作用。"（第95页）不仅对于经济及其他方面的反作用，对于自己本身还有反作用，形式继承性也就是自己对自己的作用。

这一封信就是这几点要注意，意思都讲了，没有什么别的要讲。

* * *

第二十封信：恩格斯给丹尼尔逊

——1893年10月17日于伦敦

这封信是讲农村公社问题。这封信没有什么需要解释的，我上次讲过，这封信等于批判了俄国的民粹派。民粹派认为原始公社可以进入社会主义，恩格斯批评了这一点，他说："我还要更进一步说，在俄国，也像在任何别的地方一样，不可能由原始的农村共产主义发展为更高级的社会形式，如果这种更高级的社会形式不曾在某些其他的国家里已经体现于生活中并可以引为范例的话。"（第101页）这一句话是反对民粹派的重要的话，这还是一分为二的，不是死板地只讲一点，农村公社不可能发展为高级社会形式，但也不是绝对不可能，怎么才可能，怎么才不可能，是有条件的。马克思主义者看问题都要看条件，一切都要看到它的相对方面。民粹派在那个时候世界上还没有社会主义国家的情况下，原始公社要发展为高级社会主义制度是不可能的，没有范例。但是这个问题在俄国革命以后就不能这样说了。比如中国革命胜利以后，有一些少数民族是原始公社末期，它可以直接过渡到社会主义，这是因为有了范例，有了党的领导，才能这样做。

* * *

第二十一封信：恩格斯给斯他尔根堡

——1894年1月25日于伦敦

这封信有一些需要解释的问题，有一些复杂、不明确的问题，念一下。

"一、我们所了解的经济关系（我们把它看做社会历史的决定基础），是一定社会的人类在生产他们的生活物资和互相交换生产物（在分工存在着的情形下）时所采取的方法和方式。"（第103页）

交换和分工分不开，没有分工不会有交换。这里讲的分工是社会分工，如果一个家庭里面的分工就不是交换。社会发生了分工以后就有了交换，我们讲的经济关系是在生产生活资料的时候和互相交换生产物所采取的方法和方式，所以经济关系是讲生产关系，不是讲别的关系。

"因此它里面包括着生产和运输的全部技术。依我们的见解，这技术又决定着交换的方法和方式，然后又决定着生产物的分配，从而，又在氏族社会解体以后，决定着阶级的划分，决定着支配和奴役的关系，从而又决定着国家、政治、法律等。"（第103页）

可以引起这样的误解：恩格斯是不是把技术也当做生产关系看待？从字面看的确可以做这种解释，因此，有人批评恩格斯在这里搞错了，把生产力要素和生产关系混淆起来了。现在恩格斯不在了，没有办法去问他，只有我们自己来研究。在我看来，在这里，恩格斯没有直接把技术当做生产关系，只是说经济关系里面包括着技术，它不能脱离技术。要了解生产关系要注意到技术，研究经济关系要考虑生产力。为什么？他解释说："依我们的见解，这技术又决定着交换的方法和方式"，不是说技术等于交换的方法和方式。他上面讲的经济关系是讲交换的方法和方式，并没有讲技术交换的方法和方式包含生产关系的意思。和马克思给安能科夫的信一样，生产和交换方式不是一个意思。当时使用名词没有严格按照他们后来确定的名词使用，他上面写的可以解释成恩格斯把技术当成交换方式，而后来的解释是把技术和交换方式分开，和阶级关系更有分别。所以，我们可以这样说：恩格斯在这里没有错，至少是基本上没有错，只是用词、用概念不很严格，也可能是写一封信因匆忙而随便一点。当时写这封信是1894年，当时恩格斯已经很老了，身体也很差，在这种情况下写一封信不很严谨是可以理解的。大体上来讲，历史唯物主义的关系是生产力决定交换方式，决定分配，决定阶级，决定国家和政治。

下面这句话也是有误解的："此外在经济关系的概念里所包含着的，还有经济关系依以活动地理的基础，还有那在事实上遗留下来的以前经济发展阶段的残余（这残余之能保存下来常只是由于传统或隋性力），自然也还有那从外部把这个社会形式包围起来的环境。"（第103页）

如果照那一种解释，恩格斯把地理、旧社会的残余都包括在生产关系里面，那恩格斯就犯了大错误，是根本性的错误，我看恩格斯不至于这样。恩格斯的话的意思并不是说地理的基础就是经济关系，只是一种条件，就是说，在研究经济关系的时候要研究地理条件，这是要防止简单化的意思。马克思《资本论》里面也讲了很多地理条件，资本主义最初发展的时候，有没有发现新大陆这区别。在新大陆发现以前或是发现以后，有很大的关系。美国的地理条件使得美国资本主义的发展有它的特点。恩格斯也没有把地理条件归入生产关系，这只是条件。从外部把社会包围起来的环境是一些自然条件，这要考虑。这里不是只提出地理，而且还提出各种自然环境和以前经济发展阶段的残余，这更用不着解释了，没有什么可以误会的。所以，恩格斯基本上没有什么错误，只是用语上不够严密，这种问题可能是有的。

"倘若如你所说，技术在很大程度上是从属于科学的状况，那么，科学就在更大得多的规模上从属于技术的状况和需要，倘若社会上出现了一种技术上的需要，那就比十个大学还更能推动科学前进。"（第103~104页）

这里有这样的问题：究竟是科学决定生产，还是生产决定科学？照恩格斯的看法，是相互关系，在相互关系里面有第一性、第二性。其中有生产和科学的关系，又有技术和科学的关系。技术决定科学，这是第一性，科学又决定技术这是第二性的。这是辩证法里面相当普遍的问题，到处都有相互关系，相互关系里面都有第一性、第二性的分别，这是一个相当普遍的辩证规律。我们看问题都要这样看，特别是研究人类历史。人类历史太复杂了，所以只看因果关系是片面的，要看相互关系，单看到相互关系也有一些片面性，在这相互关系里面又要看到第一性和第二性的关系，要抓住这一点。

"二、我们把经济条件看做历史发展中最后的决定条件。但种族也正是一种经济的因素。在这里有两点是不能忽视的……"（第104页）是不是会有人把种族看成是经济关系？不能这样解释。民族特点也是一种经济的因素，是影响经济产生特点的条件。下面都是一些具体解释，不一定要讲了。

这一本书就讲到这里，以后有疑问可以提出来。

（曾收入《艾思奇讲稿选》下卷）

《实践论》、《矛盾论》在党的历史发展中的作用和意义[*]

（1964.4）

第一次讲课

（1964.4.16）

今天，给党史专业的同志们讲一讲毛主席这两篇哲学著作，准备分为四个问题来讲。

一、毛主席在当时为什么要写《实践论》、《矛盾论》？

二、关于《实践论》和《矛盾论》这两篇著作提出的任务，所要解决的问题。所谓提出的任务，简单地说是反对主观主义，反对实际工作中的唯心主义。

三、从认识过程上来克服主观主义。

四、从方法上克服主观主义。

第三个问题主要讲《实践论》，第四个问题主要讲《矛盾论》。

---

[*] 1964年4月16、17日，中央高级党校"秀才班"（"59班"、"60班"、"61班"）党史专业班进入专业学习，按照学校的教学计划和学员的要求，艾思奇从党史的角度讲解了毛泽东的《实践论》和《矛盾论》，主要阐述了这两篇著作在党的历史发展中的作用和意义。我们便用这个中心意思作为标题。讲稿按速记稿整理，在个别地方有所删节，基本上保持原貌。

大家要求我把《实践论》和《矛盾论》的内容讲一讲，第三、第四是讲主要内容的。这和哲学课不同，哲学课是要把内容中的各个方面都讲一讲，现在是讲党史课，结合党史讲最主要的内容，和实际工作中最有密切联系的内容。

一、毛主席为什么要写《实践论》、《矛盾论》？

这个问题总的回答很简单，就是为了要在革命斗争的新的历史时期、更好地进行革命斗争作思想准备。所谓新的历史时期，在当时就是抗日战争时期。写《实践论》、《矛盾论》的时候，第二次国内革命战争结束了，这是 1937 年，大概是八九月这个时间。我是 9 月底（或是 10 月初）到延安的。这时毛主席刚把《矛盾论》讲完，我很遗憾，没有听。当时是给抗日军政大学讲课。我到延安以后，得到了毛主席讲课的提纲。

这个时期算是第二次国内革命战争结束了，基本上从"七·七"事变就算结束了，或者说早一点是"双十二"事变（1936 年）放了蒋介石就基本结束了。但还有一些残余，后来还有一些小冲突。到了"七·七"事变，日本进一步进攻，这时国民党正式宣布抗战。八九月蒋介石在庐山会议上正式宣布向日本抵抗，他说地无分南北、人无分老幼都有抗战之责，这话是在庐山会议上宣布的。这对我们有利，地无分南北，我们在北方，什么人都有抗战的责任，我们也有。抗战正式开始是"七·七"事变。"七·七"事变以后庐山会议正式宣布，国民党代表中国向日本宣战。

在这个时候毛主席有一些空隙。内战停止了，内部的斗争不用太忙了，毛主席有时间读了很多哲学书。搞哲学这样的理论，一般地搞当然随时都可以，但要系统地搞，像毛主席这样写出讲义，是要有一些时间的。所以这是为了更好地在新的历史时期（抗日战争的历史时期）进行革命斗争，为了在新的革命斗争里面少犯一些错误、少走一些弯路。

毛主席考虑到要使全党作思想准备，这个思想准备工作，就是要我们的同志掌握马克思列宁主义世界观，能够学会用无产阶级世界观来观察新的历史时期的问题。所以，毛主席亲自教育我们的党，教育我们的党员干部，主要是长征以后集中起来的骨干，有了长期锻炼的干部，对这些干部进行世界观的教育。

为什么要这样做呢？为什么一定要做这样的思想准备？提出这样的任务，也是总结了历史经验的结果，总结了两次国内革命战争的经验，觉得有必要做这样的思想准备。这不是毛主席自己要做准备，毛主席自己是有准备的，是讲我们党的干部、特别是领导干部要做准备。因为，前两次国内革命战争我们干部没有准备，尽管我们有很忠实的干部，尽管我们在斗争中非常英勇，非常坚决，但是没有这样的思想准备。因此，出现了这样的结果：两次国内革命战争都犯了大错误，都走了很大的弯路。应该说，前两次国内革命战争都有伟大的成绩，第一次国内革命战争打垮了北洋军阀，这是很大的成绩，后来失败了，但是，共产党发展了，由小组发展到很大的队伍，有几万人。失败以后还有几千人，而且共产党的力量表现出来，并且取得了经验。第二次国内革命战争转入了农村，取得了农村革命的经验，找到了农村包围城市的经验，创造了在当时中国这样一个条件下怎么进行革命斗争的规律，这个规律当时仅仅适用于中国，在当时是一件世界上其他国家所没有的怪事。毛主席讲只有中国有这个条件，在当时的国际环境中，只有中国才能在整个白色包围下，出现红色小点，能够在农村里面建立根据地，当时在世界上其他国家不可能有这种情形，所以，毛主席的《井冈山的斗争》、《中国的红色政权为什么能够存在？》都说成是中国的特殊规律。

今天看起来不是一个中国的问题，形势发展了。当时要想在非洲，要想在马来亚，要想在拉丁美洲出现农村革命是不可能的。因为那时在第一次世界大战以后，有一个资本主义稳定时期。那时帝国主义在大战以后，在俄国革命以后，能够空出手来镇压殖民地、半殖民地的革命运动。所以，俄国革命以后，许多国家的革命都被镇压下去了。时间最长的是非洲的摩洛哥革命，打了好几年，最后也全部被消灭了。欧洲也有好几个国家爆发了革命，都失败了。只有俄国一个国家胜利了。

第一次世界大战以后，有一个资本主义相对稳定的时期，这个时期除了中国以外，其他国家不可能出现农村革命根据地，所以在那个时期来说，是全世界一件怪事。怪事这是个形容词，其实也不是怪事，是中国特有的情形。原因是中国是一个半殖民地，其他殖民地国家是一个帝国主义控制的，内部没有几个帝国主义争权夺利，没有军阀内战，比如印度就没有这种情形。我们中国是半殖民地，就不同了。许多帝国主义要争夺这一块地方，帝国主义的争夺反映在国内，出现了军阀混战，反动派不能集中起来，不能团结起来对付人民革命，他们的矛盾没有办法解决，因此革命有可能在帝国主义矛盾、军阀矛盾中间找到发展的地盘，可以利用这个矛盾。第二次国内革命战争创造了这么一条无产阶级的新道路，摸到了这么一个新规律。这一条道路发展到现在可以说是世界一切被压迫民族的革命道路。

第二次世界大战以后的情形，和第一次世界大战时的情形就不同了。第一次世界大战以后，帝国主义能够有一个时期空出手来镇压别国的革命；第二次世界大战以后情况不同，我们中央最初有一种估计（这是一个假设），说第二次世界大战以后，许多国家的革命要遭殃，可能要被镇压下去。这个事实也有，但结果不是这样，这个假设后来改变了。中央八届十中全会以来，我们感到第二次世界大战以后，革命没有一个时期停止过，资本主义没有一个时候稳定，资本主义世界（就世界范围来说），相对稳定不存在了。革命是此起彼伏，而且是一个接着一个的胜利。第二次世界大战以后，最早胜利的是中国、朝鲜、越南，古巴是比较迟的，这是讲社会主义革命，其他一般的不是社会主义革命，是人民斗争胜利的有阿尔及利亚，它现在不是社会主义，没有走社会主义方向，而群众有一大部分要走社会主义方向，领导者是资产阶级，不大愿意走，但有人民的压力，不能不有所进步的表示，能不能做是另外一个问题。没收外国的企业，没收大企业，没收大庄园，声明分配土地给农民，它分配土地想用恩赐的办法，不是用发动群众的办法。革命一个接着一个的胜利，现在还在不断地爆发，武装斗争不断地出现。有的地方被镇压下去了，比如刚果，有的地方起来了，比如南非、委内瑞拉就是最明显的，方针、方向清楚。拉丁美洲有一些党的领袖想搞和平过渡，但是不断出现左派，巴西的领导想搞和平过渡，但是党分裂了，也存在农民战争。所以帝国主义在第二次世界大战以后，不像在第一次世界大战以后那样有能力来镇压各国人民的革命运动，它更衰落了，力量更削弱了，削弱很多，使得它没有力量能够把各国此起彼伏的人民革命运动镇压下去。在这种情形下，第一次世界大战以后的一种特殊怪事，在第二次世界大战以后成为普遍规律，农村武装斗争的道路成为许多国家进行革命的一般道路。特别是亚洲、非洲、拉丁美洲这个世界矛盾最集中的地方，人民革命力量最大，帝国主义、殖民主义锁链中间最薄弱的环节，在这个环节上，农村武装斗争成为一个普遍的规律。通过农村的武装斗争进入人民革命，一直到实现社会主义革命，这条道路成为现在人民革命的一个基本道路。能不能算是基本道路，没有文件可查，我觉得是这样，可以这样说。我们讲问题可以多少加一点创造，如果错了，我收回，如果是对的，是创造。十月革命的基本道路在今天有一个特点，就是可以通过农村武装斗争，有了这么一点发展。

从前十月革命的时候，曾以为社会主义革命是要从城市搞起，后来变成了一种教条，在"左"倾冒险主义占统治地位的时候，妨碍了中国革命。中国革命经验证明，不能把它作为教条。现在，通过城市实现社会主义革命，把城市斗争作为实现社会主义的惟一道路，这个教条实际上成为修正主义议会道路。因为你一定要在城市里面搞，而城市里面敌人的武装力量是最强大的，一般情形下在城市里搞暴动，是不可能的，只有在一种情形下（历来的经验都证明这一点），就是由于对外或对内战争中，反动派的武装垮了，比如巴黎公社为什么能在巴黎搞起来？因为在普法战争中，法国打败了，统治阶级的暴力机器垮了，在这个条件下，城市里面搞起来了。俄国革命也是这样的。沙皇的军队在东线总司令兴登堡领导下在一次战役中打垮了,被俘虏了二十多万人,在这种情况下,城市革命有可能搞起来。在平时,反动统治者没有因为战争搞垮了军队,你在城市里面搞,要取得革命胜利一般是不可能的。眼睛里面如果只看到城市,结果是议会道路。这次中央很明确指出:亚洲、非洲、拉丁美洲是世界矛盾的焦点。现在革命首先在这个地方搞起来,这个地方就整个世界来说,是世界的农村,而革命,多半是从农村搞起来的,古巴是从农村里搞起来的,阿尔及利亚是从农村里搞起来的,南非也是从农村里搞起来的,委内瑞拉正在农村里面搞,巴西也正在农村里面搞。现在没有一个国家革命是首先在城市里面胜利的。所以现代修正主义的观点认为讲时代要看到现代的新情况,实际上它根本没有看到现在的新情况。

中国在第二次国内革命战争的时候找到了这样一个农村武装斗争的革命道路,找到了在农村建立革命根据地,通过农村包围城市这一条革命道路,这是一个有历史意义的伟大创造。所以,第二次国内革命战争的成果也是非常伟大的。抗日战争以前的两次国内革命战争,首先应该肯定有伟大的成果。

但是,也遭受到了很大的挫折,犯了很大的错误。遭受挫折的原因是犯了错误,如果不犯错误,中国革命早就胜利了。错误很大,使得革命功败垂成,为山九仞,功亏一篑。第一次国内革命战争已经打到南京,结果垮了。第二次国内革命战争建立了很多根据地,已经相当巩固了,又垮了,白区损失百分之百,苏区损失百分之九十,都垮了。损失是很大的,挫折也很大,很痛心。原因就是党在幼年时期,没有经验,也就是没有思想准备。经验总结为思想、理论,才是真正有经验,有了思想准备。所以,根据两次国内革命战争的成功和失败,就要考虑到重新给党做一些思想准备工作。如果有了思想准备,进一步革命就会搞得更好了。当然,革命总是曲折的,不能希望革命的发展是直线式的,一帆风顺的,即使有了思想准备,即使指导思想已经完全正确,干部也能够领会正确的指导,但也不一定就能够避免曲折,也不能希望一点错误、一点损失也没有，要是这样希望，就是幻想，没有这种可能。一切事物的发展是曲折的，革命是严重的阶级斗争，所以，曲折是免不了的，但是如果有思想准备，就可以做到少犯错误，特别是可以避免犯大的错误、避免犯全党性的、路线性的错误。

没有思想准备，就会像第一次国内革命战争、第二次国内革命战争那样，犯全党性的、战略性的错误。从中央的领导起，陈独秀是中央的最高领导人，他的路线就是错误的，是右倾机会主义路线。后来有李立三、王明、博古、瞿秋白同志很短时期的盲动错误，也是多少带有全党性的。本来是已经有了毛主席，但毛主席的路线没有能够成为党的路线，没有被全党干部接受，而多数干部接受了陈独秀、李立三或者是王明、博古的错误路线。就是全党干部没有思想准备，多数人不能分清是非，因此多数人跟着错误路线走，而正确的路线反而孤立了，在这种情形下发展为全党性的路线性的错误。如果党的干部有了思想准备，即经验经过了总结，那么全党性的、路线性的错误，也就是大的错误就可以避免了。

抗日战争以后，我们党还是犯了许多错误的，但都没有成为全党性的，到现在一直还有错误，但都不是全党性的，包括前几年的"五风"错误，这是普遍的错误，但你不能说这是全党性的错误。不能说是中央的，因为中央及时看到了错误，北戴河会议以后几个月，毛主席看到了这个问题，开了郑州会议，如果坚持下去，可能是路线性的。个别地方可能是路线性的，但全党来说不是路线性的。所以，如果有了思想准备，像我们在抗日战争时期那样可以避免犯很大的错误，可以少犯错误，可以在某些问题上不犯错误。一点错误不犯也不可能，这么大的一个党，怎么能一点错误不犯呢？但是我们可以少犯错误，犯了错误也不太大，即使犯了错误，能够及时发现，及时纠正，如果能够这样做，就能避免大的曲折，在革命发展过程中少绕大弯路。完全不绕弯路是不可能的，因为，弯路有的是主观的，有的是客观的，不可避免，如果敌人力量比我们强大得多，这时你不走一点弯路怎么行？有的时候，弯路是要走的，曲折是要经过的，我们不能避免一切曲折。但是，可以避免太大的曲折，太大的失败。我们应该有这样的要求，而且可以实现这样的要求。有这种必要，而且有这种可能，只要是革命的，应该提出这种要求，也可能实现这种要求，条件就是一个：要有思想准备。中央指导正确，全党有思想准备，至少是主要干部要有思想准备。

毛主席写《实践论》、《矛盾论》的时候，两次国内革命战争已经过去了，民主革命的两个阶段已经过去了，进入了一个新的阶段。1938年六中全会有一个"论新阶段"，进入了这个新阶段应该要求我们搞的更好一些。过去虽然有很大的成绩，但是没有搞好，中途失败了，挫折很大，现在进入了新阶段，我们应该避免以前那种失败，凡是正确的领导者，一个好的领导者，应该提出这种要求，应当担起这个领导责任。毛主席在进入新阶段以前，就考虑到这个问题，考虑的结果认为应该要使党的主要干部有思想准备。

怎么才能使党的干部能够有思想准备，关键问题在什么地方？关键要借毛主席的话来讲，就是重要的问题在于学习。特别是向错误学习，也就是要善于总结经验。学习就是总结经验，学习的基础就是经验。当然要学习理论，但不通过总结经验来学，是没有办法学好的，我们已经有了两次国内革命战争的经验，很够我们干部学习的，我看那时毛主席的想法就是要教育党的干部向错误学习，总结经验。总结经验可以从各方面总结，可以从政治方面总结，可以从军事方面总结，也可以从经济方面总结。在当时党的历史上有这种情形，军事方面的总结比较早，1935年在遵义会议上做了军事总结，那是一个迫切需要，敌人追在屁股后面，生死存亡问题要决定，"左"倾冒险主义的领导已经垮台了，不能不总结，并且不能不依靠毛主席来总结，所以在遵义会议上把军事问题做了总结。我们看遵义会议的总结里面对政治方面还是有保留的，没有总结，那时要把政治问题提出来总结是不行的，做不到，因为当时的领导集团除了毛主席以外，王明、博古、张闻天都在，如果把政治问题提出来总结，在遵义会议时说在政治路线上也错误了，全党要大吵起来，时机不成熟。在这方面要学习毛主席，解决问题要一步一步地解决，时机不成熟要等待。政治上不是没有错误，第五次反"围剿"之所以失败，并不仅仅是军事问题。首先是政治问题，而且主要是政治问题。按照道理来讲，应该要在政治上解决才能最后根本解决。一个党发生了根本问题，要在政治上解决，在路线上解决。比如和修正主义的斗争，最后还是政治上解决。因为，这个斗争最主要的是政治斗争，但最难解决。最不容易妥协，最不能调和的也是这个问题，其他枝节问题搞一些让步容易，政治上根本路线问题不能让步，对修正主义不能让步，我们也不能让步。党的问题，革命问题，最主要的、更根本的是政治问题。可是，在遵义会议上不能解决，但是，问题一定要解决，不解决全党统一不起来，党的统一首先是政治上的统一，在政治路线统一的基础上，组织上统一，然后其他方面才能统一。在遵义会议上时机不成熟，所以毛主席在等待，只把一个最迫切的问题解决了，解决了军事问题，批判"左"倾军事路线的错误，能得到全党接受，教条主义者也不能不接受，张闻天就比较快地接受了。政治问题就很难，"七大"的时候，对于民主革命时期的政治路线接受了，后来有的人又犯教条主义的老毛病。所以政治问题是很难解决的，如果一个人犯了根本性的政治错误，很不容易解决，当然，不是不能解决。所以，要注意不要犯政治上、路线上的错误，要经常警惕这一点。

要根本解决问题，全面解决问题，必须从政治上解决，必须对全党的经验，革命的经验做政治总结，这个政治总结在遵义会议上是做不了的，什么时候做的呢？在1945年"七大"的时候才做了，从1935年至1945年是10年，毛主席从遵义会议开始等待了10年。在遵义会议上，军事上做了结论，政治上做了保留，遵义会议决议初稿对"左"倾冒险主义错误肯定了两句，后来"毛选"上没有了，因为那时是一种暂时的让步，"毛选"出来应该删掉。

要做政治总结是一件不容易的事，必须对全部历史经验做全面分析，必须对党内各种历史上的争论加以全面清理，从各方面分清是非，不但要分清是非，而且要搞清楚为什么是，为什么非，分清是非，必须把为什么搞清楚，不然，还是等于没有分清是非。要做到这一点，需要什么条件？需要有一个分清是非的标准，就要使党的干部能够掌握分清是非的思想武器。所谓思想准备，就是指的这个东西，就是使我们党的干部能够掌握分清是非的思想武器。他掌握了这个武器，就会总结经验，不掌握这个武器，虽然有经验也不能总结，有同样经验的人，他的思想武器不同，世界观不同，立场、观点不同，可以有不同的结论。不要以为有了经验就可以解决一切问题了，有了经验，自己就背起了包袱，我是老经验、老资格，我就是一定正确了。不见得。有了经验，没有一个分清是非的思想武器，没有正确的立场、观点、方法，同样会犯错误，甚至会犯的更大一些。因为他有了经验，他可以拿经验做武器，有经验也可以吓唬人。有经验是好的，但运用的不好，可以吓唬人，可以俘虏没有经验的人，可以使一些没有经验的人盲目服从。这种事情不少，赫鲁晓夫你说他没有经验？他还干了几十年的革命，但他是修正主义。他是在苏联党里面长期做中央负责工作的人，不能说没有丰富的经验，现在是中央书记，部长会议主席，那还会有错误？有错误还能做部长会议主席？还能做党的总书记？青年小伙子一定会这样想。不但是青年小伙子，就是老伙子也还是会这样想的，因为它是列宁的党、苏联有40年的革命经验，怎么会错呢？现在有很多人是拿这一块招牌，它是40年的党，列宁的党，怎么不听他的话？怎么不服从他？所以是非的标准，分清是非的思想武器，首先要掌握起来，不掌握起来，不可能正确总结经验，不可能真正分清是非。

　　是非的标准是实践，搞革命失败了，那你就是搞的不对。所以遵义会议的时候，军事工作的决议能够做下来，因为实践就是一个标准，不管你吹的多好，打了败仗，敌人追打的你没有办法，谁也不能不肯定这一点。有了实践作基础，就可以初步分清是非了，只要有了一些经验，哪一件事办的对，哪一件事办的不对，逐步可以了解。但是，并不等于就能够了解为什么是，为什么非。只有实践的经验，可以大体上知道是非，但是如果对实践经验没有一个正确的立场、观点、方法加以分析研究，是非还不能够最后分清，因为原因可以这样讲，也可以那样讲。斯大林后期在肃反问题上，党内生活问题上，还有在农业上出了一些问题。肯定地说，斯大林是有一些事情做的不对的，但是，为什么对？为什么不对？可以有马克思列宁主义的解释，也可以有修正主义的解释，赫鲁晓夫可以利用这个错误的经验发展修正主义；莫洛托夫不会否认有些事情做错了，但是他没有发展修正主义。所以仅仅凭经验初步分清哪一件事情是，哪一件事情非，如果不进一步说为什么是，为什么非，还是不能解决问题。还可以产生错误的想法。所以，解决问题不是只靠经验，而要靠掌握马克思列宁主义武器。这就是说，不从思想上解决问题，不从立场、观点、方法方面解决问题，没有真正掌握辩证唯物主义、历史唯物主义，还是不能根本解决问题，不能真正总结经验。王明、博古也学习过辩证唯物主义、历史唯物主义，他不是没有读过这种书，但是他不能解决问题，因为他不能掌握，他的辩证唯物主义、历史唯物主义，是口头上的。不能成为武器，用莫斯科宣言的话来说：不能把它运用到实际工作里面去。就是言行不一致，说的是辩证唯物主义，做的不是辩证唯物主义。德波林学派错误的特点就是这样，讲辩证唯物主义，但不能在实际上用辩证唯物主义，只是讲的是这种武器，但不能掌握这种武器，不能用马克思列宁主义的立场、观点、方法，去解决工作中、实践中的问题，不能说明一二个实际问题。讲是讲得好的，但说明一二个问题就错误了。这种情形，还是没有真正在思想上解决问题。

所以，要能够掌握马克思列宁主义思想武器，要真正把马克思列宁主义的立场、观点、方法，把辩证唯物主义运用在实际工作里面，才能够正确地总结以往的经验，也才能正确的观察当前的问题，预见将来的问题，才能对革命工作的当前情况，发展的前途，做出正确的观察和估计。所以，毛主席就考虑这个问题，要使我们党的这些有经验的干部，不仅仅是有经验，而且能够掌握马克思列宁主义世界观这个武器，来总结这些经验，这样我们党的干部，对革命工作得到一种思想准备。因为有了这样的考虑，毛主席就写哲学提纲，写《实践论》、《矛盾论》，对党的干部进行教育，这样做才能真正把经验很好地总结起来，才能真正从错误中间学习到有价值的东西，因此，也才能真正克服错误。这样来批判错误，才能得到积极的结果，才能把坏事变成好事，这一点也是有经验做根据的。在抗日战争以前，两次国内革命战争中，对错误不是没有批判，陈独秀右倾机会主义曾经受了批判，盲动主义受了批判，后来立三路线又受了批判，结果还是犯错误，不但犯更大的立场、路线的错误，而且在抗日战争时期又犯陈独秀的错误。为什么已经批判过的错误又重新犯呢？为什么不能克服这些错误呢？以前不了解，后来了解了。这些错误虽然经过批判，但不能真正克服，原因是对这些错误的分析，没有用马克思列宁主义的立场、观点、方法做基础，没有真正用无产阶级世界观来分析这些错误，批判这些错误。陈独秀机会主义的错误，在瞿秋白同志领导下批判过，这个批判没有解决问题，因为没有分析为什么犯错误，没有把错误的根源搞清楚。盲动主义批判了，是"六大"批判的，但是"六大"决议里面有许多新的错误的因素，以后又出现了立三路线的错误，还是一种盲动主义。"四中全会"又批判了立三路线的错误，可是又犯王明、博古的错误，错误更大了。这是更大的"左"倾冒险主义。这一点在1941年、1942年整风的时候已经认识到这个问题，我们党在整风的时候已经讲过为什么过去批判了的错误没有解决，就是没有把错误的根源搞清楚。没有用辩证唯物主义、历史唯物主义的观点来分析，所以重犯这种错误。大家可以看一下《关于若干历史问题的决议》里面就讲了这个问题。

　　就是因为这些原因，所以在民主革命进入抗战新阶段的前夜，这时毛主席对党的干部进行了马克思主义哲学教育，写了《实践论》、《矛盾论》，目的就是要叫我们全党干部掌握马克思列宁主义的立场、观点、方法。这对解决党内问题，解决是非问题，对克服过去的错误问题，抓住了最关键的问题。《实践论》、《矛盾论》在党的历史上起这样的作用，为了总结过去的经验，为了分析过去的是非，为了使党善于向错误学习，真正能够克服错误，为了这个目的，抓住了一个最关键的问题，就是党的主要干部的思想准备问题，就是要掌握马克思列宁主义世界观这个武器问题。在当时凡是我们正确的领导者，我们英明的领袖都不约而同地考虑到这个问题。比如少奇同志在当时曾经写过这样的文章：《人为什么犯错误？》，就是在毛主席写《实践论》、《矛盾论》以后不久，内容就是讲辩证唯物主义、历史唯物主义。这也是为了要使我们党的干部对党的革命工作做思想准备，使我们许多同志能够掌握马克思列宁主义世界观、掌握马克思列宁主义的立场、观点、方法。同样是抓住了这个关键问题。所以刘少奇同志是毛主席伟大的帮手、伟大的亲密战友不是偶然的。同样是从马克思列宁主义基础上，真正考虑每一个时期的革命问题，每一个时期的关键问题。

学习辩证唯物主义、历史唯物主义。使党员有思想准备，是我们党善于学习经验的关键问题，这一点不仅仅是当时理论上的考虑，也是有历史经验证明的。毛主席为什么在两次国内革命战争中始终正确？经验证明，毛主席之所以始终正确，是毛主席在两次国内革命战争中间一直注意掌握马克思列宁主义世界观问题，随时注意反对主观主义。为什么在第一次国内革命战争时期毛主席就能够考虑到首先搞农民革命运动？搞农民运动讲习所，就是反对陈独秀的主观主义，从中国的实际经验出发，掌握辩证唯物主义。共产党要靠工人，如果不懂辩证唯物主义，眼睛就看到工人、城市；懂得辩证唯物主义，知道共产党要有同盟军，要到农村里面找。为什么第二次国内革命战争毛主席首先到井冈山？古田会议决议很明显地说明这个问题，"决议"上第一次提出了反对主观主义。反对主观主义是什么意思呢？就是在实际的工作里面坚持辩证唯物主义，不要搞唯心主义。在这样一种根本思想指导下，所以毛主席始终是正确的，和王明、博古这些人的路线斗争的时候，提出"没有调查，就没有发言权"。群众路线的思想当时就有了，这些都是马克思列宁主义世界观的问题，从马克思列宁主义世界观这个根本环节上去掌握问题，所以，毛主席不仅仅是在写《实践论》、《矛盾论》的时候才考虑到党的干部的思想准备问题，才考虑到掌握无产阶级世界观问题，而是在以前，在指导革命的时候，一贯注意到马克思列宁主义的立场、观点、方法问题。因此他的指导没有犯根本性的错误。当然，小的错误不能说没有犯，毛主席自己也讲，小错误也是有过的。干革命工作，一点小错误都没有，不可能。我们说毛主席一贯正确，就是因为他的路线始终是正确的，世界观是正确的，因此不能因为暂时问题，一个时期的问题，材料不够、经验不够、看的稍微偏一些，就说他不是一贯正确。我们现在的中央一贯正确，毛主席一贯正确，这是应该肯定的。列宁说他犯过个别的错误，马克思、恩格斯也说犯过个别的错误，你不能说马克思、恩格斯不是一贯正确，列宁不是一贯正确。马克思、恩格斯、列宁是一贯正确的，斯大林后期在许多大一些的问题上不能说是一贯正确的，因此，一贯性就取消了。他的错误是比较大的，不是个别的、暂时的，是好几年，而且这个错误涉及到部分世界观问题，在某些方面出现了主观性、片面性，所以，他的一贯性就有缺点。但是，马克思、恩格斯、列宁、毛主席是一贯正确的，因为在一些个别问题上，暂时的看法稍微不合实际一点，是不可避免的。任何人也不可避免。这些经验也证明，抓世界观问题，是党的思想准备，搞好党的工作，善于学习经验，是克服错误的关键问题。毛主席在1937年写了《实践论》、《矛盾论》，向党做马克思主义列宁主义哲学教育，不是偶然的，是根据长期的实践经验做基础的。

根据上面讲的这些，我们可以这样说：毛主席在抗日战争初期，提出了这个哲学问题，号召党员干部来学习，这一件事情的本身也是一个历史经验的总结，这就是说，两次国内革命战争说明有这个必要，两次革命战争中间发生的屡次错误与失败，说明党的干部需要有一个思想准备，要不重犯错误，必须有这个思想准备，如果没有这个思想准备一定要重犯错误。所以，毛主席对党的这些主要干部进行马克思主义哲学教育。《实践论》、《矛盾论》这两篇著作的写作不是随便凭空想出来，不是一般的认为马克思主义者、共产党员都要学习哲学。这种考虑也是有的，但是在当时的历史条件下特别迫切需要这一点。

为了抗日战争搞的更好，而且还有一个原因，是抗日战争的问题更复杂，抗日战争中间要抓住的矛盾问题，要解决的问题可以说比前两个时期要复杂一些。因为，以前都是国内战争，以后变成了民族战争。当然，国内还有斗争，没有很好的思想准备，要想在抗日战争里面，使工作能够比较顺利的进行，是很困难的。我们在座的干部基本上都经过抗日战争，有许多同志两次国内战争没有经过，但抗日战争都是经过了的，抗日战争工作的复杂性，我们现在回想起来是了解的。没有马克思列宁主义哲学观点来处理这些问题，哪里能处理得了。国外有矛盾，国内也有敌我矛盾。敌我矛盾有两种：一种是同汪精卫政府的敌我矛盾；一种是对蒋介石政权的敌我矛盾。敌我矛盾中有统一战线，又有人民内部矛盾。对民族资产阶级、农民是人民内部矛盾。而民族资产阶级中一部分是对抗性矛盾、是敌我矛盾，一个时候是敌我，一个时候是人民内部，性质非常复杂。一个国家分为三个政府，一个是重庆政府，一个南京政府，一个是延安，一个姓汪，一个姓蒋，一个姓共。实际上也是一个"三国演义"，在中国有两次"三国演义"，1500年前有一个"三国演义"，1500年后又有一个"三国演义"。我们现在可以没想，如果毛主席不做《实践论》、《矛盾论》这样的报告，不写这样的著作，不根据这些著作对党进行整风，抗日战争的8年能不能得到胜利，是很可以怀疑的，甚至于可以肯定不可能得到胜利，可能又要遭受一次失败，蒋介石的天下可能稳下来，现在蒋介石不是在台湾，还是在南京，这是很可能的。

"左"倾冒险主义，右倾机会主义，特别是右倾机会主义在抗日战争中几次出现，初次出现是王明带来的，后来又出现也是外国带来的，最后到我们反攻的时候，还是有一种右倾的企图，还想我们不要和蒋介石打仗，这是国际上的意见，国内也不是完全没有人同意的，也不可能完全没有人同意，因为在人民解放战争前有一个时候，有些人有和平幻想。资产阶级、右派、国际上有这种意见，国内民族资产阶级很希望我们搞南北朝，甚至于搞所谓中间路线，让民主人士当总统、学习捷克的贝纳斯。捷克在解放后，最初是中间人士当总统，那个时候，捷克没有修正主义，资产阶级要复辟，把它打垮了。要是没有毛主席给我们党这样的思想准备，我们以后的前途是不能设想的，不能设想有今天这样好的前途，这一点要充分估计。

我们学习《实践论》、《矛盾论》一定要充分估计它的作用，不要把这两篇著作简单的当成是哲学教科书，而应当看成是党在紧要关头，毛主席对党的贡献，非常有力的战斗武器，是对以后的胜利起决定作用的。当然仅仅有这两篇文章也不行，如果没有后来的学习、没有发展成为整风运动，用马克思的话来说，这个哲学思想没有掌握群众，也不能起这么大的历史作用。这个著作之所以起作用，毛主席不但讲了，而且把它变成了实际行动，掌握了我们的干部，以后通过干部掌握了群众，所以发生了改造世界的伟大力量。

《实践论》、《矛盾论》本身也不是一个简单的教科书式的著作，是我们中国革命经验的正确总结。经验总结可以从各方面总结，军事方面、政治方面、思想方面。思想方面总结的最高点，是哲学总结，提高到世界观的高度。哲学的总结是政治总结的准备，没有世界观水平的总结，政治总结也是搞不好的。《实践论》、《矛盾论》为后来的1942—1945年的整风运动，以及对这个时期的整个党的经验的全面总结，打下了思想基础，打下立场、观点、方法的基础。

马克思主义是不断发展的。马克思主义的发展是从革命中吸收新的经验，使自己丰富起来。马克思主义哲学也是这样的。《实践论》、《矛盾论》又可以说是马克思主义哲学的发展。通过中国两次国内革命战争经验的总结，使自己丰富起来，使哲学丰富起来，这两篇著作不像教条主义者那样简单地重复马克思、恩格斯书本上的词句，而是把马克思、列宁，甚至把斯大林时期哲学发展成果，这一普遍真理结合到中国实践经验上来，进一步发展了马克思主义哲学。是不是发展，大家看一看这两篇文章就知道了。的确是发展了，而且是在很重要的问题上发展了，因为以前不论是马克思、恩格斯还是列宁都没有写过这样的文章，我这样说，并不是贬低马克思、恩格斯和列宁，不是这样的意思，相反地，是证明马克思、恩格斯思想的伟大，他们所发现的这些观点，他们奠定的世界观，能够不断地在新的实践经验里面得到证明，不断地在新的斗争中能够发展，永远有生命力，永远能够成为无产阶级有力的战斗武器。如果仅仅从字面上比较，有的东西，马克思、恩格斯、列宁没有写到，在马克思、恩格斯、列宁的著作里面稍微一般一些、原则一些，但在毛主席的著作里面，就充分展开了。

毛主席写这两篇文章不是随便写出来的，花了很大的功夫，看了很多书，在写这个文章以前，考虑了几个星期，好几天睡不着觉，考虑这个问题怎么写。毛主席那时四十多岁，精力很旺盛，精心创作，花了很大的力量写的，所以，他的著作到现在越来越感到正确。最初我们读的时候，对它的意义看不出来，今天来看它的意义，结合社会主义建设和现在反修正主义斗争来看，它的生命力是很强大的，所起作用是很大的。我们有些同志写哲学文章，随便考虑一下就写了，隔上二年看起来，就有许多毛病。毛主席这两篇著作已经是二十多年了，到现在还是值得我们学习，还可以看出许多新的东西。所有马克思主义经典著作都有这个特点，你碰到新的情况，再去读它，又发现新的东西。《共产党宣言》到现在这么多年了，现在读还是有新的东西，经典著作是不朽的，它有这种不朽的特点。

二、毛主席这两篇著作所提出来的任务

讲理论总是先把要讲的内容首先点一下。写理论文章都有一个一般的规律，开头总是要把中心意思点出来，一开头就看出要解决什么问题，就使人想看下去，写文章是这样，讲理论一般也是习惯于这样讲，现在把要解决的问题简单地说一下。

这两篇文章所要解决的问题，简单来说，是要教导我们党的干部在

实际工作中运用辩证唯物主义，在实际工作中坚持马克思列宁主义哲学的党性，在实际工作中反对主观主义。毛主席写这两篇哲学著作所提出的任务是这样的，要求我们解决这样的任务。三句话可以重复一下：在实际工作中运用辩证唯物主义，这是莫斯科《宣言》里面的话。在实际工作里面坚持马克思列宁主义哲学的党性，就是坚持辩证唯物主义。在实际工作里面反对主观主义。

毛主席写哲学著作，正如他自己所讲的，不是无的放矢。我们有一些人写哲学著作，也不是无的放矢，不过目的有一点不同，是换一点稿费。当然也不是说所有写哲学文章的都是这样，但有一些人是这样的，马马虎虎一写，在报纸上发表，换稿费，不是一定要解决实际问题，这种情形从来都有。这也是有的放矢，但这是另外一种，是个人主义的有的放矢，不是真正马克思主义者的有的放矢。还有一种是教条主义的有的放矢，就是要吓唬人。从马克思主义的立场上来看，都不是有的放矢。写文章换稿费、写文章吓唬人，都不是有的放矢。有的放矢是为了实际工作，"的"是针对实际工作，实际工作就是它的"的"。为了指导实际工作，为了克服实际工作里面的错误，《实践论》和《矛盾论》。特别是《实践论》就是要告诉我们干部一个问题：为什么我们会犯错误？什么是是？什么是非？为什么是？为什么非？使我们干部学会正确分清是非，学会区别什么是正确的路线，什么是错误的路线，学会总结经验。从总结经验里面找出来什么是错误，什么是正确，为什么错误，为什么正确，正确和错误怎么区别。

毛主席在《实践论》、《矛盾论》里面给我们以回答。就是说，凡是正确的思想，正确的路线，从思想上来说，从哲学上来说，就是主观与客观能够求得一致，为什么是错误的？就是主观与客观分裂。《实践论》里面说："唯心论和机械唯物论，机会主义和冒险主义，都是以主观和客观相分裂，以认识和实践相脱离为特征的。"这一句话告诉我们，错误的原因在哪里，一切错误思想的原因是什么，陈独秀为什么会错误？王明路线为什么会错误？立三路线为什么会错误？从根本上来说，就是主观与客观相分裂，就是认识与实践相脱离。反过来说，正确的思想，马克思思想、恩格斯思想、列宁思想、毛主席思想的特征就是主观与客观不分裂，主观与客观经常能够取得一致。指出了这一点我们得到了一个什么结论呢？要克服错误，就是要努力使我们的主观认识和客观实际求得一致，使认识与实践不要脱离。克服错误的方法，就是克服主观与客观相分裂，克服理论与实践相脱节。毛主席的《实践论》、《矛盾论》总的来说是要求我们在思想上实现这样的任务，做思想准备就是要准备我们的思想能够实现这个任务，准备我们在新的革命斗争阶段，努力使主观认识与客观求得一致。并且发现某些有分裂的地方，努力克服这种分裂，随时注意不要使我们的认识脱离实际。这就是《实践论》、《矛盾论》向我们党的干部提出来的要求，也就是提出来的任务。

这也是马克思主义哲学的任务，马克思主义哲学怎么改造世界呢？就要通过一个方法使主观认识与客观实际情况能够经常取得一致，使我们的认识经常不要与实践脱节。求得主观与客观一致，认识与实践不要脱节，并且要努力，不努力是不行的。为什么一定要努力呢？因为主观与客观是一个矛盾，主观与客观经常有矛盾，认识与实践也经常有矛盾，因此我们必须注意努力克服矛盾，求得一致，这样才能克服分裂。

在这个问题上，马克思主义哲学和一般的唯物主义哲学有点不同。一般的唯物主义哲学和马克思主义哲学有一个共同点，都肯定正确的认识是主观与客观一致，主观正确反映客观。因此，要克服错误也就是要克服主观与客观的分裂。这是一切唯物主义者都注意到的问题。克服错误就是要克服主客观的分裂，努力使主观认识能够反映客观。但是，马克思主义以前的哲学不能解决一个问题，就是它不能告诉我们主观与客观为什么会分裂？因此怎么克服分裂这个问题它也不能解决，因为它找不到原因。原因找不到，也就没有办法来解决问题。一种错误，凡是找不到原因，也就没有办法解决错误。陈独秀机会主义的错误，在批判以后没有找到原因，所以没有克服。立三路线的错误当时批判了，也没有找到原因，也就没有克服。旧唯物主义有一个缺点，虽然认识到认识应该正确反映客观，错误就是因为主观认识与客观实践分裂，可是，不知道为什么分裂，所以旧唯物主义不能完全解决（部分解决也可能的）怎么克服主观与客观分裂的问题。我们说它不能完全解决，就是说他也可以解决一些，不是完全不能解决，如果完全不能解决，旧唯物主义在历史上就没有作用了。旧唯物主义还是能够解决一部分的，因为它肯定了主观应当反映客观，因此它也指导人们努力研究客观世界，在历史上也起一些作用。它提出这个原则，使人有一个努力方向，有了这个努力方向，多少总能解决一些问题。所以过去的旧唯物主义对于科学的发展，对于历史上的革命运动也起一些作用。资产阶级革命的时候，唯物主义帮助了资产阶级认识了一部分社会规律，认识到应当革命，打破了宗教思想，打破了唯心主义，认识到传统思想是不对的，应当搞革命，比如法国的唯物主义起了作用，但只能起一部分作用，暂时的作用，法国革命胜利以后，资产阶级的认识方向就错误了，它不知道社会还要发展，认为资本主义永久不变。因此旧唯物主义不能长久起指导我们认识的作用，不能像马克思主义哲学这样指导我们不断进行革命。26年前。毛主席的《实践论》、《矛盾论》指导我们胜利地进行抗日战争，又进行了人民解放战争，这两篇著作今天照样能够指导我们进行社会主义革命、社会主义建设，指导我们不断地进行革命。但资产阶级唯物主义只能指导一个时候的革命斗争，不能完全解决主观与客观的分裂问题，不能长久解决这一问题。而《实践论》、《矛盾论》就能够解决问题，能使主观符合客观，能够正确反映客观，帮助我们不断地在革命斗争中取得胜利。

　　为什么马克思主义哲学能够做到这一点，马克思主义哲学比旧唯物主义高明的地方、优越的地方在哪里呢？高明的地方就在于马克思主义哲学既有旧唯物主义的长处，与旧唯物主义正确的东西完全一致，但是，旧唯物主义的缺点，马克思主义哲学却完全克服了。旧唯物主义里面积极的东西，马克思主义哲学是有的；旧唯物主义中消极的东西，马克思主义哲学却没有。旧唯物主义中正确的东西，马克思哲学有；旧唯物主义所没有的正确的东西，马克思主义哲学也有。

旧唯物主义缺乏什么呢？有一点是正确的，它肯定了人的主观认识应该反映客观，正确认识是客观实际情况的正确反映。这一点旧唯物主义是有的。但是有两个最重要的东西，旧唯物主义却没有，就是以前的唯物主义它不懂得：第一，人的认识依赖实践，与实践分不开，是以实践为基础；第二，人的认识是不断发展的过程，主观反映客观是一个不断发展的过程。这两点旧唯物主义没有。旧唯物主义认为，正确的认识只要人偶然找到一个正确的方法，就能够一下子认识一切真理，不了解正确认识是不断发展的过程，没有尽头。正确认识不是一下子就能够得到的，是要经过一个过程才能逐渐正确起来。由不正确到正确，由片面到全面，由不知到知，由知道很少到知道很多，这是一个过程。旧唯物主义者不了解这一点，因为它没有辩证法。不懂得这一点，也就不懂得正确与错误的原因，找不到为什么会犯错误的原因，为什么有时好像是正确的东西，忽然一下变成错误。常常有这种情况，有一个时候的的确确是正确的思想，隔一个时候变成了错误？这一点旧唯物主义不懂得。教条主义为什么会错误？不是因为他的教条绝对错误，他的教条的来源，原来是正确的，但是被教条主义者一用，变成错误的了。真理会变成错误，因为条件、地点变了，运用错了，它就错了。在认识过程里面，这个时候它是正确的，在另一个时候运用不当就错了。所以，旧唯物主义不懂得这两点，但是这两点正是马克思主义唯物主义认识里面最重要的东西，而旧唯物主义没有。

　　所以，旧唯物主义者不能完全解决分清是非问题。为什么是？为什么非？不能最后解决。马克思主义哲学就能够解决这一点，就能够完全弄清正确与错误的原因。我们说的这两点，集中起来主要的一点是：马克思主义唯物主义和辩证法是统一的，用辩证法的观点来处理唯物主义的问题，处理人的认识问题，处理反映论问题。唯物主义认识论中心是肯定了主观与客观是有矛盾的，而且这个矛盾是绝对的，是永远有矛盾的，矛盾的统一是相对的。因为主观与客观的矛盾是绝对的，因此，人的认识不可能一下子就完全正确。也就是说，主观与客观不可能绝对一致；就是马克思主义理论与客观实践的一致，也不是绝对的。就是最正确的认识，也是在不同程度上与客观实践有不一致的地方，最正确的认识也有某些不正确的地方。列宁曾经反复讲，人的主观认识，最多也不过是与客观实践近似而已。主观与客观的一致，实际上是近似的反映。有没有绝对的反映，正确到主观与客观不是近似，简直是一个东西了，没有这回事。凡是懂得马克思主义哲学的人，应当肯定这一点，不要把这当成一个缺点，这是真理。人的认识对于客观实践只能是近似的，能够最大限度的近似，就算是最正确的认识，因为不管你怎么正确认识，比较起客观实际来总要少一些东西。因为客观实际总要比你的认识丰富一些，再怎么聪明的人，脑子里认识问题，总没有客观实际这样丰富，任何时候总有一些东西还没有认识。马克思主义者不能不肯定这一点，不肯定这一点，就会自满了。

　　过去哲学界一个致命弱点，就是它会自满，连黑格尔这么著名的人，这么大的哲学家，认为自己的哲学达到了顶点，世界上的哲学问题被他发现完了，从此不要再努力了，以后的人不要再学习了，这是错误的。一个人一到认为自己的认识已经到完全与客观一致了，有了这样的思想，就不能进步了，也就没有办法进步了。你研究一下，我们过去犯错误的人，是不是有这种毛病。王明认为自己的思想绝对与客观一致。这些人不能批评，你批评他，他就大发雷霆，就打击你。

　　我曾经和王明有过一些接触，有一个时候我翻译列宁的《谈谈辩证法》，他也翻译，他翻译后把稿子拿出来给别人看，我觉得他翻的不错，有的比我好，但在个别地方，有些字我看是翻译错了，就是在讲到肯定发展是对立的统一，因此才能够认识到发展的源泉。"源泉"这两个字他翻成"钥匙"，这两个字本来俄文是双关，钥匙与源泉可以通用，但是按照德文、英文是"源泉"，他翻成"钥匙"。我提意见说，你的稿子总的比我翻的好，我有很多地方要向你学习，但这两个字是不是考虑一下，把它翻成源泉好一些。我这个态度是非常客气的，但这意见一提，很快就挨了一个批评，是一个很大的帽子，好像是成为"二元论",违背马克思列宁主义。这时王明已经被批判了,我的胆子也大了,我说,你是错误的,按照英文、德文原意,从全文来说翻成"源泉"还是好一些。这人不懂得认识论,自认为自己已经掌握了认识的真理,一个字都不能批评,这不是技术上的问题,跟他一起工作的人在政治上根本不能提出意见,当他领导的时候,你不能提批评的意见,每一个字都必须服从。你们想一想赫鲁晓夫是不是这样的人,他所说的话,你们谁敢对他哪个字批评一下,你试一试,当然我们不是苏共党员,没有这个机会,假如有这个机会,你试一试,不挨棒子才怪呢。这些人的脑子里没有辩证法。

应当虚心听取别人的意见,应当听取群众任何一个微小的意见。当然,群众的意见也可能是错误的,要分析,但有时是对的。古人比赫鲁晓夫、王明聪明一些,中国有句古话这是千古不朽的,"智者千虑必有一失,愚者千虑必有一得。"这也是辩证法。这些修正主义者、教条主义者就没有辩证法,他以为自己是智者,智者千虑绝无一失,愚者千虑绝无一得。他们的逻辑、认识论就是这样。马克思主义者,辩证唯物主义应当肯定主观与客观的一致不是绝对的,最大限度也只能是近似的,列宁的《唯物主义与经验批判主义》讲了这个问题。

认识既然是近似的,是不是总是要有错误呢?小小的错误总是有一点的,有一些不叫错误,就是主观有某些不一致的地方。马克思主义者想问题,有一些地方和客观不一致,这不是错误,这是某些不一致,这是必然的。所以,正确认识是什么呢?我们说,没有一个人的认识是一贯正确的。我们说中央一贯正确,毛主席一贯正确,马克思、恩格斯、列宁一贯正确,是什么意思呢?无非是我们的领袖人物,我们这些经典作家能够做到这一点,使他的主观认识不断地接近客观实际,不断地深入事物本质,不断地由片面到全面,由表面到本质,由不知到知,经常能保持主观认识与客观实际最大限度的接近,最大限度的近似,这就是真正的马克思主义者能够做到的事情。做到这一点就了不起,能够永远做到这一点,经常做到这一点,就是伟大的马克思主义者。一个人估计问题能经常八九不离十，就是了不起的。一个人估计问题经常百分之百是不可能的，能经常做到八九不离十就了不起了，这就是一贯正确，党里面没有一个人能够比得上毛主席这一点，当然，还有刘少奇同志、周恩来同志、邓小平同志等中央一批成熟的马克思主义者，也可以说是这样的。马克思、恩格斯、列宁也是这样的，斯大林差一些，到了后期不是八九不离十，是三七开，变成了六七不离八。我们这些人估计问题能够四五不离六就不错了。我们能够做到四五不离六，或者五六不离七，就很不简单，能够经常做到这样，就很不错了。这并不是说我们现在的水平就可以了，而是说现在的水平，努把力还是可以提高的。毛主席不是不能学习的，长期努力可以提高，可以接近的。司马迁在"孔子世家"里说道："高山仰止，景行行止，虽不能至，然心向往之。"这是司马迁赞扬孔子，从前人的眼睛里面的孔子，就是现在我们眼睛里面的马克思、恩格斯、列宁、毛主席。这话很好，意思是，孔子是一座很高的山，我们仰望他呀，不断向他走去，不断地努力接近他呀，虽然还不能到他那一步，我们的心总是不断地向他努力。我们对于马克思、恩格斯、列宁、毛主席，虽然不能到他们那一步，但总是努力向他们学习，努力接近他们，心里不断地向往着他们。

反过来说，错误是什么呢？错误的原因在哪里呢？正确的认识是在认识过程里面不断接近客观实际，不断地保持近似。错误是相反的，我们在认识过程里面，不是不断的接近客观实际，而是在一个时期忽然离开了客观实际，甚至不断地越离越远，错误就是这样发生的。往往是开始认识是正确的，是接近客观实际的，但是，在认识过程里面脱离了实践，不注意保持近似，结果实践发展了，客观实际发展了，而我们的主观认识还是停顿不前，结果是主观与客观分裂了。不是实践、认识、再实践、再认识，而是实践、认识之后停顿了，不再实践、不再认识了，在这种情况下，也许原来是正确的认识，经过一个时期，变成了错误。得到了一个正确思想，如果努力下去，不断丰富，原来的内容还是保持着，经过了丰富，还是正确认识，只要它不断的发展，原来正确的认识还是正确的。但是，原来的认识只有这么一点，不再丰富了，实践发展了，它本身贫乏，就离开了正确的认识，就变成了错误。这个错误，不是在最初出发的时候就错的，不是一开始就错，是在发展的过程中，比起发展的实践来说，是分裂了，所以就错误了。马克思的某一句话原来是正确的，后来也应该可以是正确的，只要是补充新的内容，他的话永远可以有生命力，但是，不补充新的内容来处理新的问题，就分裂了，就错误了。这不是原来正确的东西本身变成了错误，不是真理本身变成错误，而是真理本身要发展，你不让它发展，就变成错误的了。所以原来是正确的东西，在认识过程中不去努力进一步接近客观实际、脱离实践的发展，就变成了错误。要保持原来正确的东西永远正确，你必须要丰富它，否则，就可以和客观分裂，就变成了错误，甚至于变成荒谬的东西。这是马克思主义唯物主义认识论。

辩证唯物主义、历史唯物主义告诉我们一个规律，《实践论》也是告诉我们这个规律，要我们实践、认识、再实践、再认识。每一个循环都使我们的认识达到高一级的程度，这样才能使我们的认识一贯正确。中央和毛主席认识问题就是这样的。《毛泽东选集》第一篇文章：《中国社会各阶级的分析》那个正确的认识，后来在《毛泽东选集》的其他著作里不断地发展，不断充实，不断丰富，革命每发展到一个段落，总是添上一些新的内容，所以他一贯是正确的。如果毛主席仅仅靠第一篇《中国社会各阶级的分析》来指导中国几十年的革命，一点也不加新的内容，会不会犯错误呢？肯定是会的。但是，毛主席不是这样做的，所以他是一贯正确的。

不断向新经验学习，不断吸收新经验来丰富我们原来的认识，任何时候防止主观认识停顿起来，这样保持我们中央的思想一贯正确。我去年讲毛主席一贯正确，没有主观主义，没有唯心主义，但有人不同意。我今天再一次肯定这一点。应当承认中央的领导一贯正确，毛主席一贯正确。因此，我们社会主义革命、社会主义建设的成绩是主要的，缺点是次要的，错误是个别的，凡是一贯正确的东西，一贯正确的领导所做出来的工作，一定是成绩为主，而且我今天还要肯定这一点，成绩是九个指头，缺点是一个指头。去年有一点不敢讲这话，那个时候讲大受反对，你说成绩是主要的可以勉勉强强的接受，说成绩是九个指头、缺点是一个指头，是不大容易接受的。当然我这样说，没有中央文件做根据，因为今天中央还没有这样讲，也可能是错误的，但我认为可以这样讲，大家考虑考虑，错了我收回。为什么我今天可以这样说呢？去年不能这样说，是因为以前的三年直接在困难中，直接感到大量的缺点与错误，不能充分理解成绩为主，因为看的缺点太多了，困难太多了，根据直接经验，你说九个指头、一个指头这个原则，脑子里有一点想不通，你现在根据情况好转的这样快这一点来看，我们现在可以重新肯定九个指头与一个指头这个原则，这么大的困难、这么大的天灾、犯了这么多的错误，能够在很短时间里面把它转过来。从困难转变的这样快这点来看，不能不肯定九个指头与一个指头这个理论。我们相信，以后日子过的越长、越能够肯定这一点，再过一年，到了秋收以后再看。六亿多人的事，要想在一年就看出它的是非，看出正确与不正确，是不可能的。要经过一个时期才能看出，现在已经看出这个苗头来了，我想现在重新肯定一下毛主席这个九个指头与一个指头的指示，我们不妨敢想敢说，错了我们收回。现在有"三不"原则，大家不会给我戴"左"倾冒险主义的帽子。

要根据马克思列宁主义认识论来了解中央的指导为什么是正确的，为什么毛主席一贯正确，他之所以一贯正确，就是他能够按照马克思主义哲学所发现的人的认识规律，指出要使人的主观认识不断保持对客观实际的近似状态，不断接近客观实际的发展过程，不断从经验里面学习、实践、认识、再实践、再认识，不断地循环往复，每循环一次，都使我们的认识达到一个新的阶段，这是《实践论》的中心思想。大家要我讲一讲中心思想，这就是它的中心思想。这是指导我们的思想，是指导我们行动的方向性的原则。这个原则是毛主席对马克思主义哲学的发展，因为以前的马克思主义哲学著作说的没有这么完全，没有概括出这样一个公式来。如果大家一定要说我是贬低马克思、恩格斯、列宁，我是宁愿戴这个帽子的。列宁也只是概括一些，由感性、直观到理性认识、再到实践。列宁这个概括当然是正确的，同时，在实践上也包含毛主席讲的实践、认识、再实践、再认识。但是列宁的著作中没有展开，毛主席的《实践论》把它展开了，所以就更明确了。这并不是说列宁就错了，列宁对这个规律已经掌握了基本思想，这种思想在恩格斯的著作里面也有了。恩格斯在《自然辩证法》中也讲了，但还是萌芽状态。毛主席的发展，并不是说在马克思、恩格斯、列宁的根本观点里面，加了什么另外的东西，而是把马克思、恩格斯、列宁的基本思想进一步展开了，他的基本思想还是那些，并没有另外的东西，不过他展开了，就像一棵小树，从前是小树，现在变成了大树。树还是那棵树，并没有变成另外的树，是马克思列宁主义的树，是马克思主义认识论的树，经过了几十年以后，变成了大树，原来是一棵小松树，现在变成了大松树。这里面没有什么贬低不贬低的问题，马克思主义本身就是这样生长发展的。毛主席就是能够掌握这样的规律，能够认识规律，不只是在思想上认识这个规律，不是口头上说，不只是在文字上写出了一本《实践论》，而是把规律运用在实际行动中，做实际工作的时候，就是不断地实践、认识、再实践、再认识，永远保持主观认识与客观实际处于最大限度的近似状态。毛主席的全部著作，所有党的历史经验都证明毛主席把马克思主义认识论辩证唯物主义运用到实际工作里面去，因此才能正确指导我们党的工作，正确指导我们这样一个伟大的党、伟大的国家、这么多的人口来进行革命，能够比较迅速地得到胜利，能够避免犯根本性的、全党性的、路线性的错误，能够经常保持一个正确的路线，有了错误及时发现，及时纠正。比任何人更快地发现错误，比任何人更早地提出克服错误的办法，这是毛主席在工作中的特点，这就是一贯正确，这里面没有什么主观主义，没有什么唯心主义的问题。这一点我觉得可以肯定，如果去年还有同志不了解，不能接受这一点，我希望能够把这个思想清理一下。

这就是《实践论》、《矛盾论》的中心内容。

第二次讲课

(1964.4.17)

今天接着昨天的问题讲下去。昨天把第一个问题基本上讲完了,但还没有完全讲完。所以还要讲一点。昨天主要是讲《实践论》、《矛盾论》的任务,任务就是反对主观主义,在实际工作中坚持唯物主义,坚持辩证唯物主义的路线,坚持哲学的党性。

什么叫主观主义呢?

昨天也讲了,主要就是主客观分离。分离的原因,往往不是一开始就分离的,是在认识的过程中分离的,在认识过程中,主观认识逐渐脱离实践,这样,就不能够使认识不断地接近客观实际。人的认识总是和客观有些矛盾的。所以某些主观和客观不符合的地方总是永远要存在的,甚至部分的错误也总是免不了的。问题就是要看认识能不能越来越更接近客观,能不能经常保持认识和客观实际情况最大限度的近似状态。

我们讲的反对主观主义要注意一个问题是,主观主义是在实际工作中的一种很大的错误,根本的错误,也就是路线性的错误。陈独秀的错误、王明、博古的路线错误,修正主义的错误,这些都是主观主义。我们这几年来刮"五风"的时候,某些地方、某些个别部门的错误是很大的主观主义。主观和客观发生了很大的分离,有时候分离到完全违反客观的情况,根本不顾客观情况去作工作。这一种叫主观主义。

至于我们的认识和客观实际有某些不符合的地方,甚至于有某些个别的错误,这不能说是不错,照习惯说法,基本上不错,根本上不错,但个别的部分、有些地方有些错误,那么这种情况能不能叫主观主义呢?能不能叫唯心主义呢?这种情形就不能叫做唯心主义,不能叫做主观主义。所以，要加以区别，要把主观和客观某些不符合同错误加以区别开来。个别的部分的不太重要的错误、不带根本性的错误，和根本错误有区别。就是说，不能把任何错误、任何主观和客观不符合的情形都叫做主观主义，都叫做唯心主义。如果不作这种区别，那么马克思、恩格斯也有唯心主义，列宁也有唯心主义，就会得出这样的结论。因为那种个别的小一点的错误，他们也犯过嘛！不能因为有这种情形，就说马克思、恩格斯、列宁有主观主义，他们的世界观就有了问题，不能这样说。这个思想，我以前也反复讲过，大家在许多问题上也注意到，我觉得还有重复的必要，因为涉及到这个问题，重复一下是为了使大家比较深刻地了解，为什么中央是一贯正确的，为什么毛主席是一贯正确的。另一方面，我们要反对主观主义是反对的什么东西。我们要坚持辩证唯物主义，坚持哲学上的党性，反对主观主义，目的是要照列宁在"左派幼稚病"一文中说的，不要犯大的错误，犯小一点的错误，小错误犯了以后，可以比较快地看出来，及时改正。能够做到这一点，那就算是坚持了辩证唯物主义。在实际工作中，经过努力做到这一点，就算是坚持辩证唯物主义的路线。

　　唯物主义是一条认识的路线，就是在发展的过程里，在走的过程里，不断接近客观，主客观不要分离。主要是这样一个问题。我们要反对的是这样一种错误，就是在实践过程里不经常依赖实践，而在一定时候脱离实践，主观和客观分离了。这种情形，就是实际工作中的唯心主义。我们反对主观主义，就是反对这样一种主观主义。

　　主观和客观某些不一致，或者个别不重要的错误，这种情形是不可避免的。但主观主义是可以避免的。如果能够正确地掌握辩证唯物主义的路线，在认识上就永远不脱离实践。所谓不脱离实践，就是要不脱离无产阶级的革命实践。这是一个立场问题。阶级立场不对，那个实践也不对，那个实践的方向也不对。不脱离革命的实践，不脱离改变世界的无产阶级的实践，不脱离广大人民群众的实践，就是说，不脱离群众路线，能够经常做到这一点，那么就有可能避免主观主义，就有可能避免犯大的错误。出了个别的错误，也能很快纠正，能够修正错误。所以，辩证唯物主义要求我们在认识上结合实践，而且要结合阶级实践。毛主席在《实践论》里面说一点也不能够脱离实践。实践性和阶级性是一件事情的两个方面。实践就是阶级的实践。辩证唯物主义的哲学是有实践性的，有阶级性的。这种哲学要求我们经常注意到认识不能离开实践，要求我们在考虑哲学问题的时候把实践作为基础，而且必须是无产阶级的实践、必须是无产阶级领导下的人民群众的实践，要在行动上，在实际工作里，通过这条实践的路，才有可能克服主观主义。

《实践论》、《矛盾论》这两篇著作，中心任务就是要帮助我们找到一条道路，找到一种正确的方法，在实际工作里克服唯心主义，克服主观主义。所谓找到一条道路，就是找到辩证唯物主义的认识路线。不是形而上学、唯心主义的路线。这条路线，就是永远结合阶级实践的路线，在认识上永远不脱离阶级实践的路线，方法上就是辩证法。《实践论》告诉我们的这一条道路，可以避免主观主义，避免唯心主义的道路，坚持哲学上党性的道路。《矛盾论》告诉我们一个克服主观主义的方法。我们学习《实践论》、《矛盾论》，主要是要注意这一点，一条坚持辩证唯物主义的路线，一个坚持唯物主义的方法，学会克服唯心主义和主观主义的方法。

下面具体讲两篇文章的特点。第三个问题是讲《实践论》的特点，就是要告诉我们在认识过程中克服主观主义。这是《实践论》的中心任务。第四个问题是讲《矛盾论》的特点。就是要告诉我们克服主观主义的方法。

三、《实践论》的作用和意义

党史上说明了一个问题，"左"倾机会主义，右倾机会主义，就其错误来说，是根本性的错误，就其思想来说，是十足的主观主义，是主观和客观分离的典型表现。在毛主席写《实践论》、《矛盾论》的时候，对这个问题，我们党已经取得了充分的经验。到1937年的时候，我们党已经有了十几年的历史，在这十几年中，根据实践所提供的充分的经验，可以帮助我们了解什么是主观主义。因为有陈独秀的右倾机会主义，又犯过三次"左"倾冒险主义，还有局部的罗章龙、张国焘路线的错误。各种各样的错误，提供了许多材料，告诉我们什么是主观主义。毛主席的《实践论》，无非是把这些经验加以概括。在《实践论》的文字里，没有写历史上的许多错误，因为这是哲学著作，不一定把具体事情讲的很多，而且在当时也不好讲，如果在1937年那个时候就写出来，三次"左"倾路线都是主观主义，都是主观和客观相分离的，那也不行。那时没有现在这样的情况，当时说出来，很多干部不能接受。虽然有这样的事实，但对事实的本质，许多人不了解。有了经验，并不等于了解经验中暴露出来的问题的本质。知道陈独秀的错误，知道立三路线的错误，知道王明、博古的错误，但并不等于就能够了解这种错误的本质，而且在当时还有些人坚持错误。在没有总结以前，你在当时如果说王明、博古是犯了政治路线的错误，那他无论如何也不能接受，那要争吵不休的。所以，当时明确地写出来没有办法使人接受。另一方面，当时党还没有作结论。所以《实践论》、《矛盾论》里没有明确指出来。它举的例子是国民党到延安去的考察团，不举党内问题为例。但实际上它概括了以前的错误，并且从认识论上找出了这种错误的根源。

单从《实践论》的意义来讲，就是在我们党经过了十几年的工作，取得了经验，犯了一些错误之后，能够从哲学著作上，从世界观的水平上，来概括这些错误，把这些错误的根源、原因找出来。《实践论》把过去那些错误总结出来两方面的根源。所谓两方面的根源，就是一方面从经验（感性）认识方面找到了根源；另一方面从理性认识方面找到了根源。两种根源产生了两种形式的主观主义。这两种形式在后来整风的时候概括为经验主义和教条主义。在《实践论》里没有明白这样讲。但是，《实践论》已经从实质上讲到两种错误的形式。一种错误就是理性认识脱离感性认识，脱离实践。在《实践论》上讲，这种认识否认实际经验，否认亲自参加变革现实的革命实践，从书本上得到的一点东西自称为"知识里手"的人，实际上是指的教条主义。另外一种形式，就是经验主义，只是满足于个人的局部经验，不上升到理性认识。

从革命工作的错误中做出哲学总结，找出错误两方面的根源，指出了错误的两种根本形式，指出了主观主义的两种形式，这应该说是毛主席对马列主义哲学的一个新的贡献。因为经验主义和教条主义这样的名词，以前的马列著作里也讲过，但那些讲法多半是涉及到一些纯粹学术上的理论问题，以前讲实际工作里的教条主义、经验主义，没有毛主席讲的这样深刻。"我们的理论不是教条，而是行动的指南。"这句话从恩格斯起就讲了，但是为什么有些人把理论当做教条呢？这个原因用专门的哲学著作来作系统的说明，这应该说是毛主席的贡献。这是对马克思主义过去反对主观主义、教条主义和经验主义的思想的发展。发展马克思主义，决不是脱离原来的基本原理来发展的。而是把原来的基本原理更展开、更深入地作了说明。马克思、恩格斯的著作里也批判了教条主义。恩格斯的《自然辩证法》特别批判了经验主义。但是，对这两种主观主义的根源，做了系统的说明，这是毛主席的贡献。

为什么主观主义会有两种根源，会出现两种形式？毛主席在《实践论》里做了系统的分析。他的分析方法是把辩证法运用到认识论上来，把人的认识看做不断发展、充满矛盾的过程。人的认识是矛盾的过程，这个矛盾就是主观和客观的矛盾。主观和客观永远有矛盾。犯错误的人，是主观和客观有了大矛盾不能解决。不犯错误的人，或者政治路线掌握得很正确的人，也不能够说主观和客观没有矛盾。矛盾是绝对的。没有矛盾，认识不会发展。马克思、恩格斯的认识跟客观世界有没有矛盾？应该说有矛盾。如果说没有矛盾，那么马克思、恩格斯死后，就用不着列宁再来写《帝国主义论》了。《资本论》是正确反映了资本主义发展的规律。可是到了帝国主义时代，仅仅是《资本论》所说的那些东西，如果简单地运用到帝国主义时代，那就不够了，那就有矛盾。

《资本论》解决了 19 世纪以前资本主义客观发展过程和人的主观认识的矛盾。马克思用了几十年的功夫解决了这个矛盾。但是，到了 20 世纪，又发生了矛盾，所以列宁又来解决这个问题。

革命的主观认识和革命的发展过程也有矛盾。巴黎公社的时候，马克思最初的认识就跟巴黎公社运动有点矛盾，因为他开始时不大赞成巴黎公社的一些同志搞暴动，他感到要失败，所以不大同意。但是，巴黎公社已经搞起来了，他又赞扬巴黎公社，从巴黎公社里学到许多新的东西，学到无产阶级专政的具体形式。这样就解决矛盾了。

到了 20 世纪，俄国革命出现了，如果列宁简单地按照巴黎公社时期马克思的思想，来指导行动，那就不够了。列宁最初在俄国革命以前，并不知道俄国革命的无产阶级专政，应该采取什么形式。列宁在主观上对这个东西是无知的。俄国革命逐渐酝酿起来，究竟采取什么形式，列宁的主观和客观是有矛盾的。等到俄国革命开展起来，工、农、士兵创造了苏维埃，然后列宁才找到了克服主观和客观的矛盾，从运动中找到了苏维埃的形式，作为无产阶级专政在当时的好形式。

后来，我们中国在第二次国内革命战争时期，曾经多多少少用教条主义的方式用到中国来，我们也成立了苏维埃共和国。但是后来怎么样？苏维埃这个名字不大适合中国的情形。所以现在我们是人民代表大会的形式。当时中华苏维埃共和国这个名字，是从哪里来的呢？还是从苏联搬来的。当然，我们并不是说用了这个名字就完全错了。在这个名字之下，毛主席根据中国的情况，正确指导了革命运动。但是，在教条主义的领导下，把这样一种形式作了错误的运用。关于这个问题，大家可以研究。当时采取苏维埃共和国这种形式，采用这样的名字是不是妥当？至少可以这样说，采用这样一个名字，是当时没有很好解决主客观矛盾的表现，是教条主义理论还起作用的一种表现。不是说我们的共和国即当时的整个苏维埃根据地就错了，不是这种意思。在这种形式下，毛主席的领导是正确的。当时所以不能不采取这样的形式和这样的名字，是我们党在历史上还没有解决主客观认识的矛盾，至少没有很好解决，没有充分考虑到在中国农村革命运动里，用什么名字更好，更接近现实，主观近似客观，用什么名义算是最大限度近似客观，这个问题没有很好解决。毛主席就叫做农村革命根据地，或者后来在抗日战争时期叫解放区。教条主义者一定把它叫做独立国，叫苏维埃共和国。毛主席的著作里总是把它叫做根据地。因为它是中国的一部分。所以利用这种形式是不是完全解决了主观与客观的矛盾？恐怕还没有。还有主观主义的影响。后来到了长征以后，在抗日战争时期，苏维埃共和国的名字取消了。抗日战争时期就是根据地、解放区，现在的制度是人民代表大会制，这是完全适合中国的情况的。

　　认识的过程就是要克服主客观的矛盾。主客观的矛盾包含着认识和实践的矛盾，包含着感性认识和理性认识的矛盾，也包含着正确和错误的矛盾，不知和知的矛盾，包含着各方面的矛盾。我们反对主观主义的目的，就是要克服认识与实践、感性和理性、不知和知、正确与错误这些矛盾。总的来说，这些矛盾就是主观与客观的矛盾。就是要克服主客观的分离，克服错误。从认识论上来说，克服主客观分离、克服错误的方法是什么呢？这个方法就是正确地运用、掌握认识的规律性。在人的认识过程里，正确地掌握认识的规律。不论是经验主义、教条主义，不论是右倾机会主义和冒险主义，都是在自己的认识问题和考察问题的过程里，违背了认识的规律。

　　《实践论》就是告诉我们怎样才能够不违背认识的规律。首先是告诉我们人的认识有一些什么规律。认识了这个规律，就懂得怎么样才能够不违背这个规律。《实践论》里告诉我们的是什么样的规律呢？总的来讲，就是从实践中逐步取得感性认识，逐步取得经验，然后把感性认识加以总结，使它变成理性认识。按照《整顿党的作风》来说，就是把感性认识变成综合性的、有条理的知识，然后用这种理性认识去指导实践。认识的基本规律就是这样的。这个规律，大家在学哲学的时候都反复学过了，用不着怎样解释了。这个规律，是一个不断反复的过程。《实践论》里面对马克思主义哲学一个很重要的贡献，就是系统地说明了认识的规律是一个反复不断的过程。我们用辩证法的名词来说，就是不断地否定之否定的过程。从感性认识到理性认识，理性认识又回到实践，然后重新又来一个循环。这一个否定之否定不断循环的过程，是认识的根本规律。就是说，认识永远是按照螺旋形不断发展的。如果我们认识了这个根本规律，而且也照着这个规律去考察问题、解决问题，那么就有可能保证我们的认识能够最大限度地近似客观实际。如果我们的认识不能照这个规律做下去，就是说在螺旋发展中间有了停顿。认识规律是不允许有停顿的，要不断地从经验到理论，由感性到理性，又回到实践，要求不断反复，不容许停顿，如果我们有所停顿，那就是违背了这个规律。主观主义是怎样产生的呢？主客观分离是怎样出现的呢？原因是什么呢？根本原因就是违背了这个规律。就是在认识的过程上，认识不断上升的螺旋形发展过程里，我们在某一点上停顿下来，那么就从某一点起，开始主观和客观分离，就要犯更大的错误。如果你的认识本来是正确的东西，一停顿下来，正确的就变成错误的了。

历史上各个阶段的一些领导者所犯的路线错误，不管是"左"倾冒险路线，或者是右倾机会主义，不管是教条主义，或者是经验主义，你要找它的根源，都可以从这一点上来找。可以肯定，这些错误都是由于在认识不断发展的螺旋过程里，在某一点上停顿下来，不跟着革命斗争的发展前进，那么就犯这种分离的错误。为什么会出现经验主义？为什么会出现教条主义？根据这个规律来看，就很清楚。

经验主义之所以是错误的，之所以是主观和客观分离的，就是有经验的人就局部经验范围内使自己的认识停顿下来，满足于已经有了的经验，满足于一知半解。经验主义这种主观主义形式，是由于在认识的经验阶段（认识的感性阶段）停顿下来，不总结经验，不读书，不运用马列主义的普遍真理来总结我们的经验，所以才出现经验主义的毛病。它们得到一点具体经验，从这里面做结论。说通俗一点就是这样的，根据一点局部的经验，就对问题做全面的结论。

我们说修正主义的观点是经验主义、主观唯心主义。为什么可以这样说呢？就是因为修正主义丢掉了普遍真理，而解释问题总是抓住某些个别事实把它夸大。大家可以看一看列宁的《马克思主义和修正主义》这篇文章，有一段讲到修正主义认识错误的根源，他说：从科学方面来说（就是讲认识），修正主义者在这个问题上的毛病，是他们把一些随便抽出来的片面的事实弄得从表面看起来很像普遍的现象。他们不是把大量的材料加以分析，而是抓住一个经验就作结论，就把它说成是普遍的东西。在现代修正主义的言论里，我们可以找到大量的材料，每一篇修正主义的文章里，都可以找到这样的材料，脱离事情各方面的联系，只抓住某一点，比如说，古巴事件，做了那么一个卑鄙的让步，当时的确有这么一个现象，美国剑拔弩张的形势松了一点，造成了一个印象，好像大战避免了。这是不是一个事实呢？是事实的一个方面。修正主义者对帝国主义那样卑躬屈膝的让步，紧张形势多少松了一点，解除了当时那种紧张的状态，但并没有解除一切紧张，对古巴的包围依然存在。他们就抓住了这个事情做出了结论：这是他对和平的很大功劳。这是经验主义的主要方法。

在党史的过程中，第二次国内革命战争时期，主要的是教条主义，当时的经验主义者是为教条主义服务的，做了俘虏。怎么样做了俘虏呢？从认识上可以得到说明，因为经验主义者常常总是看到一点，看不到全面的联系，对教条主义提出的主张，他可以从某些个别经验里去找到证明。教条主义者说，革命应该是进攻的，因而提出了冒险主义的战略，这种冒险主义的战略是错误的，经验主义者可以根据他的一个战役，或者一个战斗的胜利，他可以做出结论，说教条主义的战略是对的。为什么是对的，你看我们这个战役把敌人打垮了嘛！这说明我们可以进攻。在一个战斗上，一个战役上，在毛主席的指挥下，的确是进攻过敌人，消灭了敌人。他就根据这一点来为教条主义服务，他根据这一点把他夸大，做出结论，认为在整个的战略上可以进攻。"御敌于国门之外"，教条主义根据外国的经验，提出了这种战略上进攻的方针。经验主义者根据一个战斗、一个战役的胜利事实来为他服务。他之所以是经验主义，他停顿在局部的经验之下，根据局部经验就做了一般的结论，不继续研究各方面的经验，不分析总结各方面的经验。这就是经验主义。

教条主义，就是自己的认识停顿在理性认识的某一点上，从认识的规律来说，在认识过程的某一点上停顿下来，不再去注意新的经验，就是在理性认识环节某一点上停顿下来，不在新的革命实践中继续吸收新的经验，这样使主观和客观分离，这就是教条主义。这个比较容易了解。王明、博古这些人，从外国书本上一些国际总结出来的经验（也就是形成一种书本上的理论），把它简单地搬到中国来，却看不起中国的经验，轻视农村革命新的经验。所谓"山沟里没有马列主义"，这句话就是教条主义者停顿在书本理论的某一点上，不继续吸取新的经验一种教条主义的典型口号。

《实践论》指出了主观主义的两种来源和两种形式，这是《实践论》的要点之一、中心点之一。指出主观主义两种来源、两种形式这一点，也就使我们懂得了怎么样去克服两种形式的主观主义，使我们懂得了从两方面去克服主观主义。

我们大家知道，在毛主席写《实践论》、《矛盾论》的当时，党内领导的思想中，占统治地位的是教条主义，遵义会议以后有所改变，一般还是在军事问题上有根本的改变，其他问题上还没有根本改变。当然也有一些改变，毛主席的威信树立起来了，但是在具体问题上许多干部还有迷信教条主义的情况。一直到抗日初期，王明回来以后，还有很大一部分同志跟着他走，项英同志就是。教条主义在一定程度上占了很大的统治地位，这种情况，主要是在遵义会议以前，遵义会议以后有所改变。教条主义占党的指导思想的主导地位，所以当时主要危险是教条主义。因此，毛主席著作的主要批判锋芒是对着教条主义的。但是，毛主席的著作是马列主义的，因此是全面的。所以从《实践论》、《矛盾论》里不但可以找到克服教条主义的武器，而且也找到了克服经验主义的武器。

当时，教条主义为什么会占统治地位呢？

主要原因，我们党是处于一个幼年的阶段，一般说来，是缺乏足够的经验的，除了少数人（像毛主席）以外，一般党员是缺乏足够经验的。这就使得教条主义得以占统治地位。当时我们党有一个特点，就是因为自己没有经验，非常相信国际上的经验，非常相信苏联的经验。这是我们党对马克思主义的忠实。我们党跟印度党很大不同之点，就是非常忠实于马克思主义。但不是所有的党员都是这样的。可是，由于我们幼年的党非常忠诚地相信马克思主义，相信苏联的经验，教条主义者就利用了这一点，来使自己占统治地位。因为他们有两个东西，一个是有些书本上现成的知识，而我们许多同志没有读多少马列主义的书，书本知识比较少，又缺乏足够的经验；另一个是还有外国的指挥棒。教条主义的来源有两方面，书本上的现成知识，外国的命令，这两个东西，在当时，我们处于幼年的党的一般党员，都是非常相信的。教条主义就是利用我们的这个特点，也是个弱点，篡夺了党的领导地位。

那么，当时的教条主义，是不是只限于"左"倾冒险主义呢？

还不是这样的。当时就有右倾机会主义，主要也是教条主义。陈独秀的思想是经验主义还是教条主义呢？恐怕还不能说是经验主义。他也没有多少经验。他的右倾机会主义有两个来源：

一个是资产阶级革命的旧的狭隘的教条把资产阶级革命理论片面化了，认为资产阶级民主革命只能够由资产阶级领导。这个思想在当时是反对列宁的。列宁的著作第一次提出资产阶级革命在帝国主义时代，应该由无产阶级努力夺取领导权。在马克思、恩格斯的著作里，就有了这种思想的萌芽，但还没有明确提出来。列宁的著作明确提出来了。无产阶级应该积极参加资产阶级革命，而且要从资产阶级手里夺取领导权。当时的教条主义是反对列宁主义的。利用马克思、恩格斯的著作里没有明确提出民主革命应该由无产阶级来领导这个论点，结果就出现了右倾机会主义。三次"左"倾冒险主义的教条主义性质，是很明显的。李立三阐明的是城市暴动的路线。王明、博古的教条主义路线是很明显的，这是用不着说的。就是陈独秀这样的问题，大家可以研究一下，我看恐怕也是教条主义。把书本上的资产阶级革命的理论片面化了，把马克思、恩格斯革命的东西取消了。马克思、恩格斯关于资产阶级革命的思想虽然不很明确，但也有无产阶级要夺取领导的因素。在1848年的革命中，马克思、恩格斯就提出来了，无产阶级应该有自己独立的路线，不要跟着资产阶级走。虽然他们没有明确讲到要领导，但实际上有这种意思。这种革命的成分，右倾机会主义把它取消了。

另一个就是陈独秀从外国搬来了教条，外国的东西就是托洛茨基反对列宁的革命的东西，就是反对无产阶级要领导民主革命的观点。托洛茨基又是冒险主义，又是机会主义。关于这一点，大家可以深入研究一下，我没有搞这个专业，提不出很充分的材料来。据我的了解，我觉得可以这样说。经验的成分也有，比如害怕资产阶级离开革命。因为资产阶级经常威胁着要分裂。从经验中也可以看出来、资产阶级在民主革命里，总是要分裂出去的。陈独秀恐怕主要的还是教条的问题。所以，教条主义不一定就是"左"倾冒险主义。把教条主义跟"左"倾冒险主义等同起来，是错误的。

现代修正主义提到的教条主义同时也就是"左"倾冒险主义。它们把宗派主义、"左"倾冒险主义和教条主义当做一回事。实际上修正主义、右倾机会主义本身也有教条主义的来源。修正主义主要世界观的基础是经验主义、主观唯心主义，这是它们主要的东西，而不是教条主义。因为它们把马列主义的根本原理取消了。它们在马克思的著作里找不到他的有力根据。因此，修正主义者要修正马克思主义的借口就是经常强调新的经验，强调实践。所谓实践，有两种解释：我们的解释，是无产阶级革命的实践，广大人民群众的实践；修正主义者讲的实践，讲的经验，是某些个别的经验，个别的事实，他要我们注意某些个别暂时的事实，暂时的现象，丢掉了远大的东西，全面的东西。列宁已经说过，修正主义的特点，是迁就眼前的事变，为了无产阶级的眼前利益，就丢掉无产阶级的根本利益。现代修正主义者有这么一种提法，你看，和平过渡有可能，为什么有可能？现在资本主义国家里有民主、有议会选举，共产党还可以到议会里取得议席。有没有这样的事实呢？的确有这个事实。他就根据这个片面的事实做出了结论，说无产阶级可以通过这条道路取得政权。列宁的《马克思主义和修正主义》这篇文章，对于这一点有很明确的反驳。他说：修正主义者看不到议会制度和资产阶级民主制度中的不可避免的内在的辩证法。他只看到议会可以使无产阶级的代表有点席位，他不知道这种资产阶级民主发展的结果，最后会引起比先前更激烈的暴力革命，他看不到辩证法规律发展的前途，只看到资产阶级革命眼前某些好处，忘记了无产阶级的根本利益。修正主义一般的哲学基础，都是经验主义。

经验主义也有两种。毛主席批判的我们党的历史上的那种经验主义，还不一定是主观唯心主义的形式。我们过去有很多好党员，在第二次国内革命战争时期英勇斗争，取得了许多经验。这种经验，的的确确是斗争的反映，是客观事物的反映，不是主观幻想，不是个人脑子里随便想出来的。一般说我们认识的经验主义是这一种，它的缺点就是狭隘一点。它的经验是局部性的。没有很广泛的基础，但它的经验的的确确是客观事实的反映，不是自己想出来的。我们说的经验有这种问题。

毛主席在《实践论》里说的另一种经验主义，就是把经验看作主观自身的东西，那就是主观唯心主义的经验主义，那就是马赫主义的经验主义。现代修正主义的经验主义，基本上是这种主观唯心主义的经验主义。就是从主观出发产生经验，这一些经验根本不能够反映任何客观事实，就是从主观要求出发生造出来的经验。这种经验的内容是什么呢？是从主观利益出发的主观幻想，是个人主义的，也叫唯我论，我认为对就是对的，对我有利的那就是对的。现在资本主义国家为什么有那些修正主义者，那样喜欢和平过渡，为什么那样害怕革命，就是从自己的主观利益出发。他们有一个经验，就是如果不搞革命，他可以做官，可以在议会里面每年有很高的工资。在意大利，不仅可以在议会里做官，而且也可以在地方政府里做官。这些人是从个人利益出发来考虑经验问题的，所以他很害怕革命，不但害怕国内革命，而且害怕国际上紧张局势。因为国际上一紧张，本国的资产阶级搞法西斯主义，一搞法西斯主义，他的议会议员就干不成了，官也做不成了。为什么这样怕国际战争？当然我们不要世界战争，但是战争来了也有办法对付，有什么可怕的！修正主义就怕，修正主义的许多言论里清楚地讲到这一点，如果战争起来，资产阶级国家就要法西斯主义化了，他们的所谓工人运动就要受很大损失。就是他的议会官做不成了，和平的官做不成了，要到"地下"受苦了。唯我主义、主观唯心主义的经验主义是修正主义的主要基础。

我们党史上像毛主席批判的经验主义，不是这一种，虽然也是错误的，但不是主观唯心主义。他的经验是客观斗争的具体反映，或者是个别的、有局限性的、局部性的经验。在过去，我们党的干部中有没有主观主义的经验主义呢？也有，但是少数。党内有个人野心的人，从个人野心出发找事实、找材料，来证明他的机会主义。

经验主义怎么样为教条主义服务呢？

关于这个问题，可以顺便解释一下。经验主义为教条主义服务，是通过一种办法，就是用局部的经验为教条主义服务，用局部的经验来证明教条主义。右倾机会主义、教条主义者说资产阶级革命应该由资产阶级领导，那么经验主义者也根据一个局部经验，比如某个资产阶级领袖在某个个别时候，的确做了一篇演讲，的的确确要革命。蒋介石在广州政府时大讲世界革命，有时个别的行动也像是革命的，在个别问题上也要表示反对帝国主义、反对军阀，也有事实。蒋介石反对帝国主义，反对军阀，也在行动上有个别部分的表现。经验主义就根据这种个别的、暂时的事实，就来肯定教条主义的教条是正确的。教条主义之所以能够俘虏经验主义，就是因为这样。教条主义能够用教条吓唬人，而经验主义能够用局部经验证明教条主义。所以，有经验的人如果不把自己的经验加以总结，不吸收更多的经验，那总是可以被教条主义俘虏的。教条主义之所以能够占统治地位，原因之一，就是有一些经验主义者拥护它。没有经验主义者的拥护，他的教条主义的统治地位也站不稳。这是我们历史上许多事实证明了的。

《实践论》的主要贡献，就是指出了主观主义两种危险、主客观分离的两种来源，指出两种形式的主观主义。因此，也就使我们找到了克服经验主义、克服教条主义，即克服不同形式的主观主义的方法。经验主义来源于两方面，形式是两种。所以要从两方面克服经验主义。当时，毛主席主要是反对教条主义，着重指出了克服教条主义的方法。不论是《实践论》，还是《矛盾论》，都是这样的，比较着重于克服教条主义的方法。《实践论》、《矛盾论》以外的著作，也是多半针对教条主义的。毛主席一再强调："没有调查就没有发言权"的口号。这个口号坚持了好多年，这个口号主要是针对教条主义的。这就是说，克服教条主义的方法，就是要认识中国革命实践的经验，要经常从实践中吸取新的认识来源，不要使我们的认识停顿在局部的经验方面，不要随随便便根据个别的经验来对问题下判断。经验必须总结，必须有大量的材料来丰富经验。不经过总结就来对问题做结论，那么一定要成为经验主义。毛主席说，克服教条主义，要重视经验；克服经验主义，要总结经验。这些理论问题，从前讲哲学的时候对大家讲过，大家也了解。

总的来说，不管克服经验主义也好，或者克服教条主义也好，要避免主观主义，避免犯大错误，总的方法就是要用马列主义的立场、观点、方法来不断总结我们的实践经验。马克思主义的立场、观点、方法，就是辩证唯物主义，就是历史唯物主义。辩证唯物主义和历史唯物主义，不仅是方法和观点的问题，也包括我们的立场。我觉得斯大林的一句话是对的，他在《辩证唯物主义和历史唯物主义》的第一句话里就说："辩证唯物主义是马克思列宁主义党的世界观"。辩证唯物主义是一种世界观，这种世界观是有它的立场的，是无产阶级的世界观。马克思主义哲学的一个特点，就是公开承认自己的阶级性。它的阶级性的特点表现在什么地方呢？是不是只有马克思主义才有阶级性，马克思主义以外的哲学没有阶级性呢？当然不是。马克思主义哲学以外的其他哲学也有阶级性,任何一种哲学都有阶级性。问题是马克思主义哲学有自己的特点,是公开承认阶级性的;而其他哲学都不敢公开承认自己的阶级性。《实践论》里讲的这句话,跟斯大林那句话是一致的。修正主义就要修正这一点。老修正主义修正了这一点,认为马克思主义者不一定要辩证唯物主义,也可以要康德主义,也可以要马赫主义。现代修正主义也照样重复老修正主义的精神,就是认为无产阶级的世界观不一定是辩证唯物主义,它实质上是这样做的。

苏联的哲学当然也讲辩证唯物主义,可是它们就有一个特点,它们现在所有的辩证唯物主义著作,闭口不提辩证唯物主义是无产阶级的世界观,或者不特别提出来。现在它们怎么样提呢?它们说辩证唯物主义是人的哲学,真正人的世界观,所有的人都接受的世界观。这是它们口头上的提法。苏联库西宁写了一本马克思主义哲学原理,里面一部分讲唯物主义的发展,没有一句话讲到唯物主义的发展跟阶级联系着,很突出。讲唯物主义的发展,从古代到马克思主义前,全是讲唯物主义跟自然科学的关系,不讲唯物主义跟阶级的关系,不敢公开承认辩证唯物主义的阶级性。这是它们理论上、口头上的提法。在实践上,现代修正主义实际上是丢掉了辩证唯物主义,采用实用主义。所谓实用,凡是与我有利的就对。"左"倾冒险主义也好,右倾机会主义也好,都认为对我有利的就是对的。一切以我的利益为标准,我认为有利的就是对的。

我们用马列主义的立场、观点、方法来考察问题、解决问题,来总结我们的实践经验,这是我们克服主观主义总的方法。这里指的方法有两方面,如果对教条主义来说,就是要立场、观点、方法跟具体实践结合起来;对经验主义来说,对自己的经验要用马克思主义的立场、观点、方法加以分析总结。对教条主义者来说,就是要注意实践,注意经验;对经验主义者来说,要着重读马列主义的书。这是毛主席在《整顿党的作风》里讲的,用马列主义的立场、观点、方法来考察问题,来总结经验。这种做法也就是马列主义的普遍真理和中国革命的具体实践相结合。能够做到这一点,就算是在认识过程上克服了主观主义。

《实践论》的中心思想，就是这样一些。

四、《矛盾论》的作用和意义

《矛盾论》的主要意义，就是帮助我们党从方法方面来克服主观主义。辩证法是世界观，又是方法论；唯物主义是世界观，也是方法论。最近，有些人批判斯大林，说斯大林把理论和方法割裂了。这个批判在日本也有，在法国也有，在苏联也有。我觉得这种批判是不对的。因为斯大林并没有仅仅把辩证法看做方法，也没有忽视唯物主义这个方法的作用。那完全是断章取义。因为斯大林在《辩证唯物主义和历史唯物主义》里第一句话就讲："辩证唯物主义是马克思列宁主义党的世界观。"如果没有这个世界观，你就不能算是无产阶级的党。修正主义的世界观是离开辩证唯物主义，它虽然名字叫无产阶级政党，实质上不是无产阶级的党，它已经失去了无产阶级党的世界观。所以，斯大林的第一句话就把辩证唯物主义当做一种世界观提出来的。毛主席的《矛盾论》也是把辩证法当做世界观来提的。斯大林不仅仅把它当做方法提出来。

有些搞哲学的人，之所以说斯大林把辩证法仅仅看做方法，把唯物主义看做理论，是因为斯大林曾这样讲"辩证唯物主义是马克思列宁主义党的世界观。其所以叫做辩证唯物主义，是因为它对自然界现象的看法，它研究自然界现象的方法，它认识这些现象的方法，是辩证的，而它对自然界现象的解释，它对自然界现象的了解，它的理论，是唯物主义的。"所谓了解，也就是一种方法的意思。我们在了解事物的时候，用唯物主义的观点来理解。斯大林的哲学是有些错误的，但在这一个问题上是没有错误的。在这个问题上批判他，那是一种无的放矢。这是不正确的批评。

修正主义想取消辩证唯物主义党性的特点，它不敢承认哲学的阶级性，而且也不敢公开承认党性。所谓实践性，就是指的这个哲学把实践当做自己认识的基础。这个哲学肯定人的认识一刻也不能离开实践。实践是真理的标准。我们这里说《矛盾论》是帮助我们党从方法上克服主观主义。这个意思不是说辩证法仅仅是一个方法，这是讲它的作用。它是一种能够帮助我们掌握考察问题、分析问题、总结经验的正确方法。至于辩证法本身，首先是一种世界观，是站在无产阶级立场上所看到的实践，这就是我们的世界观。无产阶级眼中的实践，应该是辩证的，是永远发展的，是不断革命的。永远由低级到高级，由简单到复杂，经过一次又一次的革命，没有任何时候停顿在一点上，没有任何时候站在保守主义的立场上，任何时候都是不断革命的。这是我们眼睛中的实践。这种看法作为方法来考察一切问题，分析、解决一切问题，来总结我们的经验。

我们学习《实践论》时，就学到一个原则，就是要不断地在实践中发展我们的认识的方法，是从实践中取得经验，然后加以总结，变成理论，变成思想，变成全面性的、有条理的、综合性的知识，这种知识的内容就是能够正确反映客观事物的规律性、客观事物内部的联系。经验主义的经验知识，是不能够反映事物的客观规律，反映它的内部联系。根据议会里面可以允许共产党作代表这个事实做出结论说，和平道路有希望。这种经验主义的讲法，能不能反映事物内部的联系，能不能反映资产阶级民主的规律性呢？那是不能够反映的。第二次国内革命战争时期，我们党的绝大多数同志们都是英勇斗争的，但是有少数同志被困难吓倒了，他们根据某些困难就做出决定来，说革命没有希望，或者做出结论说应该跟资产阶级妥协，应该跟资产阶级走，这些人做出的结论就是经验主义的解释。这些结论能不能反映革命实践的内部联系呢？能不能反映革命的规律呢？不能反映。革命的规律是经过困难达到胜利。不能由于困难就说革命没有希望，不能由于困难就向资产阶级妥协，跟资产阶级走。为什么王明的教条主义得到经验主义者的支持。因为这种经验主义者根据片面的困难经验做出了应该跟资产阶级走的结论。比如，项英同志牺牲了，牺牲了的同志我们说他的坏话不大好，他可以代表这些有些经验的人，在经验中有点吓倒了，因此觉得应该向资产阶级妥协。这就支持了右倾教条主义，经验主义为教条主义服务，经验如果不总结，就不能反映客观事物的规律。

要使我们的认识能够反映事物的规律性，就要总结经验。总结经验的"总结"两个字，首先是你不能够片面，不能把局部的经验拿来作结论。你把许多经验综合起来，然后才能叫总结。认识的任务就是要达到理性认识。《实践论》里面讲过，达到理性认识的方法就是总结经验。可是，总结经验就有一个问题，你怎么样总结？有会总结的，有不会总结的。不会总结就会做出错误的结论，尽管你有很多经验，不会总结就要总结出错误的结论。也可能你的经验不是很少，而是很多，经验很少做出的结论会犯错误，经验很多如果不善于总结也照样会犯错误。所以这里面就有一个方法问题。方法不对，尽管你有经验，但也总结不好。善于总结经验，就是要在总结经验的时候，能够掌握到一种正确的方法。这个方法就是辩证法。辩证法的核心，就是分析矛盾的方法。就革命的经验来说，民主革命也好，社会主义革命也好，就拿社会主义革命的问题来说，辩证法主要是分析阶级矛盾的方法。当然也要分析其他矛盾，要分析各种矛盾。但是，中心问题，各种矛盾的中心点，是阶级矛盾。毛主席在《农村调查》序言里讲到我们要作调查，对一切事物作周密的调查研究。调查采取的马列主义的基本方法，就是阶级分析的方法。阶级分析的方法就是辩证法，就是辩证法在历史上的运用，在社会运动中的运用。

《矛盾论》这篇著作的主要任务，就是要教导我们懂得掌握分析矛盾的方法。当然它也是教导我们懂得辩证法的世界观。但是，这个世界观对我们搞革命工作的人来说，它的意义就是要我们能够掌握辩证法的方法。这一点是非常重要的。要学会掌握辩证法的方法，掌握分析矛盾的方法。不善于总结工作的人，就是不善于用掌握、分析矛盾的方法，不能在大量的经验里去研究它的矛盾，分析它的矛盾。根据分析矛盾的结果，找出解决矛盾的方法，这是辩证法的主要任务，也就是《矛盾论》的主要任务。这个思想，在《矛盾论》第一节最后一段就讲过这个问题，以前讲过，现在不念了，无非是讲我们学习辩证法的宇宙观的重要任务，是学习分析矛盾、解决矛盾。

主观主义为什么成为主观主义，为什么他会犯错误呢？主要有两个原因，一个是不重视直接实践的经验，第二个是不善于总结实践的经验，不能掌握分析矛盾的方法，不能把我们经验里所暴露出来的客观事物的矛盾，作具体的、全面的分析。就我们中国过去历史上的问题来说，不管经验主义也好，教条主义也好，从方法上来讲，主要的是不善于分析国内阶级斗争的形势，不善于分析阶级关系。就是违背了《毛泽东选集》第一卷第一篇文章的原则，即是要根据阶级分析的结果来分清敌友，分清敌友之后，就可以正确地决定战略、策略。毛主席之所以始终是正确的，就是因为他一开始就注意到对我们国家的问题采用辩证的方法考察问题、总结问题。从他的著作里的第一篇文章起，就开始努力对我们国内的阶级关系作具体的、全面的分析。毛主席的著作和其他那些有错误的人的文章最根本的区别，就在这一点。不管是陈独秀也好、王明也好、李立三也好，我们把他们写的东西拿来跟毛主席的著作作个比较，其中根本的不同点：一个是不懂得掌握辩证法、不会分析阶级；一个是充分掌握辩证法，善于分析阶级，这种分析跟国内现实的阶级关系达到最大限度的近似程度，最大限度地反映我们真实的阶级关系。毛主席的特点就在于这一点。一直到搞社会主义革命，毛主席还是紧紧抓住分析阶级这一个环节。有些地方，有些人觉得现在已经不能运用阶级分析的方法。但是，毛主席用了阶级分析的方法。比如对于农民、对于农业合作化以后的农民，有一个时期，我们好多人有这种观点：土地改革以后，在中国的条件下，没有多少富农，就是中农了；再进一步合作化以后，都是集体农民，都是社会主义农民，还有什么阶级！关于这个问题，不仅仅是中国的问题，是全世界马列主义理论的一个新问题，现在别的社会主义国家的马克思主义者也讲社会主义的农村没有阶级问题。只有我们中国，毛主席在1955年底，把我国的农民分成上中农，下中农，把农民分为阶层来了解，然后解决了在社会主义革命、社会主义建设时期运用阶级分析的方法。在党的历史上,毛主席之所以能够一贯正确,就是因为他始终准确地掌握阶级分析的方法。

列宁曾经关于马克思、恩格斯说过这样的话:我们看马恩通信集,如果要问他们有什么特别突出的特点,那就是一点,始终如一地贯彻辩证法。不管教条主义者或者经验主义者,在方法上来说,都是不懂得分析矛盾、不懂得分析阶级。当然,教条主义者因为他是一个共产党员,他也自认为是马克思主义者,读过几本书,马克思主义是主张阶级斗争的,因此,他们写的文章当然也谈到阶级。如果你说教条主义者、修正主义者不谈阶级,这也不是事实,谈还是谈的。如果一点不谈阶级,那就不能把自己装成马克思主义者。修正主义要假装马克思主义,不采用一点马克思主义的名词是过不了关的。现代修正主义者的著作里,完全不谈阶级是没有的。过去党史上的主观主义者也讲阶级,也讲辩证法。但问题在于他们不是真正认真地掌握分析矛盾的方法,不认真掌握分析阶级的方法,相反,把分析矛盾、分析阶级的方法加以个人的曲解。曲解有两种情况,一种是谈阶级,但尽量把某些阶级矛盾掩盖起来。比如把敌对的阶级矛盾说成不是敌对的,甚至说成虽然有阶级,但是没有矛盾。另一种,对阶级矛盾虽然也加以承认,也肯定,但对这些矛盾只作片面的、表面的分析,不作全面的、具体的分析,不做深刻的分析。用这种方法来观察问题、解释问题、总结经验,结果就会歪曲阶级的真实关系,使得我们主观的认识和客观阶级关系的真实情况发生分离。在党内,或者号称马克思主义者的人,他们在谈阶级的时候,多半是这两种,口头上谈阶级,实际上否认阶级矛盾,或者口头上承认阶级矛盾,但不作全面的分析、了解,只作片面的、表面的分析。这两种错误方法产生两种机会主义。大体上第一种方法多半是右倾机会主义的基础,第二种方法多半是"左"倾冒险主义的基础。

右倾机会主义、修正主义多半是在方法上掩盖阶级矛盾。掩盖阶级矛盾也有两种掩盖的方法:

一种是承认有阶级存在,也看成有阶级矛盾存在,但尽量把这个矛盾看成不重要的东西，甚至把一切都看成已经没有矛盾了。陈独秀的机会主义就是把无产阶级和资产阶级的矛盾看成是不重要的，至少在民主革命运动里认为无产阶级和资产阶级应该没有矛盾，具体在政治上来说，不需要跟他争夺领导权，无产阶级不需要有自己独立的关于民主革命的战略、策略，无产阶级应该把资产阶级的战略、策略当做自己的战略、策略。现在印度的丹吉完全把尼赫鲁的观点当做自己的观点。这就发生了一个问题，这样的党跟国大党一样，还有没有存在的必要？陈独秀主张给资产阶级抬轿子。无产阶级既然给资产阶级抬轿子，你组织党干什么？组织党是为了跟资产阶级作斗争。你不跟他作斗争，反而还要给他抬轿子，还有什么存在的必要！意大利的党就有这样的问题。加入你这个党，不如加入社会民主党。加入你那个党不过是为了争取选票而已，加入社会民主党也可以做到这一点，如果你不给我当议员，我肯定加入社会民主党，也许他会给我。这样，资产阶级和无产阶级就没有矛盾了。抗战初期，王明的右倾机会主义路线也是这样的，口号是一切通过统一战线，一切服从统一战线。所谓通过统一战线，服从统一战线，就是一切通过"蒋委员长"。一切通过他，好像共产党存在的必要就没有了。从历史上总结一下，看来，右倾机会主义就有这个问题，尽量掩盖阶级矛盾，掩盖阶级分析的方法，把矛盾看成不重要的，把对抗的矛盾，看成非对抗的矛盾，甚至看成没有矛盾。

  掩盖矛盾还有一种方法，就是把阶级矛盾偷换为另外的矛盾。你们可以从我们党的历史上研究一下，有没有这种情况。现代修正主义在很多地方采用了这种方法。比如帝国主义和殖民地、半殖民地的矛盾，他把它换成另外一种矛盾，叫做发达国家和不发达国家的矛盾、先进国家和非先进国家的矛盾。现在世界上的修正主义有这么一种世界观，人类世界已经没有帝国主义和殖民地的矛盾，只有先进与落后的矛盾。所谓先进包括帝国主义，包括苏联这样的社会主义国家。这样一来，苏联和帝国主义的矛盾没有了，社会主义和帝国主义的矛盾没有了，帝国主义和殖民地的矛盾没有了，只有一个先进与落后、发达与不发达的矛盾。

用这种方法来掩盖矛盾，在形式逻辑上叫这种手法为偷换概念的方法。你不细心研究，看不出毛病来。的确好像有这样的事实，帝国主义跟殖民地有发达不发达的区别，从生产力来说，有这种情况。你说没有事实根据，也有一点。实用主义者总有点事实，单单从生产力方面来看，这种区别就是先进与落后的问题，不像一个阶级矛盾的问题。他把生产关系丢开了，社会制度丢开了，想用生产力方面的区别来取消生产关系方面的区别。用这种方法掩盖了阶级矛盾，这是现代修正主义者的一种手法。一般的右倾机会主义的方法就是这样的，取消辩证法。

"左"倾冒险主义，主观主义的来源，主要还不一定是掩盖矛盾，掩盖矛盾就不会成为冒险主义。冒险主义还是要斗争的。要斗争，就要承认矛盾。问题是他对矛盾的分析是片面的、表面的。右倾机会主义也是在表面上把矛盾看做不重要的，一个时期看起来资产阶级和无产阶级可以妥协了，表面看起来好像一团和气，社会主义国家和资本主义国家可以坐下来谈判，我们曾经和尼赫鲁在一个时期搞得很好，尼赫鲁来中国，我们去几十万人欢迎；周总理去，他们也是几十万人欢迎。万隆会议，和他们谈得很好。如果只看到这种表面现象，看不到深刻的对立，也可以做出右倾机会主义的结论。冒险主义在分析矛盾时，一般是有表面性、片面性的。比如我们党的历史上"左"倾冒险主义的主要毛病，就是没有注意对中国力量的分析。这一点是跟斯大林的教条有关。斯大林在《列宁主义问题》里把打击方向指向中间分子。教条主义把这句话用来指导中国的革命。对中间阶层，他不去争取，而且把他看做主要危险。第二次国内革命战争时期，王明、博古的文章经常有这样的提法，认为中间分子比反动派更危险。这种提法，在当时的一般党员来说，还是相信的，我那个时候也有点相信。他也有理由，因为他是站在中间，容易欺骗党，他是民族资产阶级，站在中间跟无产阶级对立，你看不出来。如果你看不出民族资产阶级跟无产阶级的矛盾，当然会变成右倾机会主义。可是，你把民族资产阶级看得比大地主、大资产阶级更危险，看不出他的两面性，不去争取，相反却去打击他，那就会出现冒险主义。王明那时的思想，可以说是从斯大林那里来的教条主义。

斯大林这个人，我们党已经肯定了，他是三七开，主要还是对的。他在1927年前后一直到1930年，把反对托洛茨基、反对布哈林的斗争搞成世界性的斗争。我们在《再论陶里亚蒂同志同我们的分歧》一文中，肯定了斯大林对世界共产主义运动有很大的贡献。这一点不能否认。我们中国反对陈独秀主义，也是跟斯大林反对托洛茨基有联系的。大概斯大林在1926、1927年前后，对中国革命的看法基本上是正确的。他的主要正确的地方有两点：一点是肯定中国的革命是武装的革命反对武装的反革命；第二点是无产阶级要发动农民。这个思想基本上跟毛主席的思想是一致的，而跟陈独秀、托洛茨基派相反。所以，在这一段时期，斯大林对世界革命是有贡献的，对中国有贡献。斯大林后来在1936年反对德波林主义时（那是在哲学问题上），也是有贡献的。在政治上批判托洛茨基、批判布哈林，在哲学上批判孟什维克唯心主义，在哲学上也是有功劳的。这个斗争后来也对中国有贡献。毛主席写《实践论》、《矛盾论》时，也综合了当时批判德波林学派的成果。《矛盾论》特别明确提出反对德波林学派。但是，斯大林有一个缺点，他的辩证法是不彻底的，他的马克思主义也是三七开。他早期还是正确的，但已经有缺点，到了晚期，主观性、片面性就发展了。他打击中间派这种思想那是早有了的。《列宁主义问题》是在1924年写的，他在1924年分析阶级这一方面就有不彻底性，就有片面性。当然，他这个思想是根据列宁的著作来的。列宁的"两个策略"中，主张搞资产阶级民主革命的时候，跟资产阶级斗争到底，麻痹资产阶级的动摇性。在当时的情况下，列宁这样提出来是对的，也应该参加民主革命，在一定程度上应该跟资产阶级联合，同时要反对资产阶级的动摇性，要把民主革命进行到底，不要像资产阶级那样不敢搞彻底。资产阶级不愿意把民主革命搞到底，无产阶级一定要搞到底，用搞到底的办法跟资产阶级斗争，麻痹资产阶级的动摇性。列宁是这样提的，斯大林的思想是根据列宁的观点来的，但是过分夸大了。他把进行民主革命斗争到底，麻痹资产阶级的动摇性，改成打击资产阶级，把打击目标指向资产阶级，就过火了。本来是真理，他说多了一点，就变成错误的。民主革命的打击对象，怎么是自由资产阶级呢？应该是封建势力，应该是大地主、大资产阶级。不能够把自由资产阶级当做打击的对象。列宁没有提出这样的思想，因为当时俄国的资产阶级基本上是反动的，不能够说有革命性，向封建势力妥协是主要的。所以，在俄国革命时提出又联合又斗争，是不恰当的。在向沙皇政府进攻的时候，暂时搞一点统一战线也是有的，但一般不提又联合又斗争。因为这跟殖民地、半殖民地国家不同，俄国本身是帝国主义。斯大林对列宁这种思想，把资产阶级当做全国的打击对象，说得过火了一点，这就错了。斯大林很早就有片面性，分析阶级时就有片面性。这种片面性被王明、博古当做教条用到中国来，在中国也要打击中间势力，那就犯了更大的错误。斯大林那时是在俄国革命已经胜利之后，他在这个问题上的片面性的错误，只是限于理论方面，把教条搬到殖民地、半殖民地来，这个错误就变成行动了。这样一种不顾客观事实的片面分析，就产生了"左"倾冒险主义。教条主义的"左"倾冒险主义，就使当时党的路线（"左"倾冒险主义的路线）和中国的客观实际发生很大的分离，造成很大的错误，很大的损失。斯大林主要是有功的，但是有缺点。他的缺点被教条主义者发展了，所以造成了1930年以后两次特别是第三次严重的"左"倾冒险主义。这个冒险主义是从斯大林那里来的。当时毛主席早就看出了这个问题。

但是，《矛盾论》里又讲了，我们党内的教条主义思想是和德波林学派有关系的。这又怎么说明这个问题呢？本来教条主义大都是从斯大林那里来的，为什么又说和德波林学派有关系呢？斯大林反对德波林学派，教条主义又是德波林学派，那么教条主义也反对斯大林了？恐怕大家在这个问题上会有疑问，要解释一下教条主义又是德波林学派这个问题。

斯大林在1929、1930年反对德波林学派是有功劳的，但是后来斯大林自己的思想也陷入了德波林派的错误，他自己的片面性、主观性到后期发展了。为什么能够这样说呢？原因是这样的，德波林派的主要特点，不是不讲马克思主义，不是不讲辩证唯物主义，主要的特点是理论脱离实际。当时斯大林批评德波林学派，说他是孟什维克的唯心主义。他的唯心主义的主要内容是理论脱离实际，是空讲理论，抽象地讲理论。对当时的社会主义革命、社会主义建设、丝毫不去研究，不注意当时的革命实际经验。这个毛病，后来斯大林自己也逐渐逐渐发展了，特别是在集体化得到胜利以后，从1932年起，特别是1936年以后，斯大林没有注意到社会主义革命、社会主义建设期间的阶级斗争，是长期存在的，实际生活里面阶级斗争也不断出现。但是，在1936年他就做了结论，说阶级斗争不存在了。阶级没有了，阶级斗争不存在了。这个结论是德波林主义，是主观主义的，是脱离实际的。对于中国的问题，斯大林到了后来的看法，也不符合中国的实际情况。不仅仅是对中国，对所有其他国家的指导，他不顾实际情况，有时对阶级观点做了右的分析，有时候做了"左"的分析。对王明、博古那时的关系来说，对中国阶级关系，是做了"左"的分析，打击中间力量。

到了后来，从1935年起，主要转折点是共产国际召开了第七次代表大会，是季米特洛夫领导的，代表大会规定了反法西斯的统一战线的方针是对的，但那里面开始出现了右的东西，一切通过人民阵线、一切服从统一战线这个思想，从那个时候就开始存在了。斯大林右的思想，在苏联国内来说，是从1935年到1936年开始的，肯定苏联没有阶级斗争。在国际范围内，在反法西斯统一战线中，忽视了无产阶级和资产阶级的矛盾，只看见广大人民跟法西斯的矛盾，作为主要矛盾来看是对的，但是还有一个次要矛盾，即无产阶级和资产阶级的矛盾，那时候没有看出来，是不对的。那时提出一切通过人民阵线，一切服从统一战线，是不对的。季米特洛夫组织的那次大会，总的来说，是对的。但里面有主观主义，有些片面性，所以王明在抗日战争开始的右倾机会主义，是有来源的。这个来源，从共产国际第七次代表大会时就有了，是从共产国际第七次代表大会搬来了教条。"左"倾冒险主义一般有片面的分析，右倾机会主义也有片面的分析。我们说第二次国内革命战争时期有"左"倾冒险主义的来源，主要是对矛盾做了片面的分析，关键问题是对中国阶级的作用没有正确的估计。

所以，《矛盾论》的中心内容，是在方法论上揭发了主观主义的两种来源和两种形式。就是从分析矛盾这个问题上揭发了主观主义的两种来源、两种形式。一个来源，是掩盖矛盾，因而就产生了右倾机会主义；另一个来源，是分析矛盾有片面性、表面性，因而就产生了"左"倾冒险主义。在当时来说是这样的，后来也产生了右倾机会主义。在第二次国内革命战争时期，主要是产生了"左"倾冒险主义。主观主义的形式是这样的，从认识论上，从认识的过程上来说，主观主义有两种形式，即经验主义、教条主义。从方法上来说，又表现出两种形式，一种是掩盖矛盾，即右倾机会主义的形式；一种是片面地分析矛盾，即"左"倾冒险主义的形式。片面地分析矛盾，也产生右倾机会主义。右倾机会主义和"左"倾冒险主义，都是主观主义的形式。

我们还记得，1953年有一个时候，高岗问题发生前后，毛主席曾经讲过一段话，说现在有新的主观主义的形式。两种主观主义的形式，一种是急躁冒进，一种是保守主义。这是讲社会主义建设时期，急躁冒进和保守主义都是主观主义的表现形式。"左"倾冒险主义和右倾机会主义，又是主观主义的不同形式。这种不同形式的方法上的来源，对矛盾的分析，对辩证法的掌握，是不正确的，甚至是否认矛盾，或者是反对辩证法，或者是不能真正掌握辩证法，出现了片面性。

这样，我们可以看到《矛盾论》，帮助我们根据党的历史经验总结出来的主观主义另外一方面的原因，另一方面的形式，因此我们也根据这个理论上的贡献，就可以找到克服主观主义的另外两方面的方法。两种根源、两种形式，可以用两种方法来克服主观主义。这两种方法，《矛盾论》本身已经有了，一种是针对右倾机会主义的主观主义，在方法上要强调矛盾的普遍性，要强调阶级分析方法的普遍性。《矛盾论》里关于矛盾的普遍性这一段，是我们反对右倾机会主义，反对修正主的主要武器。修正主义的病根、它的危害，在方法论上就在于否认矛盾的普遍性。修正主义要假装马克思主义者，他在口头上也不会完全反对辩证法，不完全否认矛盾，他也要讲讲辩证法，讲讲矛盾分析的问题。但是，他搞修正主义是抓住了这么一点：就是把矛盾说成不是普遍的，把阶级矛盾说成对有阶级社会来说，不一定是普遍的，在某些情况下就没有矛盾，某些情况下没有阶级。或者是有阶级，但这种阶级矛盾也不重要了。这是右倾机会主义或者修正主义在思想方法上的主要病根，就是否认矛盾的普遍性。

德波林的错误之一，就是认为矛盾不是自始至终存在的，事物的发展某一个阶段上有矛盾，而在另一个阶段上又没有矛盾。右倾机会主义或者修正主义者，他就是这样运用德波林学派这一点。陈独秀也不是根本否认无产阶级和资产阶级有矛盾，他认为在民主革命阶段里面，无产阶级完全应该跟资产阶级走。他从这一点来反对辩证法，否认矛盾的普遍性。这在事实上就等于否认了辩证法。因为承认辩证法，就一定承认矛盾的普遍性。你不承认矛盾的普遍性，就认为辩证法不是根本的规律，对立的统一不是根本的规律，那么也就否认了辩证法。针对右倾机会主义，针对修正主义，我们一定要特别强调矛盾的普遍性。斯大林之所以后来犯右的错误，由于他否认社会主义社会有阶级、有阶级矛盾。否认了这一点，就走向右了。铁托之所以是修正主义，他主要是否认社会主义阵营和资本主义阵营之间的矛盾，否认帝国主义和殖民地国家之间的矛盾。所以我们要反对否认矛盾的普遍性，这种修正主义的手法，要强调矛盾的普遍性，强调阶级分析的方法的普遍性，阶级分析的方法的长期性。要肯定这一点。反对修正主义把阶级矛盾偷换成另外的矛盾，这是《矛盾论》给了我们一个反对主观主义的一方面的武器。

另外还有一方面，就是针对着冒险主义，针对着教条主义，要克服"左"的教条主义，就应该特别强调矛盾的特殊性。所谓强调矛盾的特殊性，就是强调在分析矛盾的时候，分析阶级的时候，要作到最大限度的全面性、具体性，尽可能作深刻的分析。因为"左"倾冒险主义，教条主义在方法上的主要毛病是缺乏这一点，即忽视了矛盾的特殊性，忽视了对矛盾作全面的、具体的、深刻的分析。

《矛盾论》这篇著作，在党史上主要是为了反对教条主义，所以毛主席在这里面特别是对矛盾的特殊性的问题讲的多一些，并且讲到要用更大的力量来研究事物矛盾的特殊性。因为当时许多同志都作了教条主义的俘虏，不大注意对中国的矛盾的研究，对中国的阶级特点不大注意。所以毛主席特别强调这一方面，是它在党史上的地位和作用所决定的，而对普遍性这一方面讲得少一些。如果我们在研究辩证法、运用辩证法、运用矛盾的分析方法的时候，能够既注意矛盾的普遍性，又注意矛盾的特殊性，我们就能够得到克服各种机会主义的好处，既可以克服右倾机会主义，又可以克服"左"倾冒险主义。因此，研究辩证法要全面掌握矛盾的普遍性和矛盾的特殊性，要把普遍性的观点和特殊性的观点结合起来，不能偏废哪一方面，不能只注意普遍性而不作具体分析，也不能借口具体的特点而把矛盾的普遍性否认了，偏于哪一方面都会犯错误。只有把两方面结合起来，我们才能够完全克服主观主义。

所以，毛主席的《矛盾论》里有一句话：矛盾的普遍性和特殊性的结合是辩证法的精髓。所谓掌握普遍性，就是任何时候都要肯定事物是有矛盾的，社会是有阶级矛盾的，在分析以前，我们脑子里先作这种准备，就不会犯错误，这是矛盾的普遍性。这一点要坚决不动摇。有了这个坚决不动摇的观点，在进一步分析矛盾的时候，就要注意全面性，尽可能深刻的分析，不要抓住一方面，忘记另一方面。能够这样做，就能够正确掌握辩证法的方法，就可以把我们的世界观正确运用到工作上来。《矛盾论》本身就是全面注意到这两方面，虽然它比较偏重强调特殊性，由于它的目的是要解决当时教条主义统治的问题，反对教条主义。当时的主要危险是教条主义。为了反对这个主要危险，所以比较多地强调特殊性。但是，我们在学习《矛盾论》的时候，要注意它是全面的。《矛盾论》教导我们，一方面毫不动摇地肯定矛盾的普遍性，毫不动摇地坚持矛盾分析的方法；另一方面也要注意分析的全面性，注意尽可能全面的具体的分析特殊矛盾问题。真正注意矛盾的特殊性，也才能够注意矛盾的普遍性。在考察问题的时候，真正能够全面的、具体的分析它的矛盾，这个行动本身也就贯彻了矛盾的普遍性。所以，主要还是能够掌握矛盾的特殊性，普遍性寓于特殊性中。你对特殊性的认识够了，那自然而然就贯彻了普遍性。因此，就是现在我们用更大的力量研究矛盾的特殊性，也还是必要的。现在我们要反对右倾机会主义，我们不是主要反对冒险主义。我们在整个国际共产主义运动中主要是反对右倾机会主义。反对右倾机会主义当然是反对否认矛盾的普遍性这一点。但是，在分析国际国内的问题上，能够很好地做具体的分析，做全面的分析，我们也会自然而然地坚持了矛盾的普遍性。克服修正主义，不仅仅是坚持普遍性就够了。要彻底克服修正主义，还是要对世界矛盾、国内矛盾做全面深刻的分析。我们的《再论陶里亚蒂同志同我们的分歧》这篇文章，它的最大优点，就是第一次对当前时代的世界矛盾做了比较最全面最深刻的分析。将来有些著作里，当然还可能做进一步深刻的分析。

怎么样才能做到抓住矛盾的特殊性呢？《矛盾论》也给我们指出了一些最根本的原则。这些原则可以从两方面来说，一方面，对一个矛盾我们应当怎么样掌握它的特点，它的特殊性？另一方面，如果同时有很多矛盾，我们怎么样去掌握它的特殊性？研究矛盾的特殊性，需要从这两方面来研究，要解决这两个问题。

如果只有一个矛盾，我们怎么样掌握它的特点呢？这个方法，首先是对矛盾的双方（即对立的双方）的特点先做研究，了解了对立的双方的特点，然后综合起来，那么对整个矛盾的特点也就了解了。比如在我们过去的民主革命里，如果把反动派、封建势力和帝国主义的特点弄清楚了，又把反封建的民主革命的势力这一方面弄清楚了，那么对民主革命的矛盾特点也就弄清楚了。当时的反动派，无非是国外依靠帝国主义，国内霸占农民的土地，靠土地来剥削农民。而另一方面，民主势力则是要从帝国主义和封建势力的压迫下解放出来。这两方面的特点都弄清楚了，那么整个矛盾的特点也就清楚了，就是人民要从帝国主义和封建主义的压迫下解放出来这样一个矛盾。不是要实行社会主义，而是要搞民主，要实现民族独立，就是民主和反民主、民族解放和民族压迫的矛盾。任何一种矛盾，要把它的特点弄清楚，首先要把两方面的特点弄清楚。不弄清楚这一点，你解决矛盾时就会犯错误。比如，如果弄不清当时矛盾的一方是要从封建压迫下解放出来，不是从资本主义压迫下解放出来，就可能在当时的革命中要反对资本家。"左"倾冒险主义就有这个问题，打击中间力量，就是打击资产阶级，就把革命的阶段性搞混乱了。这样也把革命战略、策略搞错了。

王明、博古的错误在什么地方呢？对苏区来说，要反对什么富农路线。当时革命的人民只要求反对地主，而他的打击对象把富农包括在内。把革命的阶段搞错了，也就搞错了战略和策略，就是对矛盾的双方没有搞清楚，因此对整个矛盾总的特点没有搞清楚。这是一个问题。毛主席的《矛盾论》里关于矛盾的特殊性这一大段主要是解决这个问题的。中心思想是要我们注意分析矛盾各方面的特点，然后再综合起来看矛盾的总的特点。

另外一个问题，如果矛盾很复杂，同时有许许多多矛盾交错在一起，那时应该怎么去掌握这许许多多矛盾的特殊性呢？解决这个问题，就要找出主要矛盾。因为主要矛盾是决定许多交错复杂矛盾的共同特点，这样一个关键性的矛盾，能够规定其他矛盾发展的一种矛盾。要善于分析矛盾，不但要注意一定矛盾的具体特点，而且要注意从很复杂的矛盾中找到主要矛盾的特点，掌握主要矛盾的特点。这个问题，是党的历史上很重要的问题。"左"倾冒险主义的错误之一，就是不知道这一种变化，不懂得掌握主要的矛盾的问题。最突出的例子，就是在"九·一八"以后，我们革命的主要矛盾已经开始由国内矛盾转到民族矛盾方面来了。在第二次国内革命战争前期，国内矛盾是主要矛盾，全国人民跟蒋介石统治的矛盾是主要矛盾。但是，在"九·一八"以后，国内矛盾逐渐失去了主要性，日本帝国主义跟中国人民的矛盾转变为主要矛盾。这个变化，教条主义者不理解，因此他就要打击民族资产阶级。他不把联合全国人民反对日本帝国主义看做主要的战略任务，而提出另外的口号，就是资产阶级和无产阶级、反动派和革命派的最后决战。把它当做主要的口号。教条主义者就犯了这样的错误，看不清楚主要的矛盾。所以《矛盾论》里特别专门讲了主要矛盾，解决了当时历史转变关头的一个重大问题。后来《毛泽东选集》里面《论反对日本帝国主义的策略》、《战争和战略问题》这两篇文章，是以掌握主要矛盾的思想为基础来分析全国的矛盾的。

所以，《矛盾论》就是帮助我们找到了克服主观主义的方法、使我们的认识能够正确地反映客观的形势，使我们找到这样一种武器。这个武器里的主要东西，要我们掌握矛盾的特殊性，抓住矛盾的特点，对矛盾做具体深刻全面的分析，找到复杂矛盾中的主要矛盾。这一个方法，是毛主席不仅仅运用了马克思主义辩证法的普遍真理（只有教条主义才从书上抄来真理），而且是结合中国十几年的革命经验，总结了这些经验，然后提出辩证法应该怎样运用，特别是要掌握矛盾的特殊性，掌握主要矛盾。这个思想在后来我们中国革命的发展过程中，起了很大的指导作用，成为我们的主要武器。首先是在抗日战争的时候，帮助我们党掌握了正确的战略方向，帮助我们抓住了民族矛盾这个主要矛盾，又注意到在解决民族矛盾这个大前提下来解决第二类矛盾，包括我们国内跟蒋介石的矛盾。解决这些矛盾时，又注意到这些矛盾的特点。不像王明那样，忽视了矛盾的对抗性。虽然注意到这个矛盾是第二类的矛盾，但也不忘记它是对抗性的。抓住了主要矛盾，又抓住了每个矛盾的具体特点，这样就使得我们党在抗日战争时期的战略、策略搞得很正确，使得我们革命能够比较顺利的发展，我们的胜利是比较快的。这个思想在当时帮助我们中国革命发展的更快，避免了全党性的路线错误。《实践论》、《矛盾论》出现以后，我们党还犯过错误。但是，全党的路线性的错误避免了。一个时期因为没有克服教条主义，部分的右倾机会主义出现了，可是没有影响整个中央，没有影响全党。抗日战争时期是如此，人民解放战争时期，部分的错误、个别性的错误也有一点，"左"一点的也有，只有部分暂时的偏差。暂时的错误不算主观主义。总的领导不能算主观主义，这是在运动的过程里面，有时候不可能避免，有时是可以避免的暂时错误。但在人民解放战争中很顺利。就是社会主义革命、社会主义建设的十几年来，也不能说出现过什么全党性的错误，个别地区也许可以说有路线性质的错误，但全党性的错误则没有。前几年因为我们对社会主义革命、社会主义建设没有经验，对初步搞起来有经验，因为苏联有这方面的经验，但怎么使社会主义向共产主义发展这件事，全世界都没有经验，苏联始终停顿在集体农庄的水平上不能前进。如何前进？要靠我们自己创造，我们一点经验没有。1958年以来这几年虽然有这么多的损失，有错误，有缺点，甚至于死人，但我们摸出一套所有社会主义国家从没摸出来的道路，这是了不起的成绩。像我们在第二次国内革命战争时期，建立一套农村革命根据地的经验，今天看来，价值也很大。对亚、非、拉美的国家来说，很有价值。古巴的胜利，不是因为看了毛主席的著作才取得胜利的吗？其他亚、非、拉美国家的共产党，都要参考我们那个时候的经验。那个时候，也有牺牲，也有困难。现在看来，那时的错误、缺点是一个指头，成绩是九个指头。如果归结于思想上的原因，要归功于毛主席给了我们马克思主义的思想武器。

应该说，《实践论》、《矛盾论》在我们党的历史上的贡献是很大的。在我们党的建设方面、革命思想建设方面的贡献是很大的。应该作充分的估计。

（曾收入《艾思奇讲稿选》下卷）

略谈毛泽东对量变质变规律的贡献[*]

（1964.6）

马克思主义唯物辩证法的量变质变规律，又叫质量互变规律。就是量和质的对立统一规律。量和质是一个对立面，这个对立面在一定条件下互相联系和转化，所以它是对立统一规律的具体化，也是最普遍的具体表现。量和质是最普遍的对立统一，普遍到任何事物里面都有，因为这两个对立性很普遍，人们用两个概念把它概括起来，一个是量的概念，一个是质的概念，这两个概念概括了宇宙万物最普遍的两个对立面。这两个对立面之间有联系，有斗争，又互相排斥，又互相联系。这两个对立面在一定条件下同时存在，同时又互相转化。

这些基本原理不讲了。根据大家的要求，在这里讲一讲毛主席著作里对这个问题有哪些主要的发展以及有哪些新东西，就我所了解的谈一谈。

一、发挥了事物多方面的量和质的原理

毛主席着重发挥了对于每个事物的量和质的分析，要注意到多方

---

[*] 这是艾思奇在1964年6月15日给中央高级党校"59班"、"60班"哲学专业所作的问题解答的一部分，这个问题讲得比较集中，所以单独抽来独立成篇。这次问题解答中"关于对立统一规律是辩证法核心的问题"已和另一次问题解答中相同的内容，合并整理成篇。关于否定之否定规律部分的问题解答，也已与另一稿合并。这个稿子是按速记稿整理，只做了一些文字加工，未增加任何内容。大小标题是整理时所加。

面，认为每一种事物都有多方面的质和多方面的量，不是一种事物只有一个质，一个量，量和质是多方面的。

这个思想在恩格斯著作里就有一点初步的说明了。我们学的《自然辩证法》里面就讲了这个问题。在马克思著作里讲了一事物有多方面的质，都肯定了，但在哲学上直接讲这个问题的只有《自然辩证法》。自然界里的一个事物有多方面的质，一种东西有化学的质，有物理的质。从前常常有人搞不清这个问题。比如水变成气，能不能算量变质？因为水变成气以后还是氢二氧一，化学成分没有变，怎么能说质变了呢？就是因为不了解水变成气以后，化学质没有变，但物理的质变了。

毛主席著作告诉我们，要分析多方面的量和质。在毛主席的著作里，直接提到这个问题的首先是《论持久战》。在《论持久战》里讲到三个阶段时，有这么一段话，我们抗日战争的三个阶段里第一个阶段是敌我力量的变化。毛主席说："在第一阶段，向下的东西是旧的量和质，主要地表现在量上。向上的东西是新的量和质，主要地表现在质上。"（《毛泽东选集》第2卷（第2版），第467页）他指出在抗日战争第一阶段中，我们这一方面是一个退却阶段。在这阶段我们要损失一些东西，但也要增加一些东西。毛主席将它归结为旧的量和质与新的量和质。我们旧的量和质要损失，就是说有些旧军队要瓦解很多（在数量上瓦解很多）。因此，旧的质也随着量的瓦解也损失很多，向下了；而新的量和质却要向上，我们人民方面，由于敌人的进攻，又加上有好的领导，数量不增加，而质有了提高，因为经过锻炼，人们的觉悟提高了，觉悟的人民更多了。整个抗日战争中间首先可以分成两方面的量和质，旧的质和新的质，有旧的量和新的量。第一阶段主要是量的下降，生产受到削弱，土地也削弱了，人民遭受的压迫也更大一些，军队人的数量也减少了。这是量的下降，但旧的质也要下降。新的质在第一阶段上涨了，主要是质的上涨，新的量的上涨在后一阶段。所以，《论持久战》在量变质变问题上有新的发展，并要求我们分析旧的质和量及新的质和量，一个事物都有这两方面的质和量。

这个原则不仅可以运用在抗日战争上，也可以用在其他问题上。是不是对任何一个事物都可以说，在多方面的量和质中间至少有新的质和量、旧的质和量的区别。拿来运用到个人身上也可以这样说，我们的马克思主义思想有多少？我们马克思主义进步的质和量有多少？处于什么地位？我们落后的思想又有多少？处于什么地位？或者是新的质和新的量有多少？处于什么地位的？我们落后的思想有多少，也就是旧的质有多少。我们每处理一个问题至少可以分成两个质和量。所以，《论持久战》中的这个思想，虽然是对战争的分析，但是也发展了量和质的普遍规律。这是在民主革命时期比较明显地可以看到毛主席关于量和质的辩证规律的新发挥。这是很明显的发挥。虽然不是直接的哲学著作，但是有哲学理论。

二、提出了部分质变的原理

在今日的社会主义革命和社会主义建设时期，毛主席特别提到总的质变和部分的质变的问题，要注意到一个事物有总的质变和部分的质变。质变不仅仅是总的质变，还可以有部分的质变，这个变化也必须要经过量的积累才能转化。这个原理是十分重要的。这对社会主义革命、社会主义建设问题的解决，有很重要的意义。

以前，苏联搞社会主义建设，不知道这一点，因此也就不能解决这个问题。我们在社会主义建设中，提出社会主义社会的过渡性。社会主义社会本身还要经过多次质变才能过渡到共产主义。社会主义并不是一下子就完成了，并不是经过一个合作化运动、农民集体化过程就算完成了，以后就是一个纯粹建设的过程、纯粹的建设问题了。而且这一个建设问题也不知道哪一天才能逐渐过渡到共产主义。从前是有这样的看法。斯大林特别提出逐渐过渡的思想。这样就把量变和质变搞混起来了。

斯大林的"语言学问题"中讲的思想，我们还没有听到毛主席明确肯定还有一种逐渐过渡的质变，但是也没有反驳。比如，语言的变化是逐渐的过渡，你要反驳还要作些研究。文字的变化，可以肯定是有突变的。比如，我们中国的文言文变为白话文，是"五四"运动时突变的。这个突变以前，就有渐变，以前就早有白话文了，《水浒传》是用白话文写的。但是，以前的白话文是被统治的。《水浒传》、《金瓶梅》各种各样的小说，都被看做是不能登大雅之堂的东西。有些大胆的思想家，如金圣叹就称赞这种作品，敢于把它列为才子书，跟司马迁的《史记》摆到一起。但毕竟这个新的质、新的量是处在被统治、被支配的地位。到"五四"运动才是一个翻身，白话文才变成统治地位。白话文的统治，也还是我们解放以后，才真正形成。因为"五四"运动以后，解放以前政府使用的文字，实质上还是文言文。解放后我们政府的文字才用白话文，白话文才成为一种普遍的工具，而且成为统治的、使用的文字。语言本身的变化，它在什么时候突变，就难说了。它有一点道理，总结这一点道理就把它引申。所以，研究一些变化也是逐渐过渡，这也有问题。

斯大林在晚年时调查研究不够，虽然他主观上是想坚持辩证唯物主义，但是调查研究不够，所以有些问题看得比较简单，比较片面。还是毛主席这样解决非常准确。因为有总的质变，又有部分的质变。比如说，我们的过渡时期，由第一个过渡到第二个过渡可以说是总的质变。由三种经济成分变成全民所有制的单一的经济成分，这是总的质变。这个总的质变里面是由许多部分的质变构成的。比如合作化，它由互助组到合作社，再到高级合作社，最后到人民公社，就是由一部分一部分的质变构成了一个总的质变。

所以，提出这种部分质变原则，就概括了社会主义社会里面的复杂的问题，使我们解决了一个社会主义革命的问题。社会主义革命和社会主义建设实际上比民主革命复杂得多。从前我们有点教条主义观点，以为三大改造完成了好像是万事大吉了。这就是受苏联的影响，受教条主义的影响，认为三大改造完成了就是社会主义完成了。脑子里没有问题了，以为无论如何比以前简单一点。实际上一搞，复杂得很，比以前更复杂，斗争更隐蔽，把人民内部矛盾和敌我矛盾分清楚就相当费劲。有时候敌我矛盾看起来是人民内部矛盾；有时候人民内部矛盾看起来好像是敌我矛盾。革命和建设的问题，还相当复杂，还要保持清醒的头脑不断前进。所以，这一点意义很大。

毛主席关于分析质和量要从多方面来分析的原理和部分质变的原理，是概括了我们的全部革命经验，包括民主革命、社会主义革命和社会主义建设的经验后，提出来的非常重要的思想。这可以算是一个很重要的发展。这个问题值得很好地研究。我们的革命斗争进一步发展以后，还要更进一步地、深刻地了解这个问题。

三、发展了不断革命论和革命发展阶段论的原理

跟这个问题有关的还有不断革命论和革命发展阶段论相联系的问题。这个问题在辩证法上是量和质的互相转化规律的进一步发展。

马克思以前提出过不断革命论的问题。是在《1848年至1850年的法兰西阶级斗争》中提出来的，就是革命得到胜利以后要不停顿地继续革命，不要让敌人有喘息的机会。他那时已经有了这个思想。法兰西革命是民主革命，他的思想就是无产阶级参加的民主革命，接着就要准备把革命进一步发展，向社会主义革命发展。这个思想列宁在"两个策略"中进一步发挥了。后来，托洛茨基把这个不断革命论作了曲解，把不断革命论解释成全世界同时革命。所以，不断革命论从托洛茨基曲解以后名誉就不好了，以后就不敢讲不断革命了。我们一讲这个原理，有些人就怀疑是不是跟托洛茨基的思想一样。实际上跟托洛茨基的思想一点也没有关系，是马克思主义思想的进一步发展。

不断革命的辩证法，在根本上就是量变和质变的规律。宇宙的发展总是经过一个又一个的革命变化发展的，一次又一次的质变发展的，宇宙发展不只是渐变过程，是一次又一次的革命的质的飞跃的过程，这个

飞跃就是革命的新的质的变化。狭义地说，革命就是政治革命。修正主义就是想把革命这两个字解释得很狭窄：解释成政治上夺取政权，解释成暴力革命。我们不这样解释，我们把暴力革命看做是革命性质变化的一种形式。但是，革命性质的变化不是只有这一种形式，一切质的飞跃都是带有革命性质的变化，这是根本的改变，根本的变化。根本性质的变化都是带有革命的意义。

宇宙的发展，总是一个接着一个的质变构成的，而在两个质变中间有一个量变的间隔，这量变的间隔只是一种质变的准备。所以，一次质变以后就要准备第二次质变。两次质变都是不能混淆的。两次质变有一定的间隙。所以革命是有阶段的，不能把两次革命毕其功于一役，也不可能这样做，不可能同时进行两次革命的变化，同时两次总的革命的变化、根本的革命变化，是不可能的。但是，也不要把这两次革命的变化看成是没有联系的。第一次的革命变化为第二次的革命变化作了准备。这个准备可以长也可以短，但是必须有这个准备。

量的变化过程是相对稳定的过程。相对稳定实际上是再一次质变的准备，再一次革命的准备。在没有马克思主义以前，这两种质变之间的衔接是自发的发展。奴隶社会变成封建社会以后，不是老是封建社会，发展几百年、上千年，而是自发地准备资产阶级革命。资产阶级革命，如果没有无产阶级的参加，革命以后也就会停顿了。革命的阶级也就不革命了。以后又自发地发展资本主义，自发地准备社会主义革命。但是，在无产阶级参加民主革命的情况下就不同了。无产阶级参加了民主革命，就要把这种自发的过程变为无产阶级自觉地加以指导，促进这种发展过程，充分地发挥主观能动性来促进这个过程。

主观能动性是人类的特点。人类都有主观能动性。所谓主观能动性，就是行动有目的、有计划。任何人都有这种能动性，但是这种能动性并不妨碍以前社会是自发的。资产阶级尽管当时在行动上有它一定的能动性，可是它对客观规律并没有一个认识，它对资本主义规律没有认识，对资产阶级观点没有认识。所以，它的能动性就表现在眼前利益上。他们没有远大的眼光，因此不能指导长期的革命，不能够高度的发挥他的主观能动性，所以他的行动整个是自发的、盲目的。归根到底受客观规律的支配，而不能掌握客观规律。马克思主义者就要把这种主观能动性充分发挥出来。在发挥主观能动性以后，产生质的变化，这个变化就是克服行动的盲目性。资产阶级尽管有主观能动性，但是行动也是盲目的。他的市场是盲目的，生产是盲目的，他们的眼睛只看到眼前很近的一点，是实用主义。实用主义首先是这个特点，只看到眼前的一点点利益。不能够把主观能动性发挥出来，发挥到能够克服盲目性，发挥到能够自觉地用客观规律来指导长远的行动，它只能应付眼前的变化。马克思主义者就要发挥主观能动性，发挥到一个新的质的程度，就是克服盲目性，自觉地掌握客观规律，主动地长期地指导我们的远大行动。

　　能动性和主动性还不同，在《论持久战》里讲得很清楚。有能动性并不等于有主动性。有点理论、有点计划，并不等于自觉地掌握了规律，主动地支配了自己的命运，主动地用客观规律指导长远的行动。要把能动性发挥到主动性就要掌握客观规律，用这种规律指导我们的工作、行动，指导相当长久的活动。我们所谓的发挥主观能动性就要这样发挥，不是像有些人那样盲目地硬干，即使你以为发挥了，实际上没有发挥。因为被动是要碰钉子，要受挫折的。发挥主观能动性要建立在正确认识客观规律的基础上。把我们的革命理想、革命目的建立在对客观规律的认识上。认识了客观规律，经过调查研究，总结了这个规律，然后做出指导我们行动的计划和办法来。这样行动就主动了，避免了盲目性。那么，我们打仗就有胜利的把握，就可以使我们在战争中掌握主动，而使敌人处于被动。这样就有胜利的把握，即使不胜利也不会吃大亏。有时认识了客观规律，但对坏处想的不够也会吃点亏，但不会吃大亏。所以有了正确的认识也可能失败，但是失败不会吃大亏。这个问题因为有人提出来，所以讲一讲。

　　上面讲的就是量变质变规律，不断革命论和革命发展阶段论，就要我们在量变和质变这个问题上发挥主观能动性，来指导革命，所谓把量变质变规律用来指导我们的行动。总的来说就是要我们认识到不断革命论和革命发展阶段论的联系。以前的马克思、恩格斯、列宁只是提到不断革命论，没有把革命发展阶段论补充上去。毛主席的提法就更进一步，更全面地体现了这个规律。一方面我们不要混淆了两个阶段的质变；另一方面也要注意到在一次质变以后，接着就要继续准备第二次质变。民主革命胜利后就要立刻准备社会主义革命。社会主义革命的第一个步骤就是第一个过渡，完成以后接着就要搞第二个步骤，准备进行第二个过渡，不要使革命中断，不要使革命运动中断。但也不是一次革命，以后没有一点量变的间隙。没有一点准备也不会有第二次革命。这就是量变质变规律，应用到不断革命问题上也是一种发展。在最近几年，不断革命论的内容还有一些更具体的发展。

除了一次又一次的质变之间的联系外，还有一个是总的质变和部分的质变的联系。在一次总的质变以后，它要准备第二次质变，但是准备第二次质变并不等于第一次质变完成。在为第二次质变作准备的量变过程中，还要经常作新的部分的革命、部分的质变。所以，不仅仅是在一次革命以后接着就要主动地准备第二次革命，而且在准备进行第二次革命过程中同时进行部分的革命，进行部分的质变。这种思想以前马克思、恩格斯、列宁、斯大林的著作里是没有的。把质变和量变规律发挥的这样全面、具体，这是毛主席的一个非常重要的贡献。这些贡献是从实践中来的，不是凭空想出来的，是积一百多年来工人运动的经验，特别是积40年来社会主义革命的经验，这是经过好多年才总结出来的。经过惨痛的失败，经过出现赫鲁晓夫这样惨痛的失败，才得到这样宝贵的经验，不是轻易得来的。辩证法不是轻易就发展的，但是得到这些新的发展，有了这些新的理解，反过来对我们分析问题，对我们的实践有了很大的帮助。对我们中国搞社会主义革命就可避免出现像赫鲁晓夫那样的修正主义。因为我们有了不断革命论和革命发展阶段论的思想作指导，我们现在在搞部分质变，不断革命。如果我们了解了这个思想，那么指导我们的工作就非常主动了。斯大林不了解这个思想，就是被动的。斯大林从1932年写《胜利冲昏头脑》文章的时候，恐怕就开始被动了。因为《胜利冲昏头脑》里说集体化出现了一点毛病，就沉不住气了，赶忙就压制，一压制就杀了和打了一些人。这一压制，富裕农民就得到支持。那时候是有些乱，但是贫雇农还是很有革命劲头的，有点过也是难免，但马上纠正。这样实现的一些合作化、农业集体化也就不彻底，成了夹生饭。以后在1936年肯定社会主义建成这一思想不是偶然的。宣布社会主义建成，也就是说可以不要革命了。有些人用这种方法造成一种印象，不要革命了，不断的质变就不存在了。以后也就被动了，不是主动了。马克思主义如果没有主动性，那么修正主义、资产阶级就有了主动性，所以赫鲁晓夫之流就开始上台。

四、把量变质变规律具体化为工作方法原则

大家翻一翻《毛泽东选集》第四卷关于《党委会的工作方法》这篇文章的第七段，叫做胸中有数。这也是对量变质变规律的一个重要发展。

胸中有数，做工作要胸中有数，这也是大家很熟悉的了。不管是研究哲学也好，做实际工作也好，这一段话不能忘记。毛主席说："胸中有数，这是说，对情况和问题一定要注意到它们的数量方面，要有基本的数量的分析。任何质量都表现为一定的数量，没有数量也就没有质量。我们有许多同志至今不懂得注意事物的数量方面，不懂得注意基本的统计、主要的百分比，不懂得注意决定事物质量的数量界限，一切都是胸中无'数'，结果就不能不犯错误。"（《毛泽东选集》第4卷（第2版），第1442页）

如果不懂得事物的质量和数量的界限就会犯错误。质量数量的界限是什么意思？就是说质量有一个数量的界限，超过这个界限就要变质。毛主席还说："例如，要进行土地改革，对于地主、富农、中农、贫农各占人口多少。各有多少土地，这些数字就必须了解，才能据以定出正

确的政策。对于何谓富农,何谓富裕中农,有多少剥削收入才算富农,否则就算富裕中农"(同上书,第1442~1443页)。1947年搞土地改革的时候,这个问题研究的很多,这就必须有一个数量界限。还有打击面多少的问题,这跟革命的性质有关系。比如,搞土地改革,规定了只能打击百分之五,团结百分之九十五以上,不能打击百分之五以上,甚至百分之十以上。为什么打击面只能这样一个界线?因为地主阶级的人数大体上是这么多,所以打击地主阶级不能超过这个界限。你如果超过了这个界线,那就会打击了中农,打击了富农。你如果打击了百分之五以上,甚至百分之十,不但打了地主、富农,而且富裕中农也打了,打了富裕中农就超过了民主革命的性质。1930年"左"倾冒险主义的错误,就是连富农也打,富裕中农也打,就是混淆了反封建性质的民主革命和社会主义革命。毛主席严格控制了这个界限,团结百分之九十五以上,打击不能超过百分之五,其他可以不打击的就不打击。

总之,百分之九十五一定要团结。这个数量界限和革命性质的界线有密切的关系。这个问题是一般质量互变规律的运用。我们也可以说是发展。因为把它直接应用到实际工作里面变为我们指导一切工作的辩证法。具体化也就是发展,因为以前也还没有应用的这样具体。所以,应该说是发展了,这是毛泽东哲学思想的一个特点。把哲学直接用在实际工作里边去,变成非常活的哲学。

(曾收入《艾思奇讲稿选》上卷)

学习《实践论》辅导报告[*]

（1964、1965）

现在讲讲毛泽东同志的《实践论》。《实践论》和《人的正确思想是从哪里来的?》这两篇文章写的时间不同，性质相同。所以合起来一起讲。

一、两条认识路线

这两篇文章都是讲的马克思主义的认识论，这个认识论为我们指出了一条正确的认识路线，也就是辩证唯物主义的认识路线。政治有路线，认识也有路线。一定的认识路线和一定的政治路线是联系着的。在中国的革命运动和国际共产主义运动中，发生的政治路线的分歧，从世界观、方法论上说来，就在于认识路线的不同。马克思列宁主义的正确的政治路线是与科学的认识路线即辩证唯物主义的认识路线结合着。机会主义的错误路线是与主观主义的认识路线、形而上学和唯心主义的认识路线结合着的。

---

[*] 20世纪50年代和60年代初，艾思奇先后在中央高级党校内部和校外许多单位，做过多次学习毛泽东哲学著作的辅导报告。学习《实践论》和《矛盾论》的辅导报告这两篇稿子，是依据他于1964年至1965年期间，在中国文联、解放军总参谋部、高等军事学院、海军正师级以上青岛学习班等单位的报告速记稿整理而成。我们整理的原则，是把几个稿子做综合比较，吸收各个稿子中深刻的内容，删去一些明显不合适或重复的段落，做了一些文字上的加工，不增加任何观点，力求反映艾思奇的哲学思想。

我们中国共产党成立以来，一直存在着两条认识路线——辩证唯物主义认识路线和主观主义认识路线的问题。《实践论》是毛主席在1937年写的，当时中国共产党成立已16年。《实践论》是对16年来辩证唯物主义与主观主义两种认识论斗争的总结，是两条认识路线斗争的总结。《实践论》肯定了辩证唯物主义的认识路线是正确的，主观主义的认识路线是唯心主义的、是错误的。《人的正确思想是从哪里来的？》又一次总结了社会主义时期，包括民主革命时期，两条认识路线的斗争，再一次肯定辩证唯物主义的认识路线是正确的，主观主义的认识路线是唯心主义的、是错误的。我们学习这两篇著作，就是要了解和掌握辩证唯物主义的认识路线。我们认识事物、做工作，要按这一条路线来处理，不要犯主观主义的错误，不要走到唯心主义方面去。

讲《实践论》、《人的正确思想是从哪里来的？》就是要讲辩证唯物主义的认识路线——马克思主义的认识论。要了解这种认识路线，努力学会掌握这种认识路线。

在讲辩证唯物主义认识路线之前，先简单说一下马克思主义以前的唯物主义和唯心主义认识路线。

一般唯物主义和唯心主义有什么区别，界限在哪里呢？

一般唯物主义在认识上都承认反映论，即人的认识是客观事物的反映。不管是马克思主义，还是旧唯物主义都承认这一点；唯心主义否认、反对反映论。

唯物主义认为人的认识是客观的反映——物质通过感觉变成思想。这就是物质变精神。先有物质，而后才有精神；物质第一性；精神第二性。列宁的《唯物论与经验批判论》那本二三十万字的书，就是反复讲这么一个问题。这是当时斗争的需要。那时，主观唯心主义对马克思主义猖狂进攻，很多人都糊涂了，所以，列宁写了这本书来解决这个问题。

唯心主义则相反，否认反映论，否认认识是客观的反映。认识是从哪里来的？毛主席有两句话："是从天上掉下来的吗？""是自己头脑里固有的吗？"这就是指唯心主义。唯心主义有两种：一种是认为认识是从天上掉下来的，叫"天降派"，这是客观唯心主义；另一种认为认识是脑子里生来就有的，这是主观唯心主义。

什么叫客观唯心主义？认为客观世界是有的，不过这个客观世界是精神的（是个大精神），不是物质的。这个精神有的叫上帝，或者是神；有的就叫世界精神。这一派的哲学认为人的认识是由世界精神的启发而得到的。这种思想和宗教迷信在本质上是一样的。

什么是主观唯心主义？不承认有客观世界，认为整个世界都是我的主观精神。列宁的《唯物论与经验批判论》，就是批判这种哲学的。

唯物主义和唯心主义斗争，实际上就是唯物主义和这两派斗，毛主席在《人的正确思想是从哪里来的?》这一篇短短的文章里，就把哲学史概括了。

马克思以前的唯物主义有它的弱点，是不够科学的。从前的唯物主义有一种叫做形而上学唯物主义，或者叫做机械唯物主义。形而上学唯物主义一方面是唯物主义，另一方面是反辩证法的。因为它反辩证法，免不了在这一个问题上或那一个问题上，变成唯心主义，所以与唯心主义斗争就没有力量，常常被唯心主义打败。以前的唯物主义，除形而上学缺陷之外，还有一个主要的弱点是不懂实践。它们承认唯物主义的最基本的原则——人的认识是客观世界的反映、主观是客观的反映、精神是物质的反映、思维是存在的反映。承认反映这一点，它是正确的，是和唯心主义相反的。唯心主义不承认物质世界，因此，也就不承认人的思想是物质世界的反映。所以在这一点上，过去唯物主义和唯心主义是针锋相对的，而唯物主义是正确的。可是这个唯物主义有一个最大的弱点：它不了解人的主观反映客观需要通过实践。以前的唯物论根本不了解实践的作用、实践的意义。

马克思主义是坚持唯物主义路线，反对一切唯心主义路线。《实践论》就是在认识上坚持唯物主义路线的。从马克思、恩格斯、列宁，一直到斯大林（他的前期），都是坚持唯物主义的。所谓坚持唯物主义，就是坚持反映论——人的认识一定要反映客观世界。真正的马克思主义者，都是彻底的唯物主义者，在任何问题上都要坚持唯物主义。马克思主义的特点，就是最彻底的唯物主义，《实践论》、《矛盾论》所反对的唯心主义，都是实际工作中的唯心主义。我们都读过《毛泽东选集》，从哲学的眼光来看，每一篇文章都是坚持反映论。有时实际上坚持，不说出来；有时直接说出来，反对主观主义。比如第一篇文章《中国社会各阶级的分析》，就是坚持反映论——正确反映敌我关系。文章的第一句话就是"谁是我们的敌人？谁是我们的朋友？"开宗明义就要分清敌友，反对陈独秀敌友不分的唯心主义（可以说是主观唯心主义）。以后，革命每到一个关头就直接提出反对主观主义。

唯物主义的路线，就是客观第一，主观第二，主观是客观的反映，都是反映论。这一点无论是旧唯物主义，还是马克思主义唯物论，是共同的。但是，马克思主义唯物主义同以前的唯物主义又有根本不同，马克思主义唯物主义的反映论，是以实践为基础的能动的革命的反映论。毛主席的《实践论》和《人的正确思想是从哪里来的？》这两篇著作，深刻透彻地阐明了这个能动的革命的反映论。

在《实践论》和《人的正确思想是从哪里来的？》两篇著作中，许多关键的原则都是长期经验的总结。一方面继承了马克思列宁主义的普遍真理，即认识依赖于实践这个根本原则；一方面又总结了中国革命的实践经验，做出新的概括、新的发展。根本原则没有变，但有许多新东西，这同我们丰富的革命经验是分不开的。这些著作不是提起笔蘸一点墨就写出来的，而是千百万工人、农民、革命先烈流血流汗写成的活的历史。毛主席把这些活的历史写成文章，才有这两篇哲学著作。毛主席的著作都是这样来的。因此，学习毛主席著作一定要联系我们的革命经验，特别是社会主义革命和社会主义建设的经验。

二、认识依赖于实践

实践的观点，对于辩证唯物论者来说，是第一的、最基本的观点，是马克思主义唯物论和其他唯物论不同的一个根本标志。马克思主义唯物论的特点，就是在唯物论里加上实践的观点，以实践的观点作为根本的观点。其他任何一种唯物论都不讲实践，都跟实践脱离，都是离开实践讲唯物主义。离开实践讲唯物主义，就不是辩证唯物主义。甚至只要对实践轻描淡写，不强调实践，这也会离开辩证唯物主义。

马克思主义所说的"实践"是什么意思？我们要先把这个概念搞清楚。因为"实践"这个名词几千年来就有，但有各种各样的解释。马克思主义对"实践"这个名词有自己的定义。中国在封建社会就有"实践"这个词，意思就是按照某种道德标准来行动。一般使用这个名词都是认为按照某些思想为指导来行动，或者把某种思想见诸行动叫实践，有时候资产阶级把个人冒险也叫实践。资产阶级的理论家讲"实践"这两个字，主要是讲个人活动、个人奋斗。资产阶级是个人主义者，都这样解释。马克思主义用"实践"这个词，在《实践论》可以看出来，不是按封建道德标准行动，也不是搞什么个人活动，而是指社会实践。文章一开头就讲认识对社会实践的依赖关系。实践，是指人的社会活动。当然也有个人的活动，但是是社会性的，因为任何人的行动都是社会性的，纯粹的个人活动实际上是不存在的。人的活动都带有社会性，所以实践是社会实践。

所谓实践，就是社会实践、人的社会活动。广义的实践就是社会活动。人是通过社会活动来认识世界的。社会关系、社会活动决定人的本质、人的一切。为什么说人有社会性？人的认识有社会性？人和动物不同，动物的特点是由自然决定的，自然生就的。老虎，自然界生就它很尖锐的爪牙，生就它有很强大的胃，能消化大量的肉，它的特点是吃肉，是食肉兽。但是人的特点不是由自然来决定的，人的本质，是由社会、社会关系来决定的。人在社会关系中间所处的地位不同，它的本性也就不同。阶级社会中有不同的阶级，它的社会地位不同，阶级地位不同，它的本性就不同。无产阶级有无产阶级本性，资产阶级有资产阶级本性。本性是从哪里来的？不是从自然界来的，不是从母胎里带来的，而是在进入社会以后，在社会的影响下得来的，是在社会实践当中、在社会活动当中，由社会关系决定的。人的本质和特点，是由社会关系决定的。人的认识也是由社会关系决定的。人在社会上的地位不同，认识也会不同。离开人的社会性去认识问题，便不了解人的社会地位能使人的认识发生区别，好像任何人的认识都是一样的，不会由于社会地位不同而有区别，不会因为人所处的历史阶段不同而不同。抽象的人性论是反马克思主义的。他们认为人人都是一样的，认识也是一样的，感情也是一样的。事实上，世界上根本没有这种抽象的人性。资产阶级的文艺总想表现抽象的人性，实际上，抽象的人性是资产阶级个人主义的。在阶级社会中，没有一般的人性，只有阶级性。

人的社会性和历史性分不开，不同的历史阶段有不同的社会，不同的社会就有不同的社会性，人的认识也就在不同历史阶段有所不同。马列主义的认识论，首先就指出人是通过实践来认识世界的，通过自己的社会活动、社会关系来认识世界。所以不同地位的人有不同的认识。所谓不同地位，有先进的地位，有落后、反动的地位。通常是站在先进地位的人比较能够正确认识世界。讲马克思主义的认识论，首先要注意这个特点：人的认识依赖于实践。毛主席的著作，题目就叫《实践论》。

我想联系文艺上的问题也稍微提一下。文艺可不可以说也是一种认识？提出这个意见，跟大家讨论一下。我个人认为，文艺是一种认识，文艺就是认识世界的一种方式，从哲学上看，就是一种认识。不过文艺和科学理论不同，不是根本实质不同，而是形式不同。科学是用理论，用概念、判断、推理，用逻辑系统来认识世界。文艺则是用形象来认识世界，是用从人民生活中间提炼出来的典型的形象来认识世界的。毛主席《在延安文艺座谈会上的讲话》里讲："人类的社会生活虽是文学艺术的惟一源泉，虽是较之后者有不可比拟的生动丰富的内容，但是人民还是不满足于前者而要求后者。这是为什么呢？因为虽然两者都是美，但是文艺作品中反映出来的生活却可以而且应该比普遍的实际生活更高，更强烈，更有集中性，更典型，更理想，因此就更带普遍性。"所以文艺也是一种认识，只是形式和科学不同。既然是一种认识，所以也要通过实践来认识，也就是通过人的社会活动、社会关系来认识。

人的社会地位不同，立场不同。社会地位就是实践立场，立场不同，对生活的认识就会不同。因此不同阶级的人，他所注意的典型也不会相同的。为什么以前的那些文艺作品都是帝王将相、才子佳人呢？因为作者都是这一类的人，所以使他们感兴趣的典型就是这些人。现代西方资产阶级文艺，也有他们的典型人物。现代西方资产阶级文学与西方古典资产阶级文学不同。17、18、19世纪有个人主义的典型，俄国19世纪文学也是个人主义典型多。现代西方资产阶级文艺是腐朽透顶了，所以他们在文艺中有兴趣的人物、典型，是杀人犯、强盗、海淫海盗。有的典型像疯子一样，英国的"硬壳虫"音乐，那典型不是疯子么？那是资产阶级没落的疯狂。我在一个影片上看到一个法国的现代芭蕾舞，从动作上看起来，人就像木偶，动作像机械，脸上毫无表情，就像是僵尸在跳舞。选择什么样的典型就表现作家的认识立场，文艺作家的认识是由社会关系、社会地位来决定的，所以，改造作者自己的实践立场是改造文艺的根本环节。

我们可以这样说，在科学上，如果没有正确的概念，就没有正确的认识。在文艺上，如果不能掌握正确的典型，就不能有好的作品；如果不能正确的创造社会主义时代的先进阶级的典型，也不可能有反映我们时代的好的作品，就不能创造社会主义的文艺。如果把中间人物当做典型，能不能使我们的文艺发展到很高的程度呢？不可能的。你不能超过30年代、十八九世纪，因为那些年代有了它自己的最高峰，它确确实实反映了那个时代，有生活作基础，所以能创造那时的最高峰。你现在脱离了过去的时代，而要去学它，如何学得好呢？你不创造今天的先进典型，不可能有什么出路。不是说除了英雄典型以外，其他人物不能写。写是可以写的，但不要把它当做英雄，不要当做歌颂对象来描写。

有一个临时提出的问题，先简单说明一下。列宁说过这样一句话："实践高于（理论的）认识，因为它不但有普遍性的品格，而且还有直接现实性的品格。"实践为什么高于认识？实践高于认识，主要是讲理性认识，这是把实践与理论比较起来讲的。理论有普遍性，例如马克思主义理论，可以普遍应用，因为理论是反映规律的，凡是规律就带有普遍性。而理论是反映规律的，所以理论总是有普遍性的。理论运用到实际工作中去，这就叫实践。实践为什么高于理论？首先因为它有理论的普遍性，理论的普遍性都拿到行动当中去贯彻，所以实践本身就有理论本身所有的普遍性，但是在实践当中，又把理论变成现实。理论本身是没有现实性的，理论只书上写一写，脑子里想一想，比较抽象，实践就把抽象的东西，变成活的现实的，所以就有现实性。这个意思是说，实践比理论更确实，理论究竟对不对，终归要到实践中具体解决。比如实践可以创造典型经验，典型经验就比理论原则更具体，但是又表现了理论。实践里可以创造典型经验，理论本身就只能是原则。这是两者的区别，这区别也就说明高低有所不同。所以由理论到实践是一个飞跃，向更高一级飞跃。实践又要产生理论，要证明理论，要再飞跃到实践。这一句话跟另一句话是一个意思，"实践的观点是辩证唯物论的认识论之第一的和基本的观点。"马克思主义认识论的特点，就是强调实践第一，强调实践的观点。

不了解实践观点，就等于不了解马克思主义。讲马克思主义认识论，如不讲实践观点，就脱离了马克思主义认识论。脱离了实践，就等于没讲马克思主义认识论。

在马克思的著作《关于费尔巴哈的提纲》中第一次讲到实践，但讲得很简要。列宁的著作里发挥了关于实践的思想，强调了实践的重要性，但是也讲得较少。毛主席就专用《实践论》作题目，突出了实践观点，深入系统地阐明了以实践为基础的马克思主义认识论。单这一点，也可以看出毛主席对马克思列宁主义的发展。在《实践论》出版以前，在马克思列宁主义经典著作中，找不出这么一篇关于认识和实践的关系的系统的文章。

强调认识依赖于实践是马克思主义认识论的特点，是辩证唯物主义认识路线的特点。要正确处理认识，使认识走在正确的路线上，就要注意认识与实践的结合。这个问题跟主观主义是针锋相对的，跟主观主义认识路线、旧唯物论是针锋相对的。旧唯物论在这个问题上实际上变成了主观主义。毛主席总结了多年的经验，简明地解决了这一问题。在《人的正确思想是从哪里来的?》这篇著作里，一开始，毛主席就提出了这个问题，解决这个问题。首先提出人的正确思想是从哪里来的？有两种答复，一种是主观主义、唯心主义的答复：是从天上来的，或是脑子里生就的。毛主席否定了这样的答复，提出了另外一个答复，人的认识只能从实践中来。大家不要看这话简单，这是概括了、总结了多年的经验，这是把马克思主义认识论最根本的东西，既深刻又明了地指出来了。这好像很容易懂，但是在实际工作中做起来，往往很容易离开了这个原则，往往不能很好地解决这个问题。

中国共产党从成立以来，毛主席所代表的马克思列宁主义与机会主义的斗争，在认识上，首先就是在这个问题上进行斗争。人的认识是从天上来的，或脑子里生出来的，还是从实践中来的？有一种人就是认为认识是从天上来的。大家也许觉得奇怪，共产党中还有这样的人？明白地这样讲，好像没有，从前陈独秀、王明没有公开讲，但实际上有人这样做。怎样来了解呢？天上本来不会掉下东西来，古代有人说掉下天书来，那是古代，现在没有这种人。但有这样一些人，他把某一个地方当做天堂，那里有他心目中的上帝；或者是历史上某一个时代有他的天堂、上帝。譬如，有人就认为莫斯科是天堂，上帝就是赫鲁晓夫，所有的认识都要从那里来，那里的上帝说一句话，就照办、照抄。还有人把纽约当天堂，把什么艾森豪威尔，或者罗斯福、肯尼迪当上帝。搞自然科学的，也有的人把某一个自然科学家当上帝，他的认识不用自己脑子去想，专等那里降下天书，把天书照抄。大家想一想，这种"天降派"有没有？我看不但有，而且很多。文艺界有没有"天降派"？大家也可以考虑考虑。自己不动脑子，就是等某处天堂里给我来一个东西，我就照办。那是上帝那里来的，不能超越，只能照办。各行各业都有这个问题，文艺界也不例外。古代就有人管印度叫西天，本来是地上，却把它当成天，那里也有上帝，到那里去取经。"天"是没有的，是人幻想出来的，他把地上某个地方当天堂，也有人把历史上某个时代当天堂。还有一种人，就是认为认识是脑子里生就的，做工作也不调查研究，凭自己脑子乱想，想到什么就做什么。文艺界也有这种人，凭偶然灵感进行创作。文艺界是不是这两种都有，天降派，脑子里生就的都有？有时这二者还混合起来，从哪里找来天书，脑子里随便想一想，然后就出现典型，这典型与社会主义劳动人民无关。这种人有没有？我不大了解，提出这样的问题，请大家研究研究。过去我国革命历史上凡是机会主义，你研究它的认识路线，不外这两种：或是莫斯科来的，或者他自己脑子里随便想出来的；或者两种混合的。

毛主席突出地发展了马克思主义的实践观点，把实践规定得很具体，他说："人的正确思想，只能从社会实践中来，只能从社会的生产斗争、阶级斗争和科学实验这三项实践中来。"毛主席的这个贡献，不是字面上的贡献，而是无产阶级革命经验的总结。过去在民主革命时期，主观主义者虽有"左"倾、右倾的不同，但其共同特点，就是看不起劳动人民的实践经验。认识脱离实践，是德波林主义，德波林思想。德波林在中国不是没有影响的。王明等人认为认识不是从实践中来，轻视劳动人民的实践经验，轻视毛主席在农村创造的经验，瞧不起毛主席的《湖南农民运动考察报告》，挖苦这种经验，说是"狭隘的经验主义"，说是"山沟里的马克思主义"。不论"左"倾机会主义或右倾机会主义，都有这种特点，脱离群众，脱离广大群众的实践，自己也不深入阶级斗争实践。陈独秀从前根本不参加农村的斗争，住在城里；王明主要是在莫斯科，到国内苏区时间很短。

毛主席提出的人的正确思想只能从社会实践中来，只能从生产斗争、阶级斗争、科学实践这三大革命运动中来，这一点，在今天更重要。搞社会主义革命、社会主义建设，要使认识得到正确方向，就一定要参加实践，参加实践就是参加三大革命运动——生产斗争、阶级斗争、科学实践，除了这些实践以外，别的社会活动不可能使我们得到正确认识。"实践"这个词含义很广，包括一切社会活动，但不是一切社会活动都能得到正确认识，只有参加革命实践才能得到正确认识。文艺工作者下去参加工农兵的活动，参加生产、阶级斗争，因此能获得正确的认识。认识只有通过实践才能得到，正确的认识只能通过革命实践才能掌握。每一个时代，凡是比较先进的认识，都是处于比较先进的地位的人掌握。每一个时代的文艺作品，比较好的，一般的讲，都是比较有进步思想的人，才能创做出来。个别的例外是有的，哲学上也有。

　　马克思主义认识论强调一点，就是：只有在实践的基础上，才有可能得到最正确的认识。这个原则不是凭空想出来的，这是历史实践的总结。自从有人类以来，知识和生产的发展是紧密相联的。任何一个民族对自然界的认识水平，和这个民族生产发展的水平是相适应的。比如，对天文的知识表现在历法上，不同的生产水平，就有不同水平的天文知识。游牧民族的历法和农业民族的历法就不一样。我们汉族是农业民族，所以从商朝起就是按照太阳的运动来计算年月日和24个节气。这个历法对农业有帮助，哪个节气该种什么东西很方便。游牧民族就不一样，他们不大重视太阳运动的规律，比如西藏的历法就不是太阳历，而是按月亮计算的，月亮圆一次就是一个月，圆12次就是一年。所以，那个历法的新年没有一定的时候，有时在冬天，有时在夏天。维吾尔族历法也是一样。这是说的古代天文。数学也是从生产斗争中来的，那是几千年、几万年的总结。这都证明自然知识首先发源于生产，是总结生产经验的结果。

　　社会知识，一方面是从生产来的，一方面是从阶级斗争来的。在阶级社会里，革命的阶级对社会的认识，从来都比反动阶级的认识更正确一些。在统治阶级内又有不同的派别经常打架，有比较进步的，有比较反动的。进步一点的派别认识比较全面，反动腐朽的那一派思想必然是荒谬的。资产阶级在革命的时候，就比封建地主阶级的认识要正确，眼界要宽些。所以，人的认识受阶级地位的限制。《实践论》讲："在阶级社会中，每一个人都在一定的阶级地位中生活，各种思想无不打上阶级的烙印。"剥削阶级总是有一定的偏见，所以，在无产阶级出现以前，社会科学从来没有很好建立，没有一个系统的社会历史知识，只有对社会的某些问题有正确的观点。因为无产阶级出现以前，掌握知识的人都是剥削阶级。奴隶的文化太低，没有条件总结经验。剥削阶级因为专门养了一批知识分子，可以总结一些自然经验、社会经验，可是他们是依靠剥削阶级的，是为它辩护的，所以从来没有全面的社会知识，没有一个像样的社会科学体系。19世纪末，英国的经济学比较接近社会科学，但也不完全科学。

正确的社会科学知识只有到无产阶级出现以后才有。无产阶级从事大生产，眼界很宽，他们的利益符合社会发展规律，所以能够掌握比较全面的社会知识。马克思、恩格斯所以能够创立社会科学，就是因为他们能够站在无产阶级方面。所以，要有正确的认识，就要站在无产阶级方面搞阶级斗争。出身有一些影响，但并不起决定作用。决定的东西是站在无产阶级方面参加无产阶级的革命实践，才能保证我们正确认识世界。毛主席不管在哪一篇文章里，绝不一般地讲实践保证我们正确认识，而是讲要保证得到正确的认识，就要参加三大革命实践。剥削阶级由于阶级立场的限制，又不参加生产劳动，所以他们要正确认识社会历史是很困难的。自然科学可以不直接参加生产劳动，在实验室里搞；同时，由于剥削阶级本身的需要，他们可以掌握自然规律，比如美帝国主义就可以掌握原子能等很多尖端科学知识。自然科学不同于社会科学，资产阶级可以养一批知识分子来总结生产经验，进行科学试验，所以，他们也能搞改造自然的斗争，不过也受一定的限制。

我们以前要搞民主革命，自然知识对我们的需要不是太大，当然战争也需要现代化的自然知识。但那时需要最大、最迫切的是阶级斗争。现在搞社会主义革命、社会主义建设就不同了，我们在生产上、科学技术上，要赶上先进的资本主义国家，所以对自然知识的需要比过去大得多，因此参加生产劳动、科学试验对我们现在来说，是十分重要的革命实践，当然阶级斗争是我们向来坚持的革命实践。

在《实践论》里，讲了马克思主义哲学的两个特点，就是阶级性和实践性。阶级性就是党性，实践性就是革命性，而党性和革命性又是一个东西。

实践有两种，有革命的实践，也有反革命的实践。反动派的行动也可以说是实践，因为这也是阶级斗争，但那是反革命的实践。要得到正确的认识，只有从革命实践中来。革命的实践有两种：一种是对自然的革命，就是生产、自然科学的实验；另一种是对社会的革命，就是站在无产阶级立场上，对帝国主义、反动派进行阶级斗争。这里就有个立场问题。毛主席讲阶级斗争是有分析的，讲阶级斗争是对我们有深刻影响的实践。从历史上看，剥削阶级是有偏见的。因此，剥削阶级不能帮助我们对社会取得正确的、科学的认识。只有站在无产阶级立场上，才有可能对社会取得正确的、科学的认识。

在今天来说，我们要得到正确的认识，只有站在工农兵的立场，参加革命实践才能做到，不参加实践，就看不见今天的英雄，只有参加实践，才能看到。《创业史》这部小说为什么发生争论？作者在农村中长期生活，看到了农村中最先进的人物，写在小说里。批评家没有看到这篇作品里的英雄人物，没有在农村中长期生活过，所以争论。谁对？还是作者对，作者看到了这样的英雄人物。你只要到农村去生活一个相当的时期，你就会看到比中间人物高明得多的人物，而且这种人物不是一个、两个，而是相当多。为什么毛主席说："遍地英雄下夕烟"，农村里确是遍地英雄。赞扬中间人物，有中间人物思想的人，就不认为是遍地英雄。谁正确？毛主席正确。如果不是遍地英雄，我们的困难怎么能克服得这样快？生产怎么能搞得这样好、这样快？抗美援朝如果不是遍地英雄，怎么能顶住美帝国主义的飞机、大炮？中国、朝鲜是遍地英雄，随处可以找到英雄。写这种英雄，是不是面就窄了？一点也不窄，英雄多得很。在革命高潮、阶级斗争高潮的情形下，有各种各样的英雄人物，英雄人物有特性、个性，你如果真了解他们每个人的个性，面就不窄,而是很广。《水浒传》就有108个英雄,那还是封建时代,封建时代的农民革命英雄,一部作品就可以写出那么多。今天的英雄为什么面还会窄呢?这种问题争论要得到解决,还要到实践中去。

实践观点是马克思主义认识论的基本观点。这个基本思想在毛主席的《实践论》和《人的正确思想是从哪里来的?》中,充分发展了、具体化了,把这种思想变成实际工作中的武器、人人能掌握的武器。我们学习《实践论》,就要学会掌握这个武器。

三、认识和实践的辩证关系

《实践论》全面而又深刻地阐明了认识和实践的辩证关系,更清楚地说明了毛主席对马克思列宁主义哲学的发展。这个问题,在马克思、恩格斯的著作中基本上没有谈到,列宁在《哲学笔记》中说了一句话:人的认识是"从生动的直观到抽象的思维,并从抽象的思维到实践,这就是认识真理、认识客观实在的辩证的途径"(《列宁全集》第38卷,第181页)。列宁说了这句话,没有再进一步的解释。毛主席的《实践论》就把这句话写了一篇文章,具体地告诉我们如何由感性认识飞跃到理性认识,由理性认识飞跃到实践。《人的正确思想是从哪里来的?》这篇文章,又进一步发展了这个思想,虽然讲的很简单,但有新的发展。

认识是从实践来的,认识是依赖于实践的。但是,认识怎样从实践来?认识怎样依赖于实践?这个问题还需要进一步解释。认识与实践的相互关系,就是辩证关系,就是互相转化的关系。实践转化为认识,变为认识;认识又转化为实践,又变为实践。这就叫做互相转化的关系,也就是辩证的相互关系。这个关系,毛主席在《实践论》中指出是两个飞跃的关系,就是由实践向认识飞跃,这是第一个飞跃;然后又由认识向实践飞跃,这是第二个飞跃。互相转化是由两个飞跃构成的,这个思想在《人的正确思想是从哪里来的?》这篇文章中,又有了发展。所谓发展,就是加了一点东西,除由实践变为认识,由认识变为实践外,又加了两点：由物质变为精神，由精神变为物质；由存在变为思维，由思维变为存在。实际上，这种提法是一件事情的三个方面。《人的正确思想是从哪里来的？》从另外两个方面，把《实践论》里的思想进一步加以发展了。事情是一个事情，但是提法又从新的角度上展开了。为什么要有这种发展？为什么要进一步从另两个方面再来说明这个问题呢？这不仅是字面上的问题，不仅是话多讲两句的问题，而是概括了一些新的经验、新的问题，从实践问题一直到理论问题。

我们讲的两个飞跃，由实践到认识，由认识到实践，都是能动飞跃。《实践论》上有两句话："认识的能动作用，不但表现于从感性认识到理性认识之能动的飞跃，更重要的还须表现于从理性认识到革命的实践这一个飞跃"。"能动"这两个字很重要，我们平常说发挥主观能动性，就是包括这两个方面。人的认识是能动的认识，能动和被动消极是对立的。马克思主义的认识论叫做"能动的革命的反映论"。毛主席在《新民主主义论》中使用了这个名词。这个提法是毛主席第一次提出来的，马克思、恩格斯、列宁、斯大林没有这样提过。唯物主义的认识论都叫反映论。但是马克思主义的反映论和马克思主义以外的其他唯物论有不同的地方。马克思主义认识论是能动的革命的反映论，马克思主义以外的唯物论没有注意到认识的能动性，他们不知道有这个问题。马克思、恩格斯、列宁、斯大林是了解这一点的，实际上有这样的思想，但是没有使用这个名词。毛主席明确地用了这个名词。这一点很重要，虽然是名词问题，但这是一个发展，就是把马克思主义认识论中最重要的问题突出地明确地指出了。这一点需要很好地了解。

马克思主义以前的唯物主义不了解认识有能动性，他们总以为人的认识都是消极的、被动的反映外界的东西，像镜子一样。镜子反映周围的东西，只能反映表面，有什么反映什么，是消极的，它自己对外界的东西不能有创造性。照相也是这样，有什么现象就照出什么现象，反映表面的现象。人类的认识不那样简单，不像镜子、照相机把表面的东西反映就完了。所以，马克思主义认识论认为人的认识不能完全用镜子、照相机来做比方。但是从前的唯物论是这样了解的，认为人的主观像一面镜子。外国哲学家认为人的心像一张白纸一样，外界有什么影响，白纸上就有什么反映。事实上，人的认识不是这样简单。人的认识是能动地反映客观的，由实践到认识，由感性认识能动地飞跃到理性认识。所谓能动的飞跃，就是人的主观不是简单地把表面现象反映进来，不是看到什么反映什么。人的思想有一种能力，能动地把假象、不重要的东西丢掉，把本质的东西、规律性的东西抓住。现象不一定暴露本质。我们眼睛看到的东西，耳朵听到的东西，是不是事实？不一定，有的是事实，又可能是表面的事实，不一定是本质。本质是靠感性认识抓不到的。在感性认识中，各种各样，乱七八糟，真的假的都有，有一些现象就是不能反映本质。

讲一讲思维和存在的同一性的问题。思维与存在的关系，实际上就是思维和存在能不能互相转化的问题，有没有存在变思维、思维变存在这样一种相互关系的问题。肯定思维和存在有这种相互转化关系的，就是承认思维和存在有同一性。主张有同一性的人，就是承认有互相转化关系，因为同一性就是互相联系、相互转化的意思。辩证法讲同一性，不是讲两个东西完全一样，而是讲两个东西互相联系、互相转化。承认思维与存在有同一性，就是要肯定思维与存在能够互相转化，肯定物质变精神，精神变物质。我们是辩证唯物主义者，我们承认思维和存在有这种同一性，有互相转化的关系。是否承认思维和存在的同一性，不是一个纯理论问题，在这理论背后有一个非常重要的实际问题：要不要承认主观能动性？在社会主义建设里，要不要充分发挥广大人民的主观能动性？要不要发挥干部和群众的积极性？客观规律我们当然要注意，我们的认识要反映客观规律。我们不能忽视客观规律，问题是我们认识了客观规律以后，就要充分利用客观规律，发挥主观能动性，把我们的认识变成行动、变成物质。这一点对于我们是更重要的，特别是对社会主义革命、社会主义建设来说，是更重要的。

一切革命斗争，都需要发挥主观能动性，特别是社会主义革命、社会主义建设，更需要这一点。社会主义社会有一个特点，就是它不能自发地产生。从前的社会，不知不觉就产生了。比如资本主义社会，在没有资产阶级革命以前，在封建社会中，就自然而然出现了一些资本主义的东西。没有人脑子里先想到过有一个资本主义制度，先认识了资本主义，然后再建设资本主义制度。它不是这样做的，它是在封建社会中不知不觉地发展起来的。社会主义社会不是这样子，社会主义社会在资本主义社会中不能自发地产生，没有哪一个资本主义国家会自发出现社会主义制度。资产阶级统治下是不可能出现社会主义制度的。修正主义者说，帝国主义国家的国家垄断资本就是社会主义性质的，那是骗人的。美国的国家垄断资本，那是资产阶级的国家资本，资产阶级的国家所有制，并不是什么社会主义。印度的国家资本也是资产阶级国家的垄断资本，跟从前蒋介石四大家族的国家垄断资本是一样的。其他英国、日本都有国有制的经济，但是那是资产阶级的国有制，是资本主义的国有制。在资产阶级统治下，在资本主义社会中，不可能自然而然产生社会主义制度。社会主义制度，只能是经过无产阶级革命，无产阶级有了政权以后，无产阶级的政党、无产阶级的国家，用马克思列宁主义思想指导广大的干部、群众有意识地建立起来的。如果自觉性削弱了，如果一个国家无产阶级虽然掌握了政权，但放松了马克思主义思想指导，放松了无产阶级的领导，下面的经济还可能回到资本主义。农民有两重性，按照他自发的趋势，他要走资本主义道路，但如得到无产阶级领导，他也可以跟着无产阶级建设社会主义。不但农民如此，甚至工厂里也是这样子，工厂里，党如果不抓紧领导，如果马克思主义削弱了，个人主义就会自然而然地发展起来，那样一来，工厂里就会出现资本主义的东西，贪污盗窃呀，投机倒把呀，本位主义呀，就会出现这些活动。所以，在社会主义社会里，在社会主义革命、社会主义建设中间，自觉的能动性，主观能动性应该提到极其重要的地位，所以我们要提出政治挂帅的原则。政治挂帅的原则，就是要加强政治思想工作，这也就是精神变物质，坚决用精神来改变物质，使思维变存在。毛主席在《人的正确思想是从哪里来的?》文章中,清楚地说明了这个问题,这是社会主义革命、社会主义建设中间的一个重要问题。

《实践论》、《人的正确思想是从哪里来的?》这两篇文章的基本思想是一致的,但有一个发展的关系。《人的正确思想是从哪里来的?》篇幅虽短,但概括了重要的经验,回答了重大的问题。所以今天我们研究《实践论》,研究毛主席关于实践的两篇哲学著作,要着重了解两个飞跃的关系;也可以这样说,两个飞跃问题是马克思主义认识论的中心问题。《实践论》分三个部分讲,但其中的核心,就是两个飞跃问题。毛主席在这本著作中写得最多的,用篇幅最多的,也是两个飞跃问题。

认识和实践的关系,首先是实践变认识,实践向认识的飞跃,同时就是物质变精神、存在变思维的飞跃。飞跃的过程主要就是这样的内容:通过实践,对我们来讲,就是通过革命实践,通过生产劳动、阶级斗争、科学实验,首先由我们的感觉器官对物质世界、客观世界,取得一些感性认识。感性认识是直接由感觉器官——眼、耳、鼻、舌、身五官得到的。

毛主席解释说,人们在实践中,通过眼耳鼻舌身,睁开眼睛看一看,用耳朵去听一听,用鼻子嗅一嗅,用舌尝一尝,用自己的皮肤接触一下,认识必须首先通过五官得来的。在《人的正确思想是从哪里来的?》里提出用眼、耳、鼻、舌、身,很有意思。提一下很必要,因为我们有些人做了官,这些器官都不使用了。

在实践当中,通过五官,直接得到一些关于外界物质存在的感性认识。感性认识并没有实践飞跃。感性认识只是初步的认识,要实现实践到认识的飞跃,就需要把感性认识提高到理性认识。第一个飞跃实际上也可以说是感性认识向理性认识的飞跃。为什么感性认识不能算是实现的飞跃?其原因,毛主席讲得很清楚,感性认识只能给我们对外界的表面的认识、局部的认识。感性认识有时是一些假象,有时感性认识是会骗我们的,因为它是表面的、局部的。单凭感性认识,对事情不能得到正确的判断。比如我们参加革命斗争,最初的时候,革命力量总是比较小，总要碰到困难，甚至很大的困难，在这种时候，我们单凭感性认识，不可能认识到敌人是一定要垮的，革命势力是一定要胜利的。单凭感性认识是认识不到这一点的，甚至在感觉方面，还感觉到革命势力是站不住脚的。凡是在最艰苦的情况里，参加革命的人，会有这种感觉的。年轻一点的同志，就没有这种经验。年老一点的同志，参加过与反动派斗争的人，会有这种经验的。抗日战争。1941年最黑暗的时候，从感觉上看不出是可以胜利的。还有原子弹，单凭感觉来看，不能看出它是纸老虎。你看它那影片，原子弹爆炸之后，破坏力不是很大么！凭感觉来判断，你就不能说它是纸老虎。对帝国主义和一切反动派、对原子弹做出纸老虎的结论，单凭感性认识是不行的，那是理性认识的结果。

有的同志问：经验是感性认识还是理性认识？没有总结的经验基本上是感性认识，经过总结了经验是理性认识。我们讲接受国际共产主义运动经验，就是经过总结了的经验。马克思主义是经过总结了的经验，是理性认识。我们一般所讲的经验还是感性认识。感性认识中有没有包含理性认识？有时候是交错的。我们平常做工作取得的经验，基本上是感性认识，但是我们工作中也有理性认识，因为我们是根据中央的指示来做工作。所以，我们的经验当中包含了一些理性认识。事实上，纯粹的感性认识是没有的。我们把感性认识和理性认识分开，是为了把这些关系弄清楚。要承认我们的经验基本上是感性认识，必须经过总结才能变成理性认识。这就需要发挥人的主观能动性，把最重要的内容，最根本的规律准确地找出来。

有的同志问，错误的认识算不算飞跃？我说错误的认识也可以说是飞跃的一种结果。错误有部分的错误，有完全的错误，有主要部分错误，有次要部分错误，所以错误的认识也是第一个飞跃的一种产物。不过，错误的认识没有完成飞跃的任务，没有实现飞跃的目的。第一个飞跃是要取得正确认识，可是，有时可能不正确。不正确的认识来源有种种，来源之一就是立场根本不对，那就会产生根本错误的认识。如果立场是对的，你也可能会出错误，这种错误有种种原因，或者是材料掌握的不够就作结论，或者这一方面或那一方面没有完全弄清楚等，但只要不是根本性的错误，通过实践的检验，改正错误，可以逐渐取得正确的认识。

我们研究认识论，要研究怎样把感性认识提高到理性认识，不要单凭一些片面的、表面的感觉，就对问题下结论，要避免这一点。学第一个飞跃，就要学会解决这个问题，要懂得实践变认识，就是把感性认识变成理性认识，把感性认识提高到理性认识，就达到了物质变精神，存在变思维。怎样才能实现这个飞跃？关于这个问题，毛主席在《实践论》里也讲得很清楚，主要的有两个条件：第一是要有丰富的感性认识的材料，不要抓住很少一点材料，就来分析问题。第二就是在有了丰富的感性材料以后，对这些丰富的材料还要进行加工改造。所谓"加工改造"，毛主席指出了它的基本原则，就是十六个字："去粗取精、去伪存真、由此及彼、由表及里"四句话。

要实现物质到精神的飞跃，第一，要有大量的材料，不要随便抓住一点，就做结论。我们平常很容易随便看到一点，就轻率的下论断。我们自己想一想是不是常常有这种情形？在农村、在城市，随便看到一点，就轻易地做出自己的论断。这种情形，对我们没有帮助，只能使我们犯错误。所以，对待任何问题，我们首先要搜集大量的材料。

为什么毛主席一定要我们参加革命实践呢？为什么我们去作一个观察家，走马观花一下不行呢？因为参加革命实践，才有可能掌握比较丰富的材料，特别是掌握真实的材料。你如果要了解农民的生活，而你不能多少在生产上或阶级斗争中和他站在一起，你就不可能从农民口里听到真实的声音。身体好的最好和他们一起劳动；年老的，身体不好的，不能和农民一起劳动，也要跟农民站在一起。他相信你了，他就告诉你"心里话"，那你才可以得到真实的材料。大量的材料从哪里来？大量的材料要从群众中来。一个人的感性认识是有限的，我们认识问题，自己首先应有亲身的感性认识，但是单是个人的感性认识不够，还要集中群众的感性认识。向群众学习，毛主席自己讲甘心在群众面前当小学生。因为有许多群众知道的事情，我们不知道。如果不毕恭毕敬地向群众学习，有许多很重要的事情，我们永远也不知道。特别是如果自己有点资产阶级、小资产阶级的意识，有了架子，到群众中去，你永远也看不出群众中到处可以发现的英雄人物。马克思主义认识路线和群众路线是分不开的，群众路线也是认识路线。要跟群众很好联系，才有可能得到丰富的感性认识的材料。这是第一条，取得大量感性认识的方法是要在革命实践当中，联系群众，有了大量的材料，就比较好办了，就是加工的问题了。

要实现从物质到精神的飞跃，第二，还要对丰富的感觉材料进行加工改造。加工的方法就是"去粗取精、去伪存真、由此及彼、由表及里"这四句话。这是辩证法的方法，分析矛盾的方法，"一分为二"的方法，也就是把所有的材料加以分析。去粗取精。对正确的不正确的加以分析，然后着重掌握比较重要的材料，或者是比较典型的材料，不很典型、不很重要的材料可以放弃；除此而外还有真实材料、假材料、真象、假象，也要"一分为二"。感性认识不都是骗我们的，感性认识使我们看到一些现象，现象分两种，一种是假象，一种是真象。这是对现象的"一分为二"。到一个农村里碰到群众，他跟你谈话就有两种，一种是假话，一种是真话。要从贫下中农口里得到一些真相，就要费一点力。你到那里去，他要观察你，看你表现怎么样，看一个时候，他才能够说出真心话。所以要有大量的材料，要"耳顺"，就是说，正面的话也听，反面的话也听；"要眼明"，要多看，仔细看，看各种现象，看得比较多了，然后再比较。经过比较、分析，然后再去伪存真，把假象毫不可惜地丢掉，着重抓住真相。

有了重要的材料，又有了真的材料，就容易解决问题了。把材料加以分析，分析这些材料中所包括的各方面事物的关系，由此及彼，由表及里，这一方面和那一方面，表面和里面，这都是些矛盾，凡是不同方面，都是有矛盾的。农村有富裕中农一面，贫、下中农一面；又有农民一面，地主、富农一面；还有干部一面，群众一面。工厂里，领导和群众，也是这一面，那一面；群众里也有不同的成分。同样是工人，有先进的，有落后的；有出身于血统工人的，有出身于农民的，也有坏分子钻进来的。此一面，彼一面，就是这些方面的矛盾的相互关系。由此及彼，由表及里，就是把各方面的相互关系加以研究。表面和里面，就是要研究有些人的表现和他心里面真实的想法，某些现象和实质的关系。掌握了大量材料，加以分析、研究，把各个方面的相互关系弄清楚了，就是理性认识。所谓总结经验，就是把问题各个方面的关系弄清，提高到理性的认识。所以物质变精神，或存在变思维，也就是通过感性认识，加以分析，把物质或存在中间各个方面的矛盾关系，反映到我们的思想里面来，就是物质变精神。

在科学上，精神对物质、思维对存在的反映是用概念、判断、推理的方法；在文艺上就是用典型的形象，但是过程是类似的。科学，就是把感觉提炼为思想，把在物质、存在中所得到的感觉材料，提炼为理论。文艺，就是要把从生活里面所得到的那些初步的艺术素材，提炼为典型的东西。两者都有一个去粗取精、去伪存真、由此及彼、由表及里的过程。没有这个过程，就不可能把物质变成精神，把存在变成思维。没有这个过程，也可以飞跃，但是会变成错误的飞跃。随便看到一些现象，就下判断，就形成概念，就推论，一定要发生错误。看到一个原子弹破坏力那么大，于是就做出这样一种概念来，以为原子弹就是人类没有办法控制的一种力量，原子弹一出现，人类就要灭亡。这就是抓住表面的、片面的现象，随便作判断，随便作推论。这也是飞跃，但这是错误的飞跃。我们要求的是要掌握正确的思想，要正确地实现认识飞跃。要实现这样一个任务，就必须严格地贯彻毛主席讲的这两点原则，第一要掌握大量的材料；第二对大量的材料还要加工改造，根据"去粗取精、去伪存真、由此及彼、由表及里"的十六字原则进行加工改造，这样子就可以取得初步的正确的认识。为什么说是初步的？因为尽管严格地贯彻这个原则，但是我们的认识是不是完全正确，还不能自己证明，思想不能证明自己是否正确。思想是否正确，不是由思想自己来证明。要证明思想是否正确，那要再回到实践中去证明，所以还要有第二个飞跃。

第二个飞跃，在《实践论》中讲得很清楚，就是把我们主观认识拿到实践里去加以检查、执行。经过检查，原有的思想，可能需要部分改正，可能需要全部改正，也可能基本上不用改正，但还需要补充、发展。第二个飞跃是把人的思想拿去变为实践、变为物质，拿思想去指导实践。这一飞跃同时也是对我们思想的检查。在《人的正确思想是从哪里来的?》这篇文章里，毛主席对第二个飞跃的思想，比《实践论》有了发展，毛主席说："这次飞跃，比起前一个飞跃来，意义更加伟大。"这一句话很重要。我们在学习时要特别注意这一点，要深刻领会这句话的精神。为什么第二个飞跃比第一个飞跃的意义更加伟大呢？这篇文章也说得很清楚。主要有两点：第一，只有经过第二个飞跃，才有可能证明我们的思想是否正确，思想本身不能证明自己，只有在实践中经过第二个飞跃，才能证明；第二，更重要的是，无产阶级认识世界的目的，只是为了改造世界，此外再无别的目的。无产阶级认识世界，不是为认识而认识，满足于自己的认识，满足于自己知识丰富，欣赏自己的这些知识，不是这样的，而是为了革命地改造世界。

只有资产阶级才会把认识当做一种欣赏的东西，文艺界不是有一种"无差别论"么，就是说文艺没有利害关系，说我们搞文艺，就是为了达到一种"无差别境界"，没有什么斗争要求，没有目的。无差别境界是资产阶级思想，无差别就是无利害，不是追求什么，只是为了欣赏，为了简单地满足主观娱乐的要求。"无差别境界"实际上不是什么新思想，而是资产阶级长期以来就有的一种思想。这种观点，开始形成比较完整的理论，是德国的康德，康德提出"无差别境界"，比较完整提出一套资产阶级美学理论。科学上也有这种观点，哲学上也有这种观点。刚解放时，我遇到北京大学讲康德哲学的一位教授，他很愿意进步，但是他自己表白："我就是有点舍不得放弃康德哲学。"问他为什么，他说:"我这是一种享受呵!我讲康德哲学是一种享受呵!"我们搞文艺工作的,如果读康德哲学,恐怕读了会头痛的,而那个哲学家,他钻到那使人头痛的玄学里面,会感到是一种享受!资产阶级在文艺上也长期主张文艺是纯粹的一种享受,用这种思想来与马克思主义斗争。抗日战争时期,在延安就有一个思想反动的人,钻到我们里面来,主张反对功利主义,散布了这种观点,有一个时期,也迷糊了一些年轻的搞文艺的同志。毛主席的《在延安文艺座谈会上的讲话》就回答了这个问题。毛主席谈到功利主义,说我们是无产阶级的革命的功利主义者。我们认识世界,是有功利的目的,功利主义不一定就是坏的。资产阶级反对功利主义,实际上他们才是最坏的功利主义,用反对功利主义,来掩盖那种最恶劣的功利主义。我们公开讲功利主义,但是我们的功利主义是为人民服务的功利主义。

我们认识世界的目的,不是为了别的,就是为人民的事业服务,为人民的利益改造世界。我们认识世界,就为了实现社会主义革命,实现社会主义建设。再扩大一点,我们认识世界的目的,就是为了要改造整个世界,要实现世界革命。要改造自然,也要改造社会。要改造自然,就要对自然界革命;要改造社会,就是要把社会主义革命进行到底,要使全世界实现社会主义、共产主义。我们认识世界,就是要把我们的认识变为物质力量去改造世界。这个意义就比第一个飞跃意义更大。

今天的无产阶级跟过去的人类不同,过去的人类改造世界,是很不彻底的。历史上发生的革命,也都是不彻底的。今天我们要把整个自然界、整个社会,加以彻底的改变、彻底的改造。所以,在今天来讲,精神变物质、思维变存在、认识变实践的意义是大得不可估量的,我们要充分了解这个意义。解放军有这样一个口号,就是思想里经常要有枪杆子。我们要学习解放军,做任何工作时,思想上都要有枪杆子。我们要改造世界,消灭敌人,消灭阻碍我们改造世界的敌人。搞科学,搞自然科学和社会科学,都是为了这个目的。搞文艺工作,我看也要抱着这个目的。搞文艺工作,思想上也要经常有枪杆子。我们创作是为了什么?

为了建立我们所要建立的东西，同时也要打倒我们所要打倒的东西。这就要发挥主观能动性。我们搞科学、文艺的人，都是做上层建筑的工作，就是做思想、精神的工作。所以特别要重视这一点，要考虑我们的精神产品，能不能变为物质，能不能变为改造世界的物质力量。如果我们的东西，拿到实际工作中去，不能成为这种力量，那么就应该对我们自己的工作进行改造。第一是要改造世界，第二是要通过改造世界，来检查我们的工作是不是够质量，是正确的或者是错误的，是好的或者是坏的。如果在实践当中起了消极的作用，不是变为改造世界的力量，而是成了阻碍世界改造的力量，那就说明我们的认识、我们的创作是错误的、不好的，应该及时改造。

有一个大家常常提出来的问题，就是毛主席在《人的正确思想是从哪里来的?》讲的，在社会斗争中，有时候思想是正确的，但因为力量对比相差太远，还是会失败的。为什么呢？因为阶级斗争和自然斗争不同，斗争对象是活的人，主动权不是完全由我们掌握的，我们有能动性，对方也有。有的同志说很难找这样的例子。我在别的地方讲过巴黎公社这个例子，有些同志不同意，我觉得这个例子还是适当的。因为巴黎公社的斗争是正确的，但是失败也是必然的。马克思在巴黎公社没有搞之前，就先说清楚了，说巴黎公社如果搞起来必然要失败，因为力量对比不行，这是冒险的。等到巴黎公社搞起来以后，马克思认为斗争是完全正确的，完全必要的，如果不斗争，对工人阶级的损失会更大。他的意思是说，不斗争，那就是使工人阶级向资产阶级投降，使工人阶级的思想意识受到腐蚀而丧失战斗力，这种损失比流血失败还要大。马克思指出巴黎公社要失败，主要讲的是力量对比，不是说斗争不应当。马克思的态度同机会主义的态度相反。机会主义者认为本来就不应当斗争；马克思认为斗争本来是正确的，但是因为力量对比不行，失败也是必然的。巴黎公社是有一些错误，后来马克思在总结经验中指出了许多具体错误，例如对敌人太慈悲，没有很快地向凡尔赛进军，没有没收银行，没有注意联合农民等等，但是根本的东西、主要的东西是正确的。

如果这些错误都避免了，全部正确，巴黎公社是不是能够胜利呢？也不一定。因为他没有经验，不能不犯错误。如果不犯错误，全部正确，巴黎公社是不是能够永远维持下来？如果不犯错误，可能延长一些时间，不会失败的这样快（只有两个月），可能延长一年两年，可是按照当时的时代条件，还是要失败的。正如恩格斯指出的，当时是资本主义上升的时代，一个国家实现无产阶级革命的胜利是不可能的。所以，对巴黎公社，我们要看主要的东西，主要是正确的，根本方向是正确的，是因为条件不具备而失败，不是由于路线的错误而失败。路线是完全正确的，但是力量不够，所以失败了。

由此类推，很多革命斗争的失败都是这样，如俄国的1905年的革命，中国的广州暴动。广州暴动可能有些错误，但不斗一下是不行的。群众要斗，党也要斗，不斗也不行。泼冷水行不行？泼冷水是根本错误。斗了失败，也是正确的，长了自己的志气，给敌人以震动。广州暴动震动了全国，也震动了全世界。还有许多具体例子。例如搞地下斗争，秘密暴露，被敌人抓住了，到了法庭，敌人审判，你斗不斗？一定要斗。斗了要杀头，不斗就投降，哪一条路正确？当然斗是正确的。斗了之后杀头，个人生命丧失了，但是他是正确的。这种情况可以说明，事情做得正确，但是因为力量对比不行，就可能暂时失败，个别失败，社会斗争有这种情形。所以我们对社会斗争的认识正确不正确要长期检验，反复检验，不是一次检验可以看出来的。机会主义者只从一次实践做结论。普列汉诺夫对俄国1905年的革命就是这样，他埋怨说斗争本来就不应当。列宁对普列汉诺夫的说法给了严厉的批评。

在军队工作的同志提出，怎样理解能动性和主动性的关系？能动性和主动性是两个不同的概念。《论持久战》20节里讲能动性，78节里讲主动性。能动性不等于主动性，因为反动派也有能动性，但它不能正确发挥，它不能掌握正确思想，它的行动不能促进世界的发展。它有能动性，但它不能掌握主动。思想错误的人不能掌握主动性的。工作中、战斗中要掌握主动权，就是要正确地发挥能动性，要正确地指导、正确地指挥。主动性是由正确地发挥能动性来的。毛主席特别强调主动权是跟指挥的正确与不正确分不开的。他说："主动或被动是和战争力量的优势或劣势分不开的。因而也是和主观指导的正确或错误分不开的。"就是说，指挥正确了，就会在战争当中掌握主动权；指挥错误就会被动。指挥正确就会得到优势，指挥错误就会失去优势而成劣势。优势和劣势有两种，一种是客观的优势和劣势，就是双方军力的对比，力量大的就是优势，力量小的就是劣势。但还有一种是可以通过能动性而取得优势和劣势。如果客观比较劣势，但由于发挥了能动性，也会得到主动性。例如，过去第二次国内革命战争，军事力量上我们是劣势，但在毛泽东思想指导下，我们就处于优势，我们就有主动权。发挥人的主观能动性，可以把客观的劣势变为优势，可以掌握主动权。要紧的就是两个飞跃能不能掌握的好。第一就是在实践中调查研究搞的好，正确地由感性认识飞跃到理性认识，然后再回到实践中去检验。如果我们能够在工作中正确运用两个飞跃，就能够掌握主动性。

精神变物质，要通过一个环节，就是要通过群众。马克思说过，理论一旦掌握群众，就会变成物质的力量。这就是说，先进阶级的思想，一旦被群众掌握，就会变成改造自然和社会、改造世界的物质力量。精神变物质，要通过被群众所掌握这个环节。毛主席经常讲，我们搞哲学，就要使哲学从哲学家的书斋和课堂走出来，变成广大群众手里的锐利武器。群众掌握了某个哲学观点，用来指导他的行动，就会变成改造世界的物质力量。群众学会了"一分为二"，对自己的工作、生产"一分为二"，既看到成绩，也看到缺点，这样就能够发扬成绩，勇敢地改正缺点，这个力量就大得很。

我们的文艺工作，也是通过群众，使群众受到教育，变成改造世界的力量，变成物质力量。一个思想只在课堂里讲一讲，是不会改造世界的。文艺只在一个沙龙里念一念，也不会变成改造世界的力量。但是一个革命的文艺作品，如果拿到群众中去，被群众掌握了，那就会变成改造世界的力量。《李双双》在农村就起了很大的作用。现在许多好的文艺作品，也在农村起了很大的作用。不只在农村，在工厂也是如此，不只是在国内，在国外也如此。首先要改造群众的思想，好的、正确的思想被群众所掌握，就改造了群众的思想。群众的思想改造了，就能发挥主观能动性，自觉地改造世界。这样就对社会主义革命、社会主义建设、世界革命起很大的推动作用。

因此，我们学习《实践论》、《人的正确思想是从哪里来的？》，要特别重视第二个飞跃。我们做的是意识形态的工作，我们就要经常考虑，我们的意识形态的产品能不能很好地变为改造世界的力量，能不能被群众所掌握，然后变为改造世界的物质力量。这个问题要经常摆在我们的脑子里，这也就是思想上要有枪杆子。

这个问题是中心问题，讲得多一些。

四、人类认识的总规律

在《实践论》、《人的正确思想是从哪里来的？》这两篇文章中，关于认识的总规律，是从两方面来表达的。毛主席在《实践论》的最后一段话中说："实践、认识、再实践、再认识，这种形式，循环往复以至无穷，而实践和认识之每一循环的内容，都比较地进到了高一级的程度。"认识的基本过程，是两个飞跃；但是人类认识的总规律，就不只是两个飞跃，总的说，是实践、认识、再实践、再认识，不断地循环往复，没有止境，每一次往复都使人的认识更提高一步，每一次循环，都更丰富、更深刻。有没有尽头？有没有一个最后的认识？没有的。马克思主义不承认有一个最后的认识。任何时候，人的认识总是可以发展的，人的认识不能停顿。如果有人认为我们的认识已到顶，那就是形而上学，有了这种认识的人就没有出息，就不能前进，就没有前途了。

这个总规律，在《人的正确思想是从哪里来的？》里又加了一个内容，就是"一个正确的认识，往往需要经过由物质到精神，由精神到物质，即由实践到认识，由认识到实践这样多次的反复，才能够完成"。

这也是认识的总规律。这是对《实践论》提出的总规律的一个补充。《实践论》只是讲，一般人的认识是无穷无尽的，任何时候没有尽头。在《人的正确思想是从哪里来的？》里又补充了一段，就是对一个正确的认识来说，也可以相对地有一点尽头，就是经过多次实践，可以得到完成。

认识的总规律，也表现在毛主席最近讲的一段话中，这段话，周恩来总理在第三届全国人民代表大会第一次会议上作的政府工作报告中说过："人类总得不断地总结经验，有所发现，有所发明，有所创造，有所前进。"世界上任何时候都是有矛盾的，阶级社会中有矛盾，阶级消灭了，还有正确与错误，成绩与缺点，先进与落后的矛盾，到了共产主义社会，还有矛盾。有矛盾，就要解决，解决了矛盾，就前进一步；矛盾解决了，还会有新的矛盾产生，还要再解决，再前进。有矛盾，就有问题，有问题，就要解决，解决了问题，就有所创造，有所发明，有所前进。我们党中央在1963年底提出反对骄傲自满，故步自封。骄傲自满、故步自封是形而上学的观点，认为自己的认识到头了，生产到顶了，不能发挥潜力了。这些观点都是形而上学，都是违背马克思主义认识论，违背马克思主义认识论的总规律的。

人的认识是不断前进的，要相信这一点。但是，问题是在你能不能经常参加革命实践，经常参加革命实践，你就可以经常有所创造，有所发明，有所前进。第一次实践，来一次认识和实践、思维和存在的互相转化，你就可以前进，每次反复，都可以有所前进。毛主席是我们最好的模范，大家看看他的著作，从《毛泽东选集》第一篇到最后一篇，思想不断地发展，《毛泽东选集》是按历史实践的年限来编的，在历史的反复中间，不断前进，不断发展。社会主义时期毛主席的著作还没有全部出版，但是毛主席的思想发展，我们是很清楚的。

我们对民主革命的认识是经过几十年才完成的，党由1921年成立，最早到1935年遵义会议，全党开始承认毛主席领导、毛泽东思想的指导，经过十几年在全党主要干部思想上基本上完成了这个认识；到

1945年党的七次代表大会，全党在毛主席思想的基础上统一起来。全党从1921年到1945年，经过二十多年才完成了对民主革命的认识。完成了这个认识，对全党起了极重大的作用。1945年开七大，1949年全国就解放了。对民主革命的正确的认识完成了。正确的认识为全党掌握，为人民掌握就形成为改造世界的巨大的物质力量。

我们对社会主义革命和社会主义建设的规律已经有了许多认识，社会主义革命取得了胜利，社会主义建设也取得了很大成就。现在已经可以看出农村、工厂在发展，原子弹爆炸这样快！世界上有些尖端的产品，我们也做出来了；其他各方面也将赶上世界水平。现在是个别的，将来就变成普遍的。艺术上也是这种情况。艺术上也是由实践到认识，再实践再认识，在实践中不断提高、不断总结。一个认识、一个创造都是要不断在实践中反复。我们现在的戏，就是要反复修改，这也是符合认识的总规律的。

由前面讲认识过程的问题，自然就提出了相对真理和绝对真理问题，这跟总规律有关系。所以，也很容易解释。有的时候觉得很难，实际上不太难。

马克思主义者认为人们所认识到的真理，既是相对的，又是绝对的。马克思主义本身就是这样。

所谓相对真理，就是讲人的认识受历史限制。人在一定的世界发展阶段，只能认识这个阶段所能够认识的东西。马克思、恩格斯、列宁是天才，但是他们没有接触到关于人民内部矛盾的问题。关于对抗非对抗的问题，列宁只说过一句话。这说明他们即便是这样的天才，认识的东西也是相对的，只能认识到历史条件允许他们认识到的东西。他们认识的东西不少，《列宁全集》那么多卷，可是是相对的，因为受历史条件的限制。但是另一方面，他们所认识的真理，在那个历史时代又是最正确的、最全面的反映了当时的社会和自然的发展情况。在当时的历史条件下，他们是最正确的，所以是绝对的。什么叫绝对真理？能够正确反映客观情况的真理就是绝对真理。承认客观真理就是承认绝对真理。所以，马克思、恩格斯、列宁的著作都是绝对真理又是相对真理。斯大林就差一点，有一部分著作有错误，那就不是真理。但是，斯大林主要的东西还是绝对真理，又是相对真理。

马、恩、列、斯的认识，毛主席的认识。只能是又绝对又相对，不能纯粹是绝对真理。因为它是客观真理，所以是绝对真理；但是另一方面，它又是不断发展的，没有一个时候停顿，所以又是相对的。这两方面实际上是一件事，因为客观世界本身是永远发展的。从客观真理这方面来说，人总是可以用科学的办法把握客观真理。从客观真理永远是发展的来说，个人永远没有办法把握全部客观真理。即便是最高的天才，也只能把握绝对真理的一个发展阶段。所谓相对真理，就是指个人所把握的真理是绝对真理的一个阶段。所以，相对真理是绝对真理的一部分，不能完全分开成两个东西。从一方面讲，它是绝对真理；另一方面，它只是一部分，是无限发展的绝对真理的一部分，所以又是相对真理。马克思主义就是这样，毛泽东思想也是这样，都是有阶段性的，每个阶段都是相对真理，又是绝对真理的一部分。纯粹的、最完全的绝对真理，人有没有可能把握？这个可能性是有的，但是不可能靠一个人或一代人来实现，要靠整个人类无数代人不断继承下去。因为每一代人所了解的真理只能是相对的，是绝对真理的一部分；因为是它的一部分，所以也是绝对真理。

客观真理的本身，人的认识内容（只是内容），是相对的也是绝对的。在讨论中，有的同志提出许多自然科学的例子，有的举社会科学的例子。比如声波的频率，每秒钟 130 次就能听见，是不是绝对真理？又如，生产关系一定要适合生产力的性质的规律，是绝对真理，还是相对真理？这两个例子还是可以说既是相对的，又是绝对的。为什么是相对的？生产关系一定要适合生产力的性质的规律，当然是正确的规律。但是，它是人类社会的规律，只能适用于人类社会，所以是相对的。你不能讲自然界，比如蜜蜂，没有生产关系和生产力的问题。蚂蚁也没有这个问题。它只能应用于人类社会，所以是相对的。为什么是相对的？它是宇宙物质发展到人类阶段才会出现的规律。没有这个阶段以前，就没有这个规律。将来会不会取消这个规律，这就不能下判断了，这是几万万年以后的事。只要人类存在，即便到了共产主义社会，这个矛盾还会有。从共产主义社会发展到几万万年以后怎么样，这就很难说了。但是至少可以这样说，人类社会没有出现以前没有这个规律。这个规律对整个宇宙来说，只是一个历史阶段的规律，所以是相对的。但是这个规律又是绝对的。为什么？只要宇宙中存在人类，就一定有这个规律。如果地球以外的某个星球上，也有人类社会的这种组织，就一定也会有这个规律，所以这个真理是普遍的、绝对的。任何一种规律都是这样，既是绝对的，又是相对的。

拿一个最平常的例子讲，水到摄氏一百度就要沸腾。这是个规律，是不是绝对的，有没有一点相对性？你要到珠穆朗玛峰，就不是这样。在西藏高原上，水到六七十度就沸腾了。所以是相对的。可是，这个规律又有绝对性，不管宇宙哪个地方，只要那里有一个大气压，水一定要到一百度就沸腾。不管是在火星、地球，也不管几十万万年以前，或者几十万万年以后，只要有一个大气压的条件，永远都是这样。不能把这只说成是绝对的，也不能只说成是相对的。一种规律总是一定条件下的规律，这是它的相对性；有了这个条件，不管在什么地方、什么时候就可以出现，这就是它的绝对性。一般的社会规律、自然规律都是这样。

有的同志说：地球绕着太阳转，这是绝对的。因为在现在的条件下只能绕太阳转。但是，地球绕着太阳转，在宇宙中只是几十万万年以内的事，所以又是相对的。地球绕着太阳转，是宇宙发展到一定阶段出现的规律，不到这个阶段，过了这个阶段，都不行。凡是规律都是有条件的，所以是相对的；有这种条件，一定出现这个规律，所以是绝对的。因此，真理既是相对的，又是绝对的。

还有一些最普遍的规律，比如对立统一，一切事物都会发展变化，这些算不算纯粹的绝对真理？也还不能这样说。就它们是最普遍性的规律这一点来说，是绝对真理，是无条件的。到处都是一分为二，所以，它的绝对性大一点。可是还有一个问题，世界上的矛盾（一分为二），都不是抽象的，没有纯粹普遍性的东西存在，任何一个事物里的矛盾都是具体的。阶级社会的阶级矛盾固然是矛盾，可是它是阶级社会的阶级矛盾，不是人民之间非阶级的矛盾，和动物生存竞争矛盾也不同。对立统一规律总是要通过各种各样的具体形式表现出来，总是在一定的历史条件下表现出来。世界上任何一个地方都不会存在一个纯粹的、抽象的对立统一规律。普遍的东西不会独立存在。比如人的概念，有老人、小孩、男人、女人。能不能找到一个既不是男人女人，也不是老人小孩？这是找不到的。当然，也有个别的是不男不女的，但是也有老小的区别。这是人的自然特征。如果讲社会性质，在资本主义社会，或者是资产阶级的人，或者是无产阶级的人，二者必居其一。所以，没有一个地方能够找到纯粹的对立统一。这些规律显然是最普遍的，但是总是在一定条件下，表现为一定的特殊形式。毛主席说普遍性寓于特殊性中，就是这个道理。找普遍性总是在一个一个的特殊性中去找，把它们的共同点概括起来就是普遍性。普遍性包含在一个一个具体的特殊性里。对立统一规律的绝对性很大，是最普遍的，但是实际出现在世界上还是有它的特殊性。所以我们能够认识的对立统一规律又是具体的。以前，我们在民主革命时期研究矛盾，是人民和封建地主、官僚资本主义、帝国主义的矛盾；在社会主义革命时期研究矛盾，主要是资产阶级和无产阶级的矛盾；以后还要着重研究人民内部矛盾。所以，矛盾规律的表现也是有条件的。凡是真理，本身既是有条件的，又是绝对的。真理本身有这样的特点，所以人的认识也只能按照它的特点去认识，既有绝对性，又有相对性。普遍性固然是绝对性的一个表现，但是普遍性不能独立存在，一定是寄托在一定条件下的特殊性里。所以，任何一种普遍性的东西实际表现出来，都是有条件的，都是相对的。相对真理是整个宇宙的绝对真理的一个部分。

　　人类能不能把绝对真理完全认识得一干二净，能不能穷尽绝对真理？我们的答复是不能穷尽的。人类世世代代传下去，知识会不断增长，但是要穷尽世界，从此不要思考，这一天是不会有的。为什么？因为客观世界的发展不会穷尽，宇宙不会穷尽，因此人的认识不可能穷尽。客观世界不能穷尽，头脑的认识怎么能够穷尽？有人问：绝对真理人能不能认识？绝对真理可以认识，是一部分、一部分地认识，如此无限发展下去，就能越来越多地认识绝对真理。但是，要把绝对真理认识得一干二净是不可能的，因为有些绝对真理在现在的世界上根本没有出现。比如人类没有出现以前，就没有生产关系和生产力的规律。即使"神仙"也不会发现这个规律，因为世界上没有。世界上有了，而后才能认识。共产主义社会有些什么规律？现在我们还不知道。只知道一个方向。马克思在一百年前就知道这个方向。这只是一个大体上的估计。人对将来的认识只能对大体的趋势作一个估计。马克思研究了无产阶级和资产阶级的矛盾，就知道矛盾斗争的结果会出现无产阶级专政，最终将实现共产主义。但是，共产主义有些什么具体规律，马克思搞不清楚，我们现在也搞不清楚，但是比马、恩、列、斯的认识多了一点，确确实实弄清了社会主义社会还是过渡性的，社会主义社会里还有阶级斗争等等。但是，将来共产主义社会究竟还有些什么规律，我们认识不清楚，只能把现在能够认识的规律最大限度的摸清楚。我们能够估计到将来大体的发展方向，因为客观事物有这样一个趋向。抗战的头两年，毛主席的《论持久战》，就把抗战八年的大体过程估计到了。这是因为抗战八年的过程和抗战头两年的矛盾有联系。现在没有出现的矛盾，我们就不能估计。所以，要完全穷尽绝对真理是不可能的，但是，一天比一天认识得更多，接近绝对真理，这是可能做到的。

有同志问，战争规律有没有阶级性？这个问题跟真理有没有阶级性差不多是一类的问题。这个问题是可以研究的。我的理解是这样：真理是反映客观事物本身的规律，即客观存在的物质规律。它不以人们的意志为转移。客观规律本身没有什么阶级不阶级的问题，因为它是一个事实。阶级性的问题是在这个规律反映到人脑里的情形下才提出来的，是讲对规律的认识，对真理的认识，这就要涉及到阶级的问题。因为这不只是客观事实问题，而是客观事实被人掌握的问题，所以就要谈到阶级性问题了。

真理，从内容来讲，是客观世界的反映，人的主观意识不能任意改变它，你要想它不那样不可能。帝国主义一定要垮台，共产主义一定要胜利，世界一定要发展，妇女一定要生小孩，它是不以人的意志为转移的。所以，从真理的客观内容来看，是没有阶级性的，是不为阶级意志所左右的。另一方面，真理又有阶级性。真理也可以一分为二。从真理的认识和运用来说，是有阶级性的。人们对真理能掌握多少，是受阶级影响的，运用也是如此。

自然科学和社会科学有所不同。可以说自然科学本身是没有阶级性的，不同阶级的人都可以掌握。例如物理学、化学，资产阶级可以掌握，无产阶级也可以掌握，可以作为一门学问、一门理论来全套地掌握。自然科学是自然界规律的系统反映，是自然科学的真理，人认识了才叫真理，人不认识就叫客观规律。自然科学本身没有阶级性，因为各阶级都可以系统地掌握它。所谓掌握，包括两个方面的意思：一方面是能够认识它；另一方面又能利用它为自己的阶级服务。掌握不是认识就完了。要掌握它就是要拿到手里能够用它。为什么目的应用？为自己的阶级服务。比如原子弹，无产阶级的科学家可以认识，资产阶级的科学家也可以认识。区别在于愿意不愿意认识，这些是受阶级利益影响的。自然科学知识，无产阶级和资产阶级都需要，但是也可以分析。有些自然科学，资产阶级不愿意发展。资产阶级和无产阶级对自然科学要求的程度是不同的。资产阶级考虑它的利润，有些发明创造妨碍它赚钱，他就收买发明权，放置不用。但是，对自然科学的认识基本上是没有阶级性的，只是在一定的条件下，自然科学才有阶级性。自然科学的运用是完全有阶级性的。原子弹，我们是用于防御，资产阶级用于讹诈侵略。社会科学与自然科学不同，在认识上就有阶级性。所以，自然科学本身没有阶级性。但是，有一点有阶级性，就是各阶级掌握自然规律应用的方向可以不同，各阶级是按照为自己的阶级利益来应用的。这一点要讲清楚。如何掌握自然科学，并应用在什么方向上去，就这一点来说，自然科学是有阶级性的。

　　社会科学就是社会科学真理所反映的客观规律。社会规律作为客观事实来说，其本身也是无所谓阶级性的，但是，这个事实反映成人的思想，就有阶级性了。所以，社会科学真理本身是有阶级性的，它和自然科学不同。因为社会科学不是每个阶级都能同样系统的掌握的。譬如《资本论》关于经济学的规律，资产阶级经济学家就不能掌握。他可以掌握资本主义社会某一部分、某一个方面的规律，在不妨碍他的阶级利益方面，还可以发展他的科学。但是，像资本主义的总规律，资本主义必然要灭亡，社会主义必然要胜利，对于资本主义这样发展的必然结果，资产阶级的经济学家就不能掌握。马克思的《资本论》也利用了资产阶级经济学的材料，肯定了他们一些对的东西，但是他那个体系跟资产阶级的根本不同。所以，资产阶级、剥削阶级、各种反动阶级，对于社会的发展规律，不能完整地加以掌握。部分地他觉得对他有利的还可以掌握。例如，社会主义社会的和平演变这方面的规律，美国的杜勒斯就认识到了。现在美国对苏联、东欧国家的政策是杜勒斯制订出来的。杜勒斯是资产阶级很厉害的政治家，他看出了某些社会主义国家可以用和平演变的方法来把它搞垮。有这一方面的规律，但这不是社会主义社会的全部规律，只是一个方面的规律。这方面对他有利，他就会掌握。至于和平演变虽然会出现，但是一定会被克服，这一点他不相信，共产主义一定要胜利，他不承认这个规律。他总是往他那一方面想，认为资本主义总可以保存下去。

　　战争规律也是这样。客观事实本身无所谓阶级性不阶级性，但是对于战争规律的认识，变成学问、变成理论，就有阶级性了。我们有我们的毛泽东军事科学，马克思主义的军事科学，资产阶级不能掌握。我们掌握的军事科学有些东西资产阶级军事学里也有，例如，"知己知彼，百战不殆"，封建时代就有人懂得。这是军事规律的一个部分、一个方面，部分的东西有时资产阶级也是能掌握的，不过掌握的深度有不同

（我们的知己知彼用得很彻底，因为我们有人民，特别是知彼这一点，任何阶级都赶不上我们）。但是，一个战争规律体系，成为军事理论、军事科学，这就有阶级性了。毛主席的军事科学只能由无产阶级掌握；十大军事原则只有我们能够掌握，资产阶级知道了也不能掌握。

关于认识的总规律就讲这一些。

《实践论》的部分，讲完了。我们掌握辩证唯物主义认识路线，应用到实际工作中去，主要是这几个问题，其他问题不是主要的，不必着重去研究。学习了这两篇文章，只要抓住认识依赖于实践、实践与认识的辩证的相互关系、认识的总规律这三个主要问题应用到工作中就行了。其他问题，如相对真理与绝对真理的关系，就是认识无止境的问题。这是包括"认识总规律"中，了解了认识的总规律，就了解这一点。

（曾收入《艾思奇讲稿选》下卷）

学习《矛盾论》辅导报告[*]

（1964、1965）

《矛盾论》这篇文章眉目很清楚，毛主席标了许多小标题，为了讲起来方便、并抓着要点，把几个问题合并了一下，讲以下四个问题。

一、对立统一规律是辩证法的核心

矛盾规律是辩证法的核心。

有的同志问：恩格斯对辩证法提出三条规律，为什么不能并列，为什么说对立统一规律是辩证法的核心？

马克思、恩格斯讲辩证法，讲三个基本规律。那时是建立马克思主义的时期，讲马克思主义哲学，需要把辩证法各个方面的规律讲清楚。同时，马克思主义哲学与黑格尔的哲学有联系，要说明马克思主义的哲学从黑格尔哲学那里吸收了一些什么有价值的东西。归纳起来，黑格尔的哲学最有价值的是三个基本规律。马克思接受了黑格尔的哲学并加以改造，他没有着重讲核心。列宁特别突出地指出对立统一规律是核心，这是一个发展。列宁提出这个问题，也不是偶然的，也是从实践中、斗争中来的。列宁一方面反对资产阶级，一方面反对修正主义。当时修正主义反对马克思主义哲学，一是反对它的唯物论，一是反对它的辩证

---

[*] 见《学习〈实践论〉辅导报告》题注。

法，着重破坏它的对立统一规律。因此，列宁特别突出地讲对立统一规律。

毛主席的《矛盾论》，继承并发展了列宁的思想。列宁讲辩证法核心的时候，曾说："可以把辩证法简要地确定为关于对立面的统一学说。这样就会抓住辩证法的核心，可是，这需要说明和发挥"。"需要说明和发挥"这句话，可以说是列宁在学习上的遗嘱。列宁提出了这个问题，但没有来得及系统地说明、发挥这个问题。毛主席的《矛盾论》可以说是实现了列宁的遗嘱，系统地说明和发挥了列宁提出的问题。

所谓对立统一规律是辩证法的核心，其意思就是《矛盾论》上讲的，我们只要能够把对立统一规律本身各方面的问题弄清楚了，那就基本上懂得了辩证法。学辩证法，不要按照教科书那样，枝枝节节地学许多具体问题，不要泛泛地去研究三个规律和一些范畴，而应该集中力量，研究对立统一规律。对立统一规律搞清楚了，其他问题就可以搞清楚。什么质和量、肯定和否定，就可以得到自然地解决。每个规律都是和对立统一规律有关系的。比如质和量的互相转化，实际是质和量的对立统一。否定之否定规律，实际上就是肯定和否定的对立统一。由肯定转为否定，由否定又变为新的肯定，就是否定之否定。今天我们在这里听课是工作，算是肯定，工作一天要休息，又转化为否定，休息完了明天又工作，又是新的肯定。这就算是否定之否定。肯定和否定互相转化，也可以用对立统一规律来说明。所以，辩证法的规律、范畴，都是可以用对立统一规律来说明。

因此，辩证法的其他规律不能跟对立统一规律平列看待。其他的规律当然也是基本规律，但基本规律也有主要的和次要的。毛主席的著作着重发挥了列宁的上述思想。《矛盾论》里系统发挥了。《关于正确处理人民内部矛盾的问题》中又进一步发挥了这个思想。

要了解事物为什么发展，首先要了解对立统一规律。事物发展的根本原因在什么地方，就是因为一切事物发展的原因是它的内部矛盾。事物发展的原因，不能说是量变到质变，也不能说是否定之否定。有些反对辩证法的人说："辩证法就是否定的否定。"这是曲解。一切事物发展的根本原因就是事物的内部原因，除非你坚持形而上学，不承认世界上的东西会发展。如承认世界的一切都在发展，就得承认事物有矛盾，而且内部的矛盾是事物发展的根本原因，不承认这一点，事物发展就得不到说明。如果你说发展没有内部原因，而是外部来的，那就很危险，就有脱离唯物论而成唯心论，承认有神论、承认宗教的危险。如果你有这种想法，你把整个世界发展看成为外来的原因，和尚、道士、牧师就可以钻这个空子说，整个世界发展是外来的原因，只有神仙、上帝才能推动世界发展。

所以，承认世界发展，要坚持彻底的唯物论，一定要肯定世界上一切事物自己本身有矛盾，而自己本身矛盾是事物发展的原因。事物发展是由自己内部力量，内部力量即内部矛盾。彻底的唯物论一定是辩证法的唯物论。辩证法就是要承认一切事物运动发展都是由于事物内部原因，事物本身的原因而产生的，由事物内部的矛盾而产生的。没有矛盾，就没有动力；没有矛盾，还有什么发展？

如果一个人自己本身没有矛盾，自己的工作只有成绩，没有毛病，已经够了，那还怎样前进？没有矛盾，也就没有发展动力了，也就不能向前发展了。只有把工作"一分为二"，我的工作应当肯定什么，否定什么，改正什么，发展什么，然后才有可能看到我要怎样发展。一定要承认矛盾，承认发展，要"一分为二"；如果你不承认矛盾，不承认自己工作有矛盾，就会停止前进，甚至倒退。"固步自封、骄傲自满"，就是因为不承认矛盾。不承认自己的工作有矛盾，这个问题在历史上有很多教训。

不承认矛盾，就不能前进。事物内部矛盾是事物发展的第一位原因，是发展的依据。毛主席在《两种宇宙观》这一节里讲得很清楚，任何时候都是承认事物内部原因是发展的根据，是第一位原因；外因也有作用，但不能成为根据，不能起最后决定的作用；只能在某种条件、时间、某种情形下起某种决定作用，但不能决定事物发展的根本方向。

决定事物发展的根本方向是内因。批评与自我批评，批评是外因，自我批评是内因。外因也是不可少的，批评是帮助，但是人的思想问题最后解决一定要靠自我批评。一个人犯了错误，如果没有真正的自我批评，别人的帮助也不能真正起作用；如果有认真的自我批评，对于自己的进步就会起很大的推进作用。

所以，承认对立统一规律是辩证法的核心，主要是认为事物发展的根本原因是内部原因。在实际工作中，在思想工作中，首先要抓内部原因，当然也不能忽视外部原因。

所谓矛盾是"一分为二"，矛盾是对立统一，因为矛盾是一个东西内部分为对立的两个方面。列宁在《谈谈辩证法》中，开始用过"一分为二"的提法，"统一物分成两个部分"。毛主席把这个思想进一步发展了，他在1957年莫斯科会议上就提出这个问题，他说"一分为二"是普遍现象，任何事物都是"一分为二"的。我们观察事物、检查工作、解决问题，都要用"一分为二"的方法。所谓"一分为二"就是暴露矛盾，看起来统一的东西没有矛盾，但是要把它暴露出来，加以分析。毛主席在合作化运动中把中农"一分为二"，分为上中农、下中农。这个"一分为二"起了很大作用，过去认为中农是动摇阶级，而没有加以分析，现在把中农"一分为二"，对农村工作有很大意义。客观事物是"一分为二"，我们的方法也是"一分为二"。对任何问题都要"一分为二"。

党内的矛盾也是这样。团结——批评——团结，批评就是一分为二，第二个团结是在更高的基础上的团结。把错误分出去，然后才能真正团结。犯错误也是"一分为二"，一种是改正错误，一种是离开革命队伍转化出去，这都叫"一分为二"。我们党的历史也是这样，经过了两种"一分为二"，陈独秀分裂出去了，受他影响的跟他划清界限，跟党站在一起。张国焘几乎是一个人分出去了。发展是"一分为二"，是不断"一分为二"的过程，什么时候"一分为二"停止了，发展也就停止了。如果有人阻碍"一分为二"，就是阻碍事物的发展。

有的同志问，外因能不能起决定作用？凡是原因对结果都有某种决定作用。毛主席在《矛盾论》中着重讲内因的作用。内因是事物发展的第一位的原因，是最根本的原因、最后的原因。外因也是一种原因。世界上的事物是联系的，问题不是决定不决定。外因如果没有一定的决定作用，就不叫原因了，就不起作用了。现在主要讲哪个是第一位的原因，这样提问题才好解决。毛主席讲内因是根据，是第一位的；外因是条件，是第二位的。条件有没有决定作用？我们常常讲，问题决定于什么条件。这样讲也不错。问题是外因能不能起主要决定作用？外因不能起最根本的决定作用，也可以说外因不起决定作用，这是名词问题，反正它不是根本的。内因也可以说是条件，但它是根本条件。外因，有时候很大，有时候很小，不管怎么大，甚至起深刻的影响，但它不是最后的。有些外因影响是很大的。俄国革命对中国革命有深刻的影响。这是不是外因成了最后的根本的原因？不是。因为外因虽然作用很大，究竟起什么作用，不决定于外因；结果怎么样，也要看它内部矛盾的转化。俄国革命对世界革命有很深刻的影响，为什么只有在中国引起新民主主义革命？土耳其革命，苏联用很大力量帮助土耳其的基马尔，土耳其独立了，结果还是一个资产阶级政权，旧民主主义革命还很不彻底，现在的土耳其仍然是很落后的。中国同时受十月革命的影响，但是发生了新民主主义革命，并且发展到社会主义革命。能够把俄国革命当做中国革命的根本原因吗？不能。不能说俄国革命引起了中国的新民主主义革命，只能说促进了这个革命。中国发生新民主主义革命，主要在于中国有比资产阶级先进的无产阶级。还有资产阶级革命碰了许多钉子。在新民主主义革命之前，有各种各样的革命，譬如农民革命、改良主义革命、孙中山的旧民主主义革命，这些革命都失败了。中国人民懂得，所有这些革命都不行，连孙中山都知道旧民主主义不行。有了这样的内部基础，在俄国革命的影响下，就出现了新民主主义革命。根本原因还是内部矛盾。现在中国革命对亚非拉人民革命的影响也是这样。中国革命对不同的国家起了不同的作用，因为各国情况不同。所以，外因只能通过内因起作用，外因被内因所接受。俄国革命经验被中国所接受，起了作用；土耳其没有接受思想帮助，只接受了物质帮助。批评起作用，但最后解决问题还是得靠他自己的自我批评。一个人犯错误，他的思想像赫鲁晓夫一样，你再批评也不能起作用。

外因和内因算不算一对矛盾？也可以算一对矛盾。因为是一对矛盾，就会互相转化。怎样转化呢？外因在一定范围内也可叫内因。比如西藏的解放，是我们把人民解放军开进去，帮助西藏的农奴取得解放的。解放军开进去，对西藏这一地区来说，是外因。但是，在国际上来说，是我们国家内部的事情，因而是内因，不能说是外因，如果说是外因，那尼赫鲁就同意了。内因和外因就是这样转化的。转化要有条件，条件就是外因。范围不同，内外不同。中国和外国，外国对我国的影响，是外因；但就整个地球来说，是人类历史内部的矛盾，是内因。对内因和外因的转化，一般地只能这样看。在工作中，有时要着重抓内因，有时要着重抓外因。在不同的时间内，着重点可以转化，这种情况并不是说外因起了决定性的作用。

内因、外因也是讲的"一分为二"。矛盾的规律是"一分为二"的规律，这是辩证法的核心，我们主要要掌握这个核心。掌握这个核心，还要注意以下一系列的问题。首先是矛盾的普遍性与特殊性的关系问题。

二、矛盾的普遍性和特殊性的关系

矛盾普遍性是什么意思？《矛盾论》讲得很清楚："矛盾存在于一切事物的发展过程中"；"每一事物的发展过程中存在着自始至终的矛盾运动"。简单地说，矛盾对于世界一切事物都没有例外。如果认为世界上有哪一种东西有例外，那么，辩证法就不彻底。彻底的辩证法观点，就要承认一切事物都有矛盾，而且自始至终有矛盾，毫无例外。修正主义者有一种手法，可以叫做"例外论"。就是用矛盾有例外，矛盾不是普遍的这种诡辩来宣传修正主义。它一般承认世界一切事物都有矛盾，但在紧要问题上否认矛盾。它承认阶级社会有矛盾，但不承认社会主义社会有矛盾；它一般承认资本主义社会有矛盾，但又说今天资本主义社会没有对抗性矛盾；它可以承认资本主义社会与社会主义社会有矛盾，但又说今天的这种矛盾可以和解，矛盾变为乌有。这些都是荒谬的。

到共产主义社会还有没有矛盾，矛盾就化为乌有么？毛主席说，到将来共产主义社会还有先进、落后的矛盾，还有正确与错误的矛盾，而且还会有唯物论与唯心论的矛盾。我们彻底承认任何事物都是可以"一分为二"的。任何时候都有矛盾的。绝不能说可以有某种事情某个时候便没有了矛盾。

矛盾是不是完全普遍的？有没有例外？在这个问题上，很早就有分歧。德波林学派就是认为矛盾不那么普遍。德波林的观点是：事物发展的开始没有矛盾，事物内部各方面只有差异，不是矛盾，矛盾是在发展到一定时候才有的。同时，事物发展到最后也没有矛盾，矛盾发展到最后就可以和解。既然可以和解，当然也就说不上矛盾了。毛主席在《矛盾论》里特别讲到差异是不是矛盾的问题。毛主席说：差异包含着矛盾，差异就是矛盾。一件事物发展的开始就有矛盾，就包含着矛盾，不过不太显著、没有激化罢了。从现象上来看，是差异，实际上是矛盾。一个阶级社会开始就有阶级矛盾，但是德波林学派认为只有差异、没有矛盾。资本主义社会的初期，有没有矛盾，德波林学派认为没有矛盾。马列主义者认为有矛盾。差异就是矛盾，每一差异就包含着矛盾，发展到一定程度就暴露出矛盾的性质。这个思想不是不重要的，而是很重要的。从差异里面看出矛盾是很重要的辩证方法。这是从现象到本质、由表及里的方法。毛主席的辩证法思想之所以高，就是在这个问题上运用得非常出色。我们要学会善于从差异中发现问题，运用从差异中发现矛盾的方法，不是要我们抓一些鸡毛蒜皮的问题，而是着重抓一些重大的问题。我们要抓主要的矛盾，从看来仅仅是差异的现象中抓住我们要抓的问题。

我们认为，城乡之间、工农之间、脑力劳动与体力劳动之间是有矛盾的。过去一般只是说城乡之间、脑力劳动与体力劳动之间有差别。我们肯定差异就是矛盾，就要肯定三大差别就是矛盾，所以知识分子要到工农群众中去，与工农兵相结合。领导与群众也有矛盾。这一点，苏联坚决不承认。现在苏联的一些哲学家的文章，说领导与群众、脑力劳动与体力劳动、工人与农民、城市与乡村只有差别，没有矛盾。我们要揭露这种反辩证法的思想，坚持有差别就有矛盾的原则。有差异的地方就有矛盾，问题是矛盾表现得显著不显著、激烈不激烈，激化的程度有区别。

很多人常常提出这样的问题：我们常常把自己"一分为二"，有成绩有缺点，有正确有错误。能不能说蒋介石、约翰逊、赫鲁晓夫，也是有成绩、有缺点，有正确、有错误？如果用不上这个公式，就想不通了，就认为"一分为二"完蛋了。这样的观点，还是不了解矛盾的特殊性。要讲清这个问题，必须打破这个框框。"一分为二"是个方向，不是框框，是工作指南，只负责指出一条道路，至于如何分析，要看具体情况，对自己的工作是可以这样分的：有缺点，有成绩；有正确，有错误；有长处，有短处。对敌人就不能这样分析。对蒋介石、约翰逊、赫鲁晓夫就不能这样分析。约翰逊假和平真备战，是"一分为二"。赫鲁晓夫假马克思主义、真修正主义；对亚非拉革命假同情、真捣乱；在国际共产主义运动里是假团结、真分裂，这也是"一分为二"。这样分析，就没有问题了，符合事物的特点。修正主义是敌人，又是教员，不过是反面的教员。帝国主义、反动派是纸老虎，又是真老虎，如此等等，这都是"一分为二"。"一分为二"是没有例外的；同时，不同事物有不同的"一分为二"。

承认矛盾普遍性对工作有什么意义？我们观察任何问题、解决任何问题，都得坚决用"一分为二"的方法，对这个方法不能有任何例外，在任何时候不能有任何动摇。这在今天特别应该强调，因为对"一分为二"的方法动摇，是很容易发生的。

在形势的分析上，常常可以看到对"一分为二"的观点有动摇。这种动摇表现在困难的情形下，只看到黑暗一面，不能用"一分为二"的观点，在困难中看到光明的趋势。

对形势的估计，也有相反的情形：在顺利时就看不到困难了。在顺利时又能看到可能遭到的困难，这就是"一分为二"的方法。

再一种动摇的情况，是对工作不能"一分为二"。工作有了成绩，就看不到缺点；对自己只看到成绩，看不到缺点，而对别人只抓住缺点，否定成绩。这也是对辩证法的动摇。

这些情形是生活中的例子，比较容易出现动摇。有这些动摇，就妨碍我们正确认识问题。

不管社会科学或文学，没有辩证法就不能正确反映客观。就会使工作发生偏差。所以研究矛盾，承认矛盾普遍性，主要是在工作上掌握"一分为二"。在任何时候，都不要有任何动摇，对任何事物都要"一分为二"。对工作、对周围一切事情要"一分为二"；对权威也要"一分为二"；对19世纪的高峰，也不能颂扬备至，也要"一分为二"。30年代的作品当然也不是一塌糊涂，也要肯定，也有成绩，但绝不能认为比我们今天60年代的作品高。只有用"一分为二"的方法，才能看出问题，才能解决问题，才能前进。

矛盾的普遍性与矛盾的特殊性是分不开的。我们一方面要坚持"一分为二"，对每一个事物要"一分为二"，同时又要按矛盾的不同情形来作具体的分析。矛盾的特殊性，就是说不同的矛盾有不同的特点。矛盾是普遍的，但每一个事物的矛盾又都是具体的，特殊的。"一分为二"的方法，在对具体问题上要作具体分析。《矛盾论》一文用很大篇幅论述矛盾的特殊性，主要是为了反对教条主义。教条主义当时主要的错误，是不承认矛盾的特殊性，不注意国内阶级矛盾的特殊性。

具体矛盾要具体分析。矛盾的普遍性与矛盾的特殊性，不能忽视一面，而只注意一面。矛盾的普遍性是要坚持"一分为二"；矛盾的特殊性是用"一分为二"作具体分析，没有具体分析，就不能找到解决矛盾的办法，也就不能真正解决矛盾。所以，对一个矛盾的不同发展时期要做具体分析。同一个人昨天和今天就不一定相同。同一个社会主义革命，苏联的社会主义革命和中国的社会主义革命就不同。中国社会主义革命发展每一个阶段，又有它的特点。具体矛盾具体分析，在科学上是如此，在文艺上也是如此。文艺上反对公式主义，就是因为它对社会矛盾没有具体分析。公式主义不好，它妨害文艺创作。好的文艺作品，一般都能提出问题，通过文艺典型，暴露矛盾，解决矛盾。

矛盾的普遍性和矛盾的特殊性的关系就是这样：坚持"一分为二"的方法，具体进行"一分为二"的分析。这两方面结合起来，就是矛盾普遍性与矛盾特殊性的关系。

矛盾的普遍性与矛盾的特殊性，当做一个题目联系起来讲，原因就要注意在研究矛盾的时候，一方面要注意矛盾的普遍性，另一方面要注意矛盾的特殊性。注意矛盾的普遍性，就要把"一分为二"作为最普遍的方法，对任何问题在任何时间都要"一分为二"，都不要动摇，不要认为可以没有矛盾了。注意矛盾的特殊性，注意每一种矛盾都有特点，即有个性。在我们坚持"一分为二"的方法时，对每一个具体问题，都要注意它的特点，进行具体分析。不注意矛盾的特点，就要犯教条主义、公式主义的错误。《矛盾论》里指出教条主义错误之一，就是不了解矛盾的特殊性，不注意中国矛盾的特性。毛主席写这篇著作时，王明的教条主义是主要危险。不承认、不坚持矛盾的普遍性，就会犯修正主义的错误；不注意矛盾的特殊性，就要犯教条主义的错误。

辩证法没有学好，有些问题就会想不通，譬如对人要"一分为二"，总是要分为正确与错误，那么对帝国主义是否也可以这样分？如果对它不能这样分，就不能搞"一分为二"了，是否"一分为二"就无效了。这类问题是普遍的，到处都有。为什么会发生这个问题？发生这个问题，就是不了解矛盾的特殊性。不同的矛盾有不同的分析方法。"一分为二"不是死的公式。不同的事物，矛盾不同，对立的两面不都是一样的。对任何人都用简单的正确与错误来分，就没有效果，这就是公式主义。马克思主义者可以这样分，世界革命人民可以这样分，有正确有错误。我们马克思主义者在一个正确认识没有完成以前，免不了有一些错误。但对帝国主义不能这样分。我们文艺作品写一个坏人，就可以把这个人的两面性写出来。坏人作假，作品上可以写出他的作假，同时又写出他的本质一面。一个很坏的人如果只简单写他坏的一面，有时还不够，要把它的假象写出来，揭露出来，那才能够说是全面的。不同的人有不同的分法。正确与错误也有不同的分法。斯大林是三七开，有些人是倒三七开。有些人的错误很少，是暂时的错误，如马克思、恩格斯写文章中也写到在某个问题，有过错误看法，这错误很小。列宁与斯大林比较起来，不能说列宁也三七开；但不能说列宁一点错误都没有，列宁讲过自己也有过错误。不过，这是个别的情况。正确与错误有各种各样特殊性，斯大林三七开，就可以算伟大的马克思主义者。如比例不同，质量也就不同了。如果倒三七开，这个人就不很好了。譬如普列汉诺夫在早期，有好的地方，有对的地方，但是后来成了叛徒，叛变革命了，就不能算是好的马克思主义者，而变成修正主义者了。

对矛盾要做具体分析，把矛盾的两面，每一面都做具体的分析。我们讲和平，帝国主义也讲和平，这和平不一样，帝国主义的和平是假和平，与他的真备战联系起来，一研究就知道它是一个什么矛盾，它是反动的两面性。反动就是反动，可是反动也有反动的两面性。蒋介石反共反人民，投降美帝，可是与美帝之间也有矛盾，美帝有时又想把他一脚踢开，在这个问题上，蒋介石与美帝经常有斗争，斗争不是为了反美帝，而是为了取得奴才资格，他不斗争，就会像吴庭艳一样下台。蒋介石投靠美帝，是美帝的奴才，又怕当不成奴才，这是奴才与主子间的矛盾。

运用辩证法，最重要、最困难的就是对具体事物做具体分析，我们要努力学的就是这一点。毛主席明确地讲，要用较大的力量分析矛盾的特殊性。偷懒和怕麻烦的人，就没有办法运用辩证法。随便抓一个公式来，没有办法掌握辩证法。要掌握辩证法，既要掌握矛盾的普遍性，又要掌握矛盾的特殊性，特别要掌握矛盾的特殊性。矛盾的普遍性不能放弃，放弃了矛盾的普遍性，不搞"一分为二"，就会离开辩证法。但是，你主观上不动摇，承认矛盾的普遍性，在实际上做的时候，不对具体事物做具体分析，结果还是不能掌握辩证法。我们要有坚定的观点，同时要落脚到具体分析上。能不能做具体分析，是能不能掌握辩证法的关键问题，是能不能把事物"一分为二"的关键问题。为什么一定要作具体分析呢？主要是为了我们的斗争，为了工作。没有具体分析，就不能用辩证法来指导我们的工作，指导我们的斗争。我们的工作就是解决矛盾。解决矛盾，就要有正确的方法。正确的方法从哪里来？从具体分析中来。解决矛盾要经过斗争，用什么方法进行斗争，决定于矛盾的特点。对矛盾的特点认识清楚了，才能找到针锋相对地同他斗争的方法。对帝国主义、各国反动派，要拿起枪杆子来和它斗争，没有武装斗争是不能解决问题的。但是，自己的矛盾、人民内部矛盾、党内矛盾，就不能拿枪杆子来搞。这也拿枪杆子来搞，那成什么样子呀！要作具体分析，才能找到恰当的方法。武装斗争也有不同的斗法。我们的方法是，你打你的，我打我的。这个方法是对敌人的强弱点作了具体分析才能做到的。即使原则上掌握了这个方法，实际上做的时候不作具体分析，不能运用"一分为二"的方法，还是不行的。

总之，任何时候对任何事物都要坚持"一分为二"，应用两分法，但是，又要根据矛盾的不同情形进行具体的分析，不能千篇一律，把正确与错误、好与坏等当做死的公式简单地去套用。

三、主要矛盾和矛盾的主要方面

一件复杂的事情同时存在很多矛盾，要注意用最大力量去找出它的主要矛盾。为什么要这样做？因为主要矛盾是带关键性的矛盾，是事情的主要环节，是我们斗争的主攻方向。解决矛盾，要斗争，斗争方面多了，就要考虑，哪是主攻方面，要用主要力量。主要矛盾又表现为主要斗争。主要斗争搞好了，其他的斗争就容易胜利了。主要斗争失败了，其他斗争胜利了，也会垮台；主要斗争胜利了，个别的斗争失败也不要紧。主要矛盾对我们搞革命和建设是十分重要的。

主要矛盾是会变化的，要经常注意它的变化。在历史上关于主要矛盾运用在实际斗争中最好的例子，是在抗日战争时期，毛主席与王明关于要不要抗日民族统一战线的争论。王明看不到抗日战争所引起的民族矛盾已是主要矛盾，看不到全民的抗日要求，把自己孤立起来了。1935年遵义会议后，大家认识一致了，才搞起抗日民族统一战线。1937年抗日战争爆发之后，一直到取得抗日战争的胜利，那就是我们抓住了民族矛盾是主要矛盾。

我们的文艺创作也有这些问题，要不要反映主要矛盾？创作反映当前的主要矛盾，这是艰苦的工作。要创作，就要熟悉，这不是一天两天的功夫，搞"活报"容易，要搞成艺术作品，就要经过相当时期的努力。一个时代的作品应当反映他们时代的主要矛盾。每个时代的杰出作品，好的或很好的作品，主要是反映了他们当时的主要矛盾。资本主义革命时代的作品，主要反映资本主义和封建主义之间的矛盾；在古代很多杰出的作品，如《红楼梦》、《水浒传》为什么那样受欢迎，因为它反映了封建社会内部的深刻矛盾，反映了农民与封建势力之间的主要矛盾。我们今天的作家、艺术家应当努力反映我们社会主义革命和建设中的主要矛盾。

就斗争来说，主要矛盾也就是主要斗争，是斗争中、工作中的关键问题，它关系着斗争的胜败，关系着对立面能不能转化。因此，我们运用辩证法的时候，就要特别注意分析主要矛盾。学毛主席著作，凡是学习好的，都不约而同地注意主要矛盾问题。在工作中会不会运用辩证法，就看你会不会找出工作中的主要矛盾。找主要矛盾，是要费力气的。因为有些主要矛盾不太好找，而且主要矛盾是变化的。一个主要矛盾解决了，又出现第二个主要矛盾。变化的时间长短不同，但总是要变化的。世界的主要矛盾变得慢一些。具体工作中的主要矛盾，可能几天一变。我们学习哲学，用哲学来指导工作的时候，要特别注意研究这个问题。

怎么来确定主要矛盾？找主要矛盾是一件很重要的事情，毛主席说要用最大的力量去找出主要矛盾。矛盾是很多的、很复杂的。不找出一个主要矛盾，工作就被动，就不容易解决问题。确定主要矛盾用什么方法？我的实践经验不多，很难说具体办法，讲哲学也只能讲原则，因为有不同的情况，这一件事的这一个方法不能代替另一件事的方法。不同的情况，有不同的找主要矛盾的方法。最重要的问题还是要去实践中去摸，经过几次实践，把自己的想法加以比较，而后就可以找出来。有时候找得不对，放弃了再找，总有一个矛盾是主要矛盾。有些情况的主要矛盾比较显著，容易找，比如日本打进来了，只要有一点辩证法头脑的，也就可以感觉到。有些问题，某些资产阶级都看出来了，可是有些人就是看不见。"九·一八"事变以后，民族资产阶级的态度有很明显的不同，很快转向抗日方面，就想找共产党。可是教条主义就不承认，认为民族资产阶级比蒋介石还危险。主观主义害人到了这样的程度！

只要是立场、观点、方法正确，经过研究，主要矛盾是不难找到的。有的时候找主要矛盾要经过一些实践、认识的反复。具体工作中的主要矛盾，往往要经过实践才能找到。主要矛盾也是我们工作中的主要环节，抓住这个环节，其他工作也就迎刃而解。主要矛盾也就是我们主要用力的方向。所以，抓住主要矛盾，对我们确定战略策略有重要意义，主要矛盾抓住了，我们的战略策略就可以正确。战略部署要根据主要矛盾来确定。

再讲一下主要矛盾和基本矛盾的关系问题。这两者是有区别的。基本矛盾是整个运动过程中能够起决定作用，起根本作用的矛盾，时间可以是很长的。比如民主革命过程中，新民主主义革命自始至终有一种基本矛盾：中国人民和三大敌人的矛盾。主要矛盾则不同，它是整个过程中某一个时期（阶段）特别突出的矛盾。这种矛盾并不是全部的基本矛盾，只是其中的一个或者是两个组成为一种，称为主要矛盾。比如抗日战争时期，主要矛盾并不是所有的帝国主义和中国人民的矛盾，而是日本帝国主义和整个中国人民的矛盾。讲基本矛盾，整个帝国主义都是我们的敌人，但是那个时期主要是和日本帝国主义的矛盾，要用主要力量去反对它。其他的矛盾要照顾，但是，解决其他的矛盾，一定要服从主要矛盾的解决。所以，抗日战争一开始土改就不搞了，而搞减租减息。主要矛盾突出了，次要矛盾缓和了。

主要矛盾一般是一个时期的，也有很长的过程，比如无产阶级和资产阶级的矛盾就是如此。说长期，是不是始终都有？这还要看情况，比如把资产阶级的进攻打下去以后，就要把主要精力用来搞生产，发展经济，加快建设，解决人民内部矛盾问题。

讲矛盾的焦点，有时也是指主要矛盾。有时候，一些名词是可以通用的。焦点并不等于它是主要矛盾，是指许多矛盾集中点。但是，有时是总矛盾最突出的一点，最主要的一点。讲亚、非、拉是矛盾的焦点，就是指主要矛盾。亚、非、拉可以说是各种矛盾的集中点。焦点就是集中点，也是主要矛盾的所在地。各种矛盾的焦点，就是讲全世界的矛盾在当前一个时期来说，都要集中到那里去解决。有时候主要矛盾也可以讲引起主要斗争的矛盾，主要矛盾表现为主要斗争。我们日常工作中讲的主要环节，就是我们主要用力的地方。焦点和主要矛盾的意义多少有点不同，但有时候可以看成是一件事。各方面都用主要力量去争取亚、非、拉，所以，现在主要斗争所在，又是焦点、主要环节。

下面再讲矛盾主要方面的问题。

矛盾的主要方面是在矛盾两个方面中间占支配地位的。矛盾的两个方面同时存在，不是两片虎符，半斤八两相等，不是平均的。矛盾的对立面不可能平均，而且关系经常变化，总有一方占优势，占主导地位。旧社会剥削阶级占优势，今天总的说来是人民占优势。因为我们无产阶级和革命人民有国家政权嘛！矛盾的主要方面是占优势、占支配地位的矛盾方面。分析矛盾时，要注意这个问题，要注意究竟哪一方面占优势。现在讲帝国主义、反动派和人民的关系，和人民的矛盾，今天可以肯定地说，世界人民占优势，到处可以证明。我们要研究矛盾的主要方面，研究矛盾的优势，因为它确定事物的性质。

矛盾的主要方面的问题，毛主席特别提出这个问题来，也不是偶然的，是同中国革命的实践分不开的。在目前的社会主义革命和社会主义建设中，这个问题仍然是很重要的。这个问题的重要性在什么地方？主要的有两点：第一，认清了矛盾的主要方面，可以帮助我们确定矛盾的性质、事物的性质；第二，认清了矛盾的主要方面，可以帮助我们找到解决矛盾的恰当的斗争方法，在战争方面可以帮助我们找到恰当的战略战术。

如果找不到矛盾的主要方面，就搞不清事物的本质。这个问题，在社会性质问题上最为明显。社会性质是由统治阶级决定的。我国在1949年以前，除了解放区以外，是半殖民地半封建性质的，1949年以后是社会主义性质的国家。好人、坏人，决定于好思想、坏思想哪个占统治地位。不能说好人一点错误、缺点也没有。好人是马克思主义思想、党性占统治地位，有时也有点个人打算，但是碰到与党的利益矛盾的时候，能够服从党的利益。坏人不同，他们是追求个人利益，牺牲党的利益。人的品质好坏以哪个思想占统治地位这一点来决定。

矛盾的主要方面更重要的是确定战略、策略、工作方法。可以从两方面确定：首先是从客观方面研究矛盾力量的对比，看哪一方面占优势、主导地位，然后，在主观上确定应该采取什么战略、策略。我们大家学《中国革命战争的战略问题》，就可以看出来毛主席是怎么解决这个问题的。1927年敌我力量对比，敌人比我们强大得多，因此敌人是矛盾的主要方面。在这种情况下，革命战略（只讲战略）应该是防御、保存、积蓄力量。政治上、军事上都应该是这样。那时候分清谁是主要方面的问题特别突出，因为当时出现了"左"倾机会主义，他们不承认力量对比的客观情况，写文件动不动就是敌人是"惊恐万状"、"吓得发抖"，总是把我们看做占优势，敌人占劣势。特别是毛主席辛辛苦苦组织了游击队打了一些胜仗，主观主义就更嚣张起来，抓着一些胜仗贪天功为己功，而认为他们"正确"。他们既然认为革命力量占主导，所以他们的指导思想就是战略上要实行进攻的思想，在城市里要搞公开的游行示威，在乡村里就主张进攻大城市。在敌人力量占主导时，我们采取战略进攻是错误的。毛主席写的《中国革命战争的战略问题》，全部讲的是战略防御，一直到1947年6月以后才说"军队向前进"。你们看1947年以前，哪有一篇文章讲这个话。这讲的是战略，还有战术。战略和战术是对立的统一。战略上的防御不等于战术上都是防。战役、战术是个局部问题，战略是个全局问题。在战略上是防御，但在战役战术上则必须集中优势兵力，实行进攻。当然，也有防御，这是有条件的。这个问题，毛主席在《中国革命战争的战略问题》里讲了。毛主席运用辩证法高明的地方，就在于运用得非常全面。在战略上把敌我力量对比"一分为二"，在一个时期里，肯定他们是优势，采取防御；但是不把战略上观点片面扩大，机械地运用到战役战斗上，而是重新作分析。战役战斗上我们的力量必须占优势，而且我们要自觉地组织这种优势。比如寻找敌人的薄弱环节，集中优势兵力，进攻敌人。毛主席把战略上的防御和战役战术的进攻作这样巧妙的结合，以前的军事书上是没有的，因为过去的战争没有像中国革命战争这样复杂、曲折。毛主席在战争问题上，把矛盾的主要方面，在哲学上作了最高的总结。"一分为二"，不是简单的分一分就完了，它不是平均主义，也不是折衷论，不是半斤八两。分了以后，还要掂掂轻重，哪个方面是主要的。不掂轻重就不知道相互的关系怎么样。

主要方面还有一个问题，这就是工作中着重抓哪一方面？《矛盾论》上关于这个问题有一段说到了："诚然，生产力、实践、经济基础，一般地表现为主要的决定的作用，谁不承认这一点，谁就不是唯物论者。然而，生产关系、理论、上层建筑这些方面，在一定条件下，又转过来表现其为主要的决定的作用，这也是必须承认的。当着不变更生产关系，生产力就不能发展的时候，生产关系的变更就起了主要的决定的作用。当着如同列宁所说'没有革命的理论，就不会有革命的运动'的时候，革命理论的创立和提倡就起了主要的决定的作用。当着某一件事情（任何事情都是一样）要做，但是还没有方针、方法、计划或政策的时候，确立方针、方法、计划或政策，也就是主要的决定的东西。"这里讲了实践和理论的矛盾，在工作中抓实践还是抓理论？有时候应该用主要力量抓实践，有时候应该着重抓理论。当着很多同志都脱离实践了，搞官僚主义了，就要用主要力量号召大家参加实践。等到大家都参加了实践，这方面没有问题了，总结经验又成了主要的问题。那时我们的工作就应该抓总结经验。在工作中矛盾着的两方面中，哪一方面有问题，就把这一方面作为我们主要用力方面，着重去抓它。这也是研究主要矛盾方面的一个目的，也是运用主要矛盾方面来指导我们工作的一个意义。

从文艺方面说，社会主义文艺作品应有什么特点？决定于什么？文艺作品都要写矛盾，要确定作品有没有社会主义性质，标准很多，我们有一个最主要的标准，首先是劳动人民成为主角，特别是劳动人民的英雄人物作主角，这是社会主义文艺的标准。可以不可以写中间人物，当然可以写，为什么不能写？反动派还要写嘛！作品中没有反派、没有中间人物，就没有戏啦！要写，问题是你把它摆在什么地位。如果你要把它摆在主要地位，当做歌颂对象，这就违背了社会主义文艺特点。

我们现在的文艺算不算社会主义文化？有没有什么标准来判断？有一个标准，就是要看在文艺戏剧中，工农兵是否占主要地位。苏联的芭蕾舞一直演《吉赛尔》、《天鹅湖》、《天方夜谭》，从来没有出现工人和农民，它不是社会主义社会的上层建筑，它是把资本主义上层建筑搬到社会主义上层建筑中来。我们可不可以演一点帝王将相、才子佳人？当然可以，问题是它该占什么地位？如果帝王将相占主要地位，我们的戏剧文化就不是社会主义的戏剧文化，也不成其为社会主义的上层建筑。尽管你也把这些戏送到工厂农村去演，但是在舞台上占支配地位的不是工农兵而是过去的帝王将相，这就不能算是社会主义社会的上层建筑。

一定要把这种现象倒过来。帝王将相的东西，为了参考，可以少演，分量要少一些。量和质有关系，大量的应当是现代的东西，应当是工农兵英雄，应当是劳动人民。过去的、外国的东西可以小量的存在。我们要很好地努力，研究矛盾的主要方面，确定矛盾的性质问题，对文化、文艺意义很大。

四、矛盾的同一性和斗争性

同一性是指对立面的相互联系；斗争性是对立面的相互排斥。对立的东西联系起来叫做同一性，相互排斥就是斗争性。研究和分析矛盾的对立面如何相互联系，又怎样相互斗争、排斥，就是研究矛盾的同一性和斗争性这两种性质。同一性有两种：一种是对立面互为存在的条件，你不能离开我，我不能离开你，在统一体内同时存在，叫互为存在的条件；另外一种是互相转化，转化中间联系起来。例如劳逸结合，白天工作，晚上睡觉，不断转化。工作、休息联系起来，有同一性。辩证法中讲的同一性与形而上学讲的同一性不同，形而上学的同一是等同，没有分别，而辩证法的同一，是讲一个统一的东西分为对立的方面，这对立方面有联系，所以它们是同一的。如果资本家改造好了，资产者变为劳动者，这是转化。能转化，就有同一性。

这里有一个需要解决的问题，有人提出对立面在一定条件下互相转化，有时想不通。例如生转化为死，就想得通，死转化为生，就想不通了。这个想不通，还是没有注意到转化是有条件的，同一性是有条件的。人活到老，转化为死，这是有条件的；已经死了的人变为活人，除非是假死，真死就没有条件可以转化为活。但是在另一方面，另外条件、另外情形下，还是可以理解的。情形有好几种。我们身体为什么能够活下去？我们身上有一些细胞天天死去，又天天产生新的细胞，我们才能活下来。如果旧的细胞不消灭，老不死，新的生长不出来，人就活不下去。从这一点看，是死变为生。另外还有一种情形，从个人与集体关系看，个人死了，集体可以活。黄继光死了，队伍前进了。一个人死了，保住了集体。在战斗中有这种情形，个人的死变成为大多数人的生。战争总是要死人的，但这正是辩证法，也是死变为生。

我们学辩证法有一个任务，就是要揭露矛盾，通过对立面的斗争，努力促进对立方面向进步的方面转化。我们的工作是转化的工作，向前进方面转化的工作，使落后的国家变为先进的国家，使社会主义变成共产主义，使资产阶级改造成劳动人民，甚至"五类分子"也要通过劳动得到改造。马克思主义者促进一切事情向进步的方面转化，坏的变成好的，落后的变先进的，坏事变好事。学辩证法的任务之一，就是要学会做这个工作，实际上我们都在做这个工作。我们了解了这个任务、方向之后，就可能做得更自觉、做得更好。

关于矛盾的同一性和斗争性问题，应当注意的主要问题，是列宁所说的，同一性是相对的、斗争性是绝对的这个原则。这对我们各方面的工作都是一个很重要的问题。忘记这个原则，是修正主义和机会主义产生的原因之一。列宁在《哲学笔记》中第一次讲这一原则，都是有所指，都是针对修正主义的。老牌修正主义认为无产阶级和资产阶级可以调和，经过谈判，经过协议，可以实现社会主义。有没有这种同一性？无产阶级与资产阶级搞谈判，可以达成协议，这种协议能不能实现社会主义？绝对不能。列宁指出和资产阶级谈判都是暂时的。我们跟帝国主义也可以谈判，但都是暂时的，而斗争则是绝对的。

关于这个问题，毛主席讲过两次，一次是在《矛盾论》。那正是与国民党搞抗日民族统一战线的第二次国共合作时期，王明回来了，他提出把领导权交给国民党，共产党不要领导，他把统一战线看得很绝对。毛主席讲国民党与我们搞统一战线是要整我们，他要我们抗日，这是借刀杀人，先消灭我们三分之二的力量，将来再消灭三分之一。他们是要消灭我们，这是他们的绝对的方针。当时毛主席这番话有极重要意义。毛主席第二次谈到这个问题，是在1957年《关于正确处理人民内部矛盾的问题》一文中。1957年那正是资本主义工商业实行全行业公私合营以后，资本家敲锣打鼓，当时一片乐观，有些人便认为资产阶级没有问题了，他们欢迎社会主义。那时有些人就忘记了同一性是相对的。资产阶级敲锣打鼓公私合营，好像非常欢迎社会主义，非常欢迎无产阶级专政，好像无产阶级和资产阶级的统一绝对没有问题。殊不知他们表面上是一套，回到家里对亲戚朋友讲的又一套。他们说："我们是上了贼船"。《水浒传》里不是有"贼船"吗？阮小二、阮小五是农民英雄，统治者说他们是强盗。有钱人上了他们的船，划到江心，停下来讲条件：你是吃板刀面还是吃浑沌面？吃板刀面，就是砍头；吃浑沌面，就是把你绑起来，抛到江里。反正是要同你的财产"一分为二"，把财产留下。他们用这样的比喻来说明我们的社会主义革命。由此可见，资产阶级表面上跟我们讲统一，实际上跟我们讲斗争。事实证明，他们敲锣打鼓是被迫的、相对的、表面的，而且只是一方面，根本的东西同我们斗争，斗争是绝对的。毛主席重申同一是相对的，斗争是绝对的，也是"有的放矢"的。

同一性是相对的，斗争性是绝对的。这两句话可以统一到毛主席讲的一句话，就是没有斗争性就没有同一性。这句话是归纳了列宁的思想。两个对立面能够在一个统一体中共存，能够互相依赖，是通过斗争才产生的，是斗争的结果。斗争是根本的。对立面要互相依赖，就要互相斗争，不斗争就不能互相依赖。你要去依赖它，就要跟它斗争。所以，辩证法是很妙的，有时脑子不灵活一点就想不通。对立面又是互相依赖，又是互相斗争，这两个东西是分不开的；但是斗争是根本的。你不斗争就依赖不了。资产阶级不跟无产阶级斗，不斗得把无产阶级压迫在底下，它就依赖不了无产阶级。资产阶级压迫无产阶级时，无产阶级要活下去，也是要斗。你不斗，活也活不成。你要出卖劳动力，能够保持自己活下去的水平，非要经常斗不可。

统一战线也是一种互相依赖，你不斗就不行，不斗就没有统一战线。我们要搞统一战线，为了工作的目的，要跟一些别的阶级联合，所以要互相依赖。要互相依赖就非斗不可，不斗就依赖不了。对资产阶级不斗一下，它不跟你搞统一战线。统一战线必须是革命的统一战线。革命的统一战线一定要依靠无产阶级掌握领导。你要掌握领导，要资产阶级跟着你走，就非要斗不可。要利用他的力量，在这一点上要依赖，不是完全靠他，这也算是依赖。

所以，没有斗争就没有同一性，没有斗争就达不到同一。有没有同一性，互相依赖到什么程度，要看斗争得怎样。所以说，同一性是对立面斗争的结果。最根本的条件是斗争，保持一定的斗争水平，才能出现某种同一性。这些问题要从实质上来了解，不能从形式上来了解。从形式上来看，任何时候矛盾都有同一性，任何时候矛盾都有斗争性，是否说斗争也是绝对的，同一性也是绝对的？从形式上看好像是这回事，没有斗争当然不叫矛盾，可是，没有同一性也就很难说是矛盾。两个东西一点联系也没有，发生不了斗争，当然也就没有同一性了。从形式上看，好像同一性也是绝对的，因为任何矛盾都有对立的同一性。问题的实质是同一性只是斗争的结果，因为对立面要互相依赖，所以必须要斗争，经过斗争才能出现同一性。同一性是我们的要求，是我们的目的，如统一战线是我们的要求，这个要求能够实现，必须经过斗争。所以，斗争是根本的，同一性是斗争的结果，因此说没有斗争性就没有同一性。

同一性是相对的，斗争性是绝对的。这是一个纠缠最多的问题，许多同志觉得不好理解。解决这个问题，有一个方法问题，方法不对，永远也不能解决。什么方法能解决，什么方法不能解决？教条主义的方法，抠字面的方法，从原则出发又回到原则去的方法，那就无法解决，不能理解这个问题。联系实际、有的放矢地研究，就可以解决这个问题。我们的同志解决不了这个问题，就是因为多多少少有点从原则出发又回到原则，多多少少有点抠名词、概念。在这种影响下，就不能解决，这种影响很大，许多人舍不得丢掉这种方法。他们认为，凡是矛盾总有斗争性，总有同一性，有斗争的地方就一定有统一，要斗争就要有联系。因此，斗争性是绝对的，同一性好像也是绝对的。就是因为有这一套逻辑，问题就解决不了。我们要回答这个问题，就要毫不可惜地抛弃这种纯粹从原则出发的方法。

矛盾的同一性是对立面的同一性，本性是互相排斥，斗争是绝对的。这个原则很值得我们想一想。在文化、文艺工作中，有没有了解这个原则？我们对资产阶级、封建阶级的东西采取什么态度，符合这个原则么？很值得我们研究。

矛盾的斗争性是绝对的，因为它是对立面的本性，斗争性不是绝对的就不能叫做对立面。从逻辑上也可以解决这个问题。主要是对立性，对立性总是互相排斥的，对立面的斗争是绝对的。在实际生活中到处都有这种例子。

广义的互相斗争、互相排斥，不是光指打架。自然界也有同一性、斗争性。矛盾怎么样推动事物发展？就是因为它有统一，又不统一，所以才推动事物发展。毛主席在《关于正确处理人民内部矛盾的问题》中，对矛盾规律有一段话概括得很全面：一切事物都有矛盾。相互矛盾着的对立面，又统一又斗争，由此推动事物的运动和发展。一个社会的两个阶级，在一定条件下联系起来，暂时互相依赖，但又天天在搞斗争。这个斗争最后要破坏这个同一性，这样就出现飞跃的发展。

矛盾斗争是绝对的，但斗争的方法是具体的。不同的情况下面，不同的条件下面，应该采取不同的斗争方法。主要是区别两种矛盾，区别对抗性与非对抗性的两种矛盾。这是涉及矛盾性质的问题。对抗性矛盾通过对抗性斗争解决；非对抗性矛盾用非对抗性斗争来解决，不能混淆。区别两种矛盾，用两种不同方法解决，这是长期历史经验的总结。

矛盾有各种各样的特殊性，总的分起来基本上是两种：对抗的与非对抗的。这在我们实际工作中特别重要，所以特别提出来研究一下。

以前的马克思主义哲学著作没有专门讲，为什么《矛盾论》要讲这个问题？这也是从实践中来的。16年的斗争碰到了要区别对抗与非对抗的问题。1927年陈独秀就把对抗矛盾看做是非对抗的，甚至不承认这个矛盾。蒋介石拿了枪来屠杀工人农民。他还要把工人农民的自卫武装缴掉。另外还有非对抗的问题用对抗办法来解决。比如党内的问题，采取残酷斗争、无情打击。这又犯了错误。所以，流血的经验逼迫人要考虑区别一下对抗与非对抗的问题。失败的经验，流血的经验，使我们得到许多感性认识。这些感性认识结合起来成为一个思想，就是要区别对抗与非对抗的性质。把物质变为精神，就出现在《矛盾论》里的一节。学这一段主要想一想历史经验。所有讲的问题，都是由流血的经验作基础的。可以说，这些著作是用血写的，不是用墨写的。流血的感性认识使人非考虑这些问题不可。不搞清楚还要犯错误。这样大的国家犯错误不得了，小国家犯错误使小国家的革命失败，几亿人口的国家犯一个错误，就要涉及到几十万人的生命问题。

有人问：对抗矛盾是不是就是敌我矛盾？不可以这样说，对抗这个概念比敌我的概念还要宽一些。有些对抗矛盾，比如炸弹爆炸就无所谓敌我问题。对抗在自然界也可以出现，敌我矛盾则是阶级社会的现象。敌我矛盾一定是对抗的矛盾。对抗矛盾不一定是敌我矛盾。人民内部矛盾有时候变成对抗，比如工人打起架来了，农民甩起扁担来了。这样的对抗是不是敌我矛盾？不是的。内部矛盾也会发生对抗。但是，人民内部矛盾可以转化为敌我矛盾，敌我矛盾也可以转化为人民内部矛盾。当然，这些都要有一定的条件。

（曾收入《艾思奇讲稿选》下卷）

马克思列宁主义及其哲学发展的几个时期

（讲学提纲）[*]

（1965年春、秋）

世界上自从产生马克思主义以来，已经历了列宁所说的两个五十年，并进入了我们当代的新时期。在每一个时期，世界无产阶级都面临着一些特定的重大历史实践问题。马克思列宁主义者运用无产阶级的世界观，从理论、策略、组织等等方面正确地解决了各个时期的这些问题，并且和当时的各种机会主义的错误倾向进行了不调和的斗争，这样就使无产阶级得以胜利地完成一个又一个的历史任务，而马克思列宁主义也就由一个阶段发展到另一个阶段。

一、马克思列宁主义发展的三个五十年

马克思列宁主义的第一个五十年（19世纪40年代到90年代）是

---

* 这份"讲学提纲"，原是1965年春，为了准备出国讲学而写的，又于是年秋，做了最后修改。后因故没有出国，一直没有公开发表过，只是作为学习材料，在中央党校内部印发学工人员参考。1977年9月。艾思奇夫人王丹一同志曾提供给中国社会科学院纪念毛泽东的《实践论》、《矛盾论》发表四十周年座谈会，中国社会科学院印发给到会同志参考。这份"讲学提纲"，共有四个题目，除本题外，还有"辩证唯物主义认识路线"、"唯物辩证法的核心——矛盾规律"、"社会主义社会的矛盾和阶级斗争"。除最后一题和当前精神不符未收入外，其他三题独立成篇，做过一些整理。本篇原无小标题，是整理时加的。原有"提纲初稿"字样，改为"讲学提纲"。

以马克思、恩格斯为代表的历史阶段。这时资本主义处在自由竞争的时代，资本主义的矛盾已经充分暴露；无产阶级已成为一个独立的政治力量出现在人类历史的舞台。马克思、恩格斯在无产阶级和资产阶级的阶级斗争实践中，批判地继承和发展了德国古典哲学、英国古典经济学和法国的空想社会主义的某些积极成果，创立了科学的社会主义学说。在五十年左右的国际共产主义运动中，逐步战胜了蒲鲁东、巴枯宁、拉萨尔、杜林等所代表的与马克思主义相敌对的机会主义派别，使马克思主义发展成为工人运动中被公认的指导思想，为下一阶段无产阶级的革命胜利，完成了理论、策略和组织等等方面的准备。

马克思主义发展的第二个五十年（19世纪90年代末到20世纪50年代初），资本主义的发展进入了帝国主义时期。这是资本主义开始走向灭亡和无产阶级革命开始实现胜利的时期，是殖民地半殖民地开始打碎帝国主义锁链的时期。在这个时期，世界无产阶级和革命人民取得了几次重大的历史性的胜利：首先是在列宁的领导下，俄国布尔什维克党和无产阶级第一次在人类历史上取得了十月社会主义革命的伟大胜利；斯大林继承了列宁的事业，实现了苏联农业集体化和社会主义工业化，随后又领导苏联共产党和苏联人民，与世界各国反法西斯的力量建立统一战线，粉碎了德意日的法西斯的进攻，推动一系列的国家实现了社会主义革命；占世界人口四分之一的中国人民从半封建、半殖民地的压迫下解放出来，走上了社会主义革命和社会主义建设的道路，也是这个时期世界人民的一个伟大的历史性胜利。

这个时期人类历史的这些伟大发展，都和马克思主义的新的发展分不开。首先是列宁，他应用无产阶级的世界观，来观察和解决当时世界无产阶级面临的新的革命实践问题，特别是在理论上和策略上解决了如何在帝国主义时期实现无产阶级革命和无产阶级专政的问题，如何对待殖民地半殖民地的民族民主革命问题。列宁逝世后，斯大林和各国的马克思列宁主义者高举列宁的旗帜，并且继续发展列宁的思想，来指导自己国家的人民革命斗争。中国共产党在这个时期经过了二十几年的革命战争，解决了无产阶级如何领导民族民主革命走向彻底胜利，并使之进一步转变为社会主义革命的问题，从而发展了马克思列宁主义。

这个时期的马克思列宁主义，也是在不断反对机会主义的斗争中发展的。由于马克思主义已被公认为无产阶级国际共产主义运动的指导思想，这时机会主义已不再采取和马克思主义公开对立、自成一派的形式出现，而是打着马克思主义旗号来歪曲和反对马克思主义，在马克思主义的词句掩盖下来取消马克思主义的革命精神。这就是修正主义。

这个时期马克思列宁主义和修正主义、机会主义之间进行了两次大的论战。第一次是列宁和德国的伯恩斯坦、考茨基，俄国的孟什维克的论战，通过这次论战，列宁揭露了和粉碎了这些修正主义者的背叛阴谋，把真正的马克思列宁主义者团结起来，建立了布尔什维克党，在思想上、政治上、组织上保证了俄国十月革命的胜利。第二次大论战是在列宁去世后，以坚持列宁路线的斯大林为一方，以布哈林、托洛茨基为另一方的论战。这次论战首先是在第一个社会主义国家苏联和它的党内展开的。马克思列宁主义在这次论战中的胜利，保证了苏联的社会主义工业化和农业集体化的实现，保证了它的社会主义革命和建设事业继续向前发展。这次论战也发展成当时整个国际共产主义运动的论战，各国共产党在这次论战中坚持了马克思列宁主义，粉碎了托洛茨基和布哈林的机会主义在本国党内的影响。中国共产党内反对陈独秀所代表的右倾机会主义和以后的三次"左"倾冒险主义的斗争，就是这次大论战在中国的发展。中国的马克思列宁主义在这次论战中的胜利，使中国共产党和中国人民走上了以毛泽东同志为代表的正确的革命路线，保证中国到后来终于取得了全国的革命胜利。

本世纪的 50 年代开始了我们的当代。由于第二次世界大战以后，世界无产阶级、殖民地半殖民地人民以及其他各国革命人民对帝国主义（首先是美帝国主义）和各国反动派的斗争取得了一系列的胜利，这时世界历史出现了一个新的局面，马克思列宁主义也相应地进入了一个新时期。我们的时代，是东风日益压倒西风的时代，是世界无产阶级和革命人民的力量日益压倒帝国主义和各国反动派力量的时代，是无产阶级革命和民族解放革命的时代，是社会主义在全世界范围内走向胜利、帝国主义在全世界范围内走向灭亡的时代。我们说马克思列宁主义也相应地进入了一个新的时期，就是因为它面临着这些新的重大革命历史实践问题。无产阶级和世界革命人民要求马克思列宁主义者从理论上、策略上和组织上系统地、正确地解决这些问题。这些问题的解决，就是马克思列宁主义当前阶段的任务和特征。

机会主义也在当代以新的形式表现出来。它出现在社会主义国家，出现在曾经是以列宁的思想为指导而建立起来的一些国家的共产党和工人党中，这就是现代修正主义。现代修正主义于1948年就露头了，但它的最大代表是赫鲁晓夫。赫鲁晓夫利用了第一个社会主义国家和列宁党的威信，从1950年开始把一整套的机会主义路线强加到国际共产主义运动中来，由此挑起了马克思列宁主义和修正主义、机会主义的又一次新的大论战。在国际问题上，赫鲁晓夫提出所谓"和平共处"、"和平竞赛"、"和平过渡"的路线，这条路线的目的，是要取消社会主义国家和各国革命人民反对帝国主义的斗争，取消无产阶级和被压迫人民反对各国反动统治者的革命斗争，取消亚洲、非洲、拉丁美洲的人民反对新老殖民主义的斗争。在社会主义国家内部，赫鲁晓夫全盘否定了斯大林，提出所谓"全民国家"、"全民党"的路线，这条路线是要取消无产阶级专政和无产阶级政党，把它偷偷地改变成修正主义的资产阶级政权和资产阶级政党，以便于帮助资本主义的复辟。总之，现代修正主义是要从理论、策略和组织等等方面破坏马克思列宁主义的革命原则，破坏马克思列宁主义的党，来为日渐灭亡的帝国主义效劳，为病入膏肓的各国反动派输血。各国马克思列宁主义者正在对现代修正主义进行不调和的斗争。这场斗争的每一步胜利都会使马克思列宁主义获得新的发展。代表当代马克思列宁主义的发展的伟大旗帜，就是毛泽东思想。

二、马克思列宁主义哲学发展阶段的特点

随着马克思列宁主义的发展，马克思列宁主义的哲学也相应地由一个阶段推进到更新的阶段。

从思想的形式方面来看，马克思列宁主义哲学的产生，是由于批判地继承了资产阶级在进步时期所做出的哲学的成果，即德国古典哲学的成果，而马克思列宁主义哲学的发展，又是由于不断地和各种各样的资产阶级形而上学、唯心主义斗争的结果。但从事情的内容和实质来看，那么，马克思列宁主义哲学的产生和发展，一方面是无产阶级在和资产阶级的阶级斗争中所获得的实践经验和认识经验的哲学总结；另一方面又是人类自然科学的发展成就在世界观和方法论上的概括。马克思和恩格斯看到了19世纪20年代至40年代间无产阶级这个新的先进力量的兴起，为着正确理解这个新的阶级的历史作用，他们批判了黑格尔学派的唯心主义历史观，批判了费尔巴哈的形而上学唯物主义和历史唯心主义，把唯物主义扩大到人类社会历史的研究领域上来。当时自然科学上的重大发现——进化论、能量转化法则、生物蛋白体的发现——开始突破了18世纪以前自然科学界的形而上学的自然观，为马克思、恩格斯所创立的辩证唯物主义哲学提供了坚固的自然科学的根据。

在马克思、恩格斯活动的五十年间，他们先后又批判了蒲鲁东、拉萨尔的浅薄的黑格尔式的唯心主义，批判了杜林的图式主义（也是黑格尔唯心主义的末流），还批判了资产阶级哲学界和自然科学界的机械唯物主义和庸俗唯物主义。在19世纪50年代以后，机械唯物主义和庸俗唯物主义曾经流行一时，而反对黑格尔的辩证法成为资产阶级哲学界的时髦。这种情形，也在工人运动的机会主义者中表现出来。因此在马克思、恩格斯的战斗的哲学著作中，就要比较着重从辩证法方面来发展他们的辩证唯物主义哲学，并且不止一次地强调了黑格尔哲学在辩证法方面的贡献。列宁说："马克思和恩格斯在他们的著作中特别强调的是

辩证唯物主义，而不是辩证唯物主义，特别坚持的是历史唯物主义，而不是历史唯物主义"（《列宁全集》（第2版）第18卷，第345页）。这些话概括了马克思主义哲学发展的第一个五十年间的一个主要特点。

列宁在和修正主义斗争的过程中，也批判了哲学上的修正主义。哲学上的修正主义，是资产阶级哲学观点在无产阶级及其政党队伍中的反映。列宁说："在哲学方面，修正主义跟在资产阶级教授的'科学'的屁股后面跑。"（《列宁全集》（第2版）第17卷，第13页）这就是哲学上的修正主义在列宁当时的情况。

这时的资产阶级哲学界，和马克思、恩格斯在世的当年有所不同：唯物主义完全被抛弃了，不可知论和主观唯心主义变成了主流。这些哲学流派给自己粉饰了各种"科学"的招牌，如"实证论"、"新实证论"、"新实在论"之类，但究其实质来说，只是18世纪贝克莱、休谟和康德的哲学思想的再版。在恩格斯的晚年，资产阶级哲学界的这个反动倾向已开始显露出来。恩格斯在自己的著作里曾对这种从唯物论倒退的倾向提出过严肃的批评。特别是在20世纪初，由于镭、X射线和电子的发现，自然科学界根深蒂固的旧形而上学物质观宣告破产了，当时自然科学家曾认为这是"物理学的危机"；科学界的思想出现了混乱状态。这就给各种各样的不可知论和主观唯心主义提供了便利的气候，使它们在资产阶级教授中间大大地泛滥起来。修正主义者在哲学方面，就是完全跟在这些资产阶级教授的屁股后面跑的。

列宁在哲学上反对修正主义的任务，不能不着重针对这种新的情况。这种情况在俄国1905年革命以后发展到完全不能容忍的地步。由于这一年的革命遭到失败，俄国工人阶级革命队伍中的一些不坚定的分子，对马克思主义发生了动摇，他们不但不能用无产阶级的世界观去正确地消化革命的经验，反而开始背叛这个世界观，反而和资产阶级教授站到一起来批评、"修正"和攻击辩证唯物主义。他们标榜的"经验批判主义"、"马赫主义"，实际上就是当时资产阶级的主观唯心主义和不可知论。列宁写了《唯物主义与经验批判主义》，对这些哲学上的修正主义以及当时流行的资产阶级哲学进行了坚决的、全面的、彻底的反击。

这些哲学上的修正主义者的背叛行为，主要是在于想毁坏马克思主义哲学的唯物主义基础。因此，这一次列宁在哲学上的反对修正主义的斗争，也就得用主要的力量从唯物主义方面来捍卫和发展马克思主义哲学。列宁的《唯物主义与经验批判主义》，自始至终，从哲学的各种角度上、也从自然科学新发现方面反复不断地阐明了唯物主义的一些最根本的原理，即物质是根源性的东西，精神是第二性的东西，社会存在决定社会意识，思维是存在的反映，等等。列宁的这部著作，主要地就是坚持了和发挥了这些唯物主义的根本原理。

如果"马克思和恩格斯在他们的著作中特别强调的是辩证唯物主义，而不是辩证唯物主义，特别坚持的是历史唯物主义，而不是历史唯物主义"，那么，与此相反，列宁的《唯物主义与经验批判主义》就特别强调了辩证唯物主义，而不是辩证唯物主义，特别坚持了历史唯物主义，而不是历史唯物主义。这就是列宁当时在哲学上反对修正主义的主要贡献和主要特点。

应该指出，说列宁在当时用主要力量从唯物主义方面来捍卫和发展马克思列宁主义哲学，绝不是说列宁对于马克思主义哲学的另外一个方面，即辩证法方面就完全没有注意。

修正主义者不但企图毁坏马克思主义哲学的唯物主义基础，而且攻击了它的革命的辩证法，想用调和矛盾的庸俗进化论来代替它。修正主义者的政治言论充满了折中主义和诡辩论。一方面，为着彻底驳斥修正主义者的这些谬论的需要；另一方面，也为着正确理解物理学的新发现，给习惯于形而上学物质观的自然科学界遭受到的"危机"指出一条解脱困境的道路，都必须进一步坚持和发挥马克思主义的辩证法。但是，列宁写《唯物主义与经验批判主义》的时候，由于战斗的任务要求集中主要力量歼灭主观唯心主义和不可知论，对于马克思主义哲学的辩证法方面，就没有特别加以阐明。只是在几年之后，才在他的《哲学笔记》里着重研究了这一方面的问题。

所谓马克思列宁主义哲学的辩证法方面，包括两个问题，即认识论的辩证法问题和辩证法的根本规律问题。列宁在1914年到1916年写的《哲学笔记》里，对这两个问题都做出了新的贡献。认识论的辩证法问题，主要地就是认识和实践的辩证的相互关系问题。在这个问题上，列宁的《哲学笔记》提出了这样一个基本公式："从生动的直观到抽象的思维，并从抽象的思维到实践，这就是认识真理、认识客观实在的辩证的途径"（《列宁全集》（第2版）第55卷，第142页）。在辩证法的根本规律问题上，列宁指出对立统一规律是辩证法的核心，"一分为二"是辩证法的实质，并且强调对立的同一性是相对的，对立的斗争性是绝对的。列宁的这些思想，正是马克思列宁主义辩证法的新发展的重要标志。

列宁在哲学上的这些贡献，受到了修正主义者抹煞和攻击，这就使马克思列宁主义者不能不起来和他们斗争。在马克思列宁主义和修正主义、机会主义的第二次大论战中，还包含着哲学方面对德波林学派的斗争。德波林学派，就是当时在苏联出现的哲学上的修正主义。这个学派在马克思列宁主义哲学的外衣下面反对马克思列宁主义，否认列宁对马克思主义哲学的新贡献，反对马克思列宁主义的理论和实践相结合的原则，反对把辩证唯物主义应用到无产阶级革命和社会主义建设的实践中去；宣扬"对立物的和解"，即矛盾调和论的观点。斯大林领导了批判德波林学派的斗争，并正确地指出了这个学派的错误实质，把它叫做孟什维克式的唯心主义。

对德波林学派的揭露和批判，促使苏联以及世界各国的马克思列宁主义者大大地注意到对列宁的哲学遗产的研究，注意到列宁在批判修正主义的斗争中如何正确地阐明了和发展了马克思主义的辩证唯物主义世界观。特别是列宁对于辩证法方面的新贡献，在这次新的大论战的条件下，有必要进一步地加以研究和发展。这首先是因为，这一次机会主义者对马克思列宁主义哲学的修正，和1905年后经验批判主义者的修正有所不同，他们不是直接从唯物主义方面来破坏马克思列宁主义哲学，不是公开地站在主观唯心主义和不可知论的立场上来攻击唯物主义的根本原理，而是主要地从辩证法方面来破坏马克思列宁主义哲学，是通过歪曲和反对辩证法的途径走上唯心主义的路线。德波林学派的唯心主义就是采取了这种迂回的、隐蔽的形式。它的特点，主要就在于取消了认识和实践的辩证法，破坏了辩证法的核心——对立统一规律，把马克思列宁主义哲学歪曲成掩盖阶级矛盾、脱离阶级斗争、脱离无产阶级革命和社会主义建设实践的烦琐的空论。尽管它在口头上也承认物质的根源性和反映论的原理，但实际上却走的是主观脱离客观、认识脱离实践的唯心主义道路。要彻底揭露德波林学派的唯心主义，需要更着重坚持和发挥列宁关于认识论和辩证法的宝贵思想。这就是说，在新的论战的条件下，又要求马克思列宁主义者在哲学上特别强调辩证的唯物主义，而不是辩证的唯物主义，特别坚持历史的唯物主义，而不是历史的唯物主义。但这不是简单地回到马克思、恩格斯时代，而是在新的历史实践基础上把马克思、恩格斯当时的任务推进到一个更高的阶段。

第二次大论战在中国的展开，更清楚地说明了这个时期的特点。这个时期，中国的民族民主革命过程中存在着马克思列宁主义路线和修正主义、右的或"左"的机会主义路线的斗争。这两条政治路线之间的斗争，在哲学世界观方面又表现为辩证唯物主义的认识路线和主观主义、唯心主义的认识路线之间的斗争。毛泽东同志在政治上始终坚持马克思列宁主义路线，在世界观和方法论上始终坚持辩证唯物主义的路线，对党内存在着的主观主义、唯心主义认识路线多次地提出尖锐的批判。党内的这些主观主义、唯心主义者，并不是在学术理论的形式上表现为一个唯心主义的派别，并不是在口头上言论上公开反对物质的根源性和认识是存在的反映这些唯物主义的最基本的原则。他们之所以成为主观主义者、唯心主义者，仅就哲学世界观方面来说，主要是由于在实际工作和斗争中没有能力应用辩证唯物主义，不懂得把马克思列宁主义的普遍真理和中国革命的具体实践互相结合起来，不会应用辩证法的对立统一规律来观察和分析中国社会的复杂的阶级矛盾。这种主观主义、唯心主义，在中国革命斗争中曾成为特别严重的思想障碍，它使党员和干部不能清醒地认识周围事物的实际情况，不能正确地掌握革命的路线政策，从而导致革命多次的失败和挫折。艰苦、曲折、复杂的中国革命斗争，要求我们的党认真地、彻底地克服主观主义、唯心主义认识路线的错误，把辩证唯物主义的正确认识路线详细地指明出来，让广大党员和干部学会在革命的实际斗争中掌握这个无产阶级的精神武器。而要做到这一点，就必须应用马克思列宁主义的哲学观点，特别是列宁的关于认识论和辩证法的思想，来对中国革命斗争中积累起来的大量实践经验和认识经验加以全面的总结。

毛泽东同志的《实践论》和《矛盾论》，回答了中国革命提出来的这个历史要求。这两篇著作，是第二次大论战、特别是哲学方面反对德波林学派的斗争在中国取得的伟大成果。它从哲学上概括了十几年的中国革命战争所取得的实践和认识的丰富经验，进一步发展了列宁对马克思列宁主义的认识论和辩证法的新贡献。它系统地阐明了认识的辩证法规律，特别是认识和实践的相互关系的辩证规律；它按照列宁的遗志，把辩证法的核心——对立统一规律从各方面系统地加以解释和发挥。这两篇著作为彻底粉碎革命斗争中的主观主义、唯心主义认识路线的错误奠定了颠扑不破的理论基础，为以后中国革命和社会主义建设的伟大胜利照亮了思想上的前进道路。

三、马克思列宁主义哲学在当代的发展

在当代，马克思列宁主义者和现代修正主义者正在进行的大论战中，也包含着哲学世界观方面的论战。和在政治上一样，在哲学上，现代修正主义者基本上是继承了老修正主义者的衣钵：用主观主义和唯心主义来篡改唯物主义，用矛盾调和论和阶级调和论来偷换革命的辩证法。不过，在当代，世界无产阶级和革命人民的力量有新的巨大的发展，自然科学的很多新发现，特别是微观物理学的研究的发展，又进一

步揭示了物质结构的极其复杂的内容，对于辩证法的世界观又提供了无比丰富的新根据。马克思列宁主义和修正主义的斗争，包括哲学世界观方面的斗争，不论从它的实践内容或理论内容来说，也相应地有了新的发展。这个斗争将会使马克思列宁主义哲学、特别是列宁关于认识论和辩证法的思想，推进到一个更高的阶段。这个时期还只是开始不久，它将要取得多么宏伟的成果，还难于作全面的估计，只能就当前已经知道的情况说明它的某些特点。

如果说列宁生前时代的老修正主义者在哲学上主要是跟着资产阶级教授的"科学"屁股后面跑，那么，现代修正主义的代表者们则主要地是在实际政治活动和政治言论中破坏辩证唯物主义，特别是破坏马克思列宁主义的认识论和辩证法。他们热衷于拾取资产阶级政客的牙慧，把美国资本家的实用主义和相对主义奉为自己的思想的指南。他们强调眼前的物质利益，抹杀社会历史发展的客观规律。他们大量使用翻云覆雨、颠倒黑白、两面三刀等的作伪手法来玩弄诡辩术。他们否认社会主义社会存在着阶级、阶级矛盾和阶级斗争，同时又妄图掩盖和抹煞当前世界上存在着的对抗性矛盾，例如资本主义国家内无产阶级和资产阶级之间、被压迫民族和帝国主义之间以及各个帝国主义国家、各个垄断资产阶级之间的对抗性矛盾。他们到处散布这些谬论，幻想以此来达到这样的目的：一方面，在社会主义国家，阻止无产阶级和劳动人民继续把社会主义革命进行到底，以便帮助资本主义复辟；另一方面，在国际共产主义运动中，阻止世界无产阶级和广大革命人民把反对帝国主义和新老殖民主义的斗争进行到底，以便帮助帝国主义维持它的摇摇欲坠的世界统治。

现代修正主义者在哲学世界观方面的这些背叛和歪曲，要求世界各国的马克思列宁主义者给予坚决的揭露和批判，通过这个揭露和批判，把当代的社会主义革命、社会主义建设中和国际共产主义运动中所积累起来的新的实践经验和认识经验总结起来，把现代自然科学上的许多新发现、新成果概括起来，进一步保卫和发展马克思列宁主义哲学世界观。由于现代修正主义主要是采取了实用主义、相对主义和矛盾调和论、阶级调和论的观点；并且，有些研究哲学和自然科学的现代修正主义者，又跟到了资产阶级教授的屁股后面，对马克思列宁主义的认识论和辩证法进行攻击，反对应用辩证唯物主义哲学来概括自然科学的新发现。因此，在反对现代修正主义的斗争中，还需要进一步发展认识和实践的辩证法，还需要就对立统一学说和阶级斗争的学说加以新的阐明，也就是要进一步强调辩证唯物主义，进一步坚持历史唯物主义。

　　世界各国的马克思列宁主义者在这次大论战中都做出了许多重要的贡献。在反对德波林学派的斗争以后，有些国家的自然科学家开始接受了辩证唯物主义哲学。用马克思列宁主义的认识论和辩证法来概括现代新物理学和其他自然科学的研究成果，也获得了不小的成就。对于马克思列宁主义哲学在当代的新发展具有着划时代的决定意义的，是毛泽东同志的哲学著作和哲学思想。

　　正当赫鲁晓夫集团向国际共产主义运动开始抛出他们的一套现代修正主义纲领的时候，毛泽东同志就在中国共产党中央做了关于十大关系的报告，随后不久，又发表了《关于正确处理人民内部矛盾的问题》的报告。毛泽东同志的报告高举起马克思列宁主义的旗帜，来和现代修正主义相对抗。这些报告又是在中国的社会主义改造基本完成，统一的社会主义制度在全国范围（除个别地区外）开始建立起来的条件下作成的。它总结了中国全国解放后七八年间的社会主义革命和建设的经验，也综合了世界上自有无产阶级专政以来四十多年的历史经验。它肯定了社会主义社会仍然是充满着矛盾的社会，十大关系就是十类矛盾。它全面地分析了社会主义社会的矛盾——人民内部矛盾和敌我矛盾，指出生产关系和生产力之间、上层建筑和经济基础之间的矛盾，仍然是社会主义社会的基本矛盾，肯定了社会主义社会仍然存在着阶级、阶级矛盾和阶级斗争，仍然需要反对资本主义和剥削阶级复辟的企图，仍然要从经济、政治和文化等各方面继续进行社会主义革命的斗争。这些思想，在社会主义革命和建设的问题上贯彻和发展了辩证唯物主义和历史唯物主义，贯彻和发展了马克思列宁主义的辩证法学说，贯彻和发展了阶级分析和阶级斗争的学说。现代修正主义者企图抹煞社会主义社会的矛盾和阶级矛盾，掩盖资本主义复辟的活动，取消无产阶级专政和无产阶级政党。毛泽东同志的《关于正确处理人民内部矛盾的问题》的这些思想，为马克思列宁主义者在理论上提供了戳穿现代修正主义骗术的锐利无比的新武器。

也就在这个时候，毛泽东同志把列宁的"一分为二"的观点加以发展，他概括了各国无产阶级革命斗争的经验，概括了社会主义社会的历史现实，也概括了现代物理学的一些新发现，提出"一分为二"是个普遍现象，没有一处不存在矛盾，没有一个人是不可以加以分析的。毛泽东同志强调在当前需要对这个辩证法观点作广泛的宣传，要使辩证法从哲学家的圈子走到广大人民群众中去。在1957年各国共产党和工人党的莫斯科会议宣言中，根据毛泽东同志和中国代表团的建议，把实际工作中应用辩证唯物论和反对形而上学、唯心主义规定为各国共产党和工人党的一项迫切任务。以毛泽东同志为首的中国共产党坚决贯彻了这个任务：在国际共产主义运动中，始终用"一分为二"的观点来观察和解决敌友关系问题，观察和解决马克思列宁主义和现代修正主义的斗争问题；在社会主义革命和社会主义建设中，教育广大干部和群众用"一分为二"的观点来观察和解决各方面的实际工作问题。

社会主义社会的建立和发展，是一个不断地由必然王国向自由王国飞跃的过程。要想胜利地实现这样的过程，首先需要无产阶级的政党和广大干部能够正确地认识建立和发展社会主义制度的客观规律。问题是在于怎样才能够正确地认识客观规律。社会主义革命和社会主义建设实践的以往经验告诉我们，人们如果不去认真解决这个问题，那么尽管口头上承认辩证唯物主义，大讲辩证唯物主义，而在实际工作和行动中仍然可能是主观主义、唯心主义，仍然不可能掌握社会主义革命和建设的客观规律，因而也就不可能把社会主义事业做好。要回答这个问题，就需要把社会主义革命和建设中的大量的实践经验和认识经验从哲学上加以总结，进一步具体地阐明马克思列宁主义的认识论，特别是认识和实践的辩证关系。毛泽东同志的《人的正确思想是从哪里来的？》正是回答了这个问题。它把马克思列宁主义认识论的最根本的原理、即认识依赖于实践的原理在新的历史经验的基础上进一步加以肯定和发展，指出无产阶级政党和广大干部要获得正确认识，首先必须亲自参加三大革命的实践——生产斗争、阶级斗争和科学实验。毛泽东同志指出，在社会主义革命和建设的问题上，也如在自然科学的问题上一样，每一个正确认识的完成，往往必须经过由实践到认识，再由认识到实践的多次反复，才有可能得到实现。在实际工作中认真贯彻这些认识论的原理，坚持应用辩证法的对立统一学说、即"一分为二"的观点来观察和解决我们生产斗争、阶级斗争和科学实验中面临的一切问题，这是使我们的广大干部在社会主义事业中避免官僚主义、主观主义、形而上学的保证，是防止资本主义复辟，使社会主义革命能够进行到底的保证。

马克思说："哲学家们只是用不同的方式说明世界，而问题却在于改变世界"。马克思列宁主义的哲学，和过去哲学家们的思想根本不同。以往的哲学家们总是妄想建立一个"说明世界"的最后完成的体系，而马克思列宁主义哲学，则是要使自己成为无产阶级改变世界的精神武器。无产阶级改变世界的斗争，在不同的历史发展时期各有不同的任务，马克思列宁主义的哲学，也随着无产阶级改变世界的历史斗争任务的发展而发展。

马克思列宁主义哲学的改变世界的作用，是要通过无产阶级和广大劳动人民群众的行动才能实现的。毛泽东同志说："人们的社会存在，决定人们的思想。而代表先进阶级的正确思想，一旦被群众掌握，就会变成改造社会、改造世界的物质力量。"（《人的正确思想是从哪里来的？》）一百多年来无产阶级改造世界的历史，始终证明了这个真理。当代无产阶级改变世界的任务，比以前的阶段更为宏伟。这要求在比以前更深、更广的程度上用马克思列宁主义的先进思想、马克思列宁主义的哲学世界观来武装群众。毛泽东同志号召哲学从书斋里走到广大人民群众中去，这在当代有着特别重大的意义。现代修正主义者在群众中散布各种谎言，使用各种骗术，妄图阻碍群众掌握马克思列宁主义的正确思想。无产阶级要胜利实现自己在当代所承担的历史任务，就必须和现代修正主义的阴谋进行不调和的斗争。把马克思列宁主义的正确思想交到广大群众的手里去，把马克思列宁主义的哲学——辩证唯物主义和历史唯物主义交到广大群众的手里去！

（曾收入《艾思奇讲稿选》下卷）

再论恩格斯肯定了思维与存在的同一性[*]

(1969.9)

一

凡是学过形式逻辑的人，都知道有一种叫做"偷换命题"的谬误。用"偷换命题"的方法来进行论辩，绝不能解决问题，而只能混淆是非。诡辩论的方法之一，就是"偷换命题"。

于世诚同志在《哲学研究》(1962年第3期)上发表的言论，正是公然使用了这一种错误的逻辑方法：为要反对两年前我们对他的错误观点所给予的批判，他把我们原来所主张的命题"恩格斯肯定了思维与存在的同一性"偷换成了这样一个命题"恩格斯肯定了德国古典哲学(黑格尔)思维与存在的同一论"。

如果真像于世诚同志说，"艾思奇等同志"确实是主张"恩格斯肯定了德国古典哲学(黑格尔)思维与存在的同一论"的，那么，两年前对他的批判在这一点上当然错了，而于世诚同志在这一点上就胜利了。但事实并不是这样。事实是于世诚同志把风车当成了妖魔，并全力向着自己制造的这个幻想举行进攻！而现实世界里却并不存在这样一个

---

[*] 此文题注见《恩格斯肯定了思维与存在的同一性》一文。

妖魔！批评于世诚的许多同志中间，在某些个别问题的提法上虽然各有不同，但并没有于世诚同志所企图强加于人的那种观点。

我在两年前的一篇文章(指1960年7月21日人民日报《恩格斯肯定了思维与存在的同一性》)就写得很明白：对于"同一性"有两种相反的理解。一种是把同一性看做抽象的、绝对的同一，看做简单的等同。一般的唯心主义，特别是主观唯心主义，在思维与存在的同一性问题上就是把同一性理解为简单的等同，硬说"思维即存在"，"存在即思维"。在这样的意义上的"思维与存在的同一性"，即唯心主义者所理解的思维与存在的同一性，是应该坚决加以否定的。列宁的《唯物主义与经验批判主义》就给予了最彻底的批判。当然，恩格斯也绝不会在这样的意义上来肯定思维与存在的同一性。

但同一性还有另外一种理解，即辩证法的理解。这里的同一性是指矛盾的同一，差别的同一，而不是简单的等同。辩证的同一性，是宇宙的普遍规律，它存在于任何事物中，也存在于思维与存在的关系之中。只要不否认辩证法，也就不能否认思维与存在的差别的同一性，矛盾的同一性。我们说恩格斯肯定了思维与存在的同一性，正是指的这种辩证的同一性，而不是指的形而上学的简单的等同。在这种意义上肯定了思维与存在的同一性，绝不是等于肯定了唯心主义的理论，也不等于"肯定了德国古典哲学（黑格尔）的思维与存在的同一论"，这难道还有什么难于理解的吗？

自然，当恩格斯谈到思维与存在的同一性时，是和黑格尔的哲学有一定联系的。恩格斯在引用这命题时，曾说这是"用黑格尔的方式表述自己的意思"（"um mich hegelsch auszudrücken"——见恩格斯1895年3月12日给斯密特的信（《马克思恩格斯选集》第4卷，第515页这句话一般都译作"用黑格尔的话来说"）。恩格斯用黑格尔的"思维与存在的同一性"这个命题来表述自己的意思，这就是说他在其中找到了一些可以肯定的积极的东西，可以批判地加以继承的东西。但是，在旧的学说中找到某些可以批判地加以继承的东西，并不就等于全盘肯定它的理论，而只是肯定其中可以肯定的某些方面。全盘肯定旧的理论，是说不问它的精华或是糟粕，一概加以肯定。批判地继承，是说要肯定其精华，而抛弃其糟粕，对其精华也加以改造和发展。马克思、恩格斯对待黑格尔哲学正是采取了这种正确态度，而不是采取全盘肯定的态度；这就是继承改造和发展了它的辩证法的方面，而抛弃了它的唯心主义。黑格尔关于思维与存在的同一性的思想，兼有着这精华和糟粕；如果要肯定"德国古典哲学（黑格尔）的思维与存在的同一论"，那就得同时肯定它的辩证法方面，也肯定它的唯心主义方面。我的文章决没有说恩格斯作过这样的"肯定"，而只是说恩格斯在辩证法的意义上肯定了思维与存在的同一性，并附带地肯定了黑格尔的思想中可以肯定的精华，同时也批判了黑格尔在这个问题上的唯心主义的论证。批判地肯定黑格尔关于"思维与存在的同一性"思想中的精华是一回事，全盘肯定"德国古典哲学（黑格尔）的思维与存在的同一论"又是一回事，两者绝不能混为一谈，这不是很明白的吗？

关于这一点，我在两年前的文章中早已说得很清楚，那时我就说过："黑格尔的哲学有两方面，一方面是唯心主义的，另一方面还有辩证法……黑格尔哲学中的思维与存在的同一性的思想也有两个方面，就哲学根本问题的第一个方面来说，黑格尔把思维看做第一位的东西，把思维与存在的同一性解释成'存在即思维'的意义；就哲学根本问题的第二个方面来说，黑格尔和其他绝大多数哲学家（包括所有的唯物主义者和彻底的唯心主义者）肯定地解答了'思维是否能够认识现实世界'的问题，并在批判康德的不可知论的时候，对思维与存在的关系在一定程度上给予了辩证法的说明，在这一方面黑格尔的'思维与存在的同一性'的思想，就有其合理的、即辩证的成分，而不仅仅是唯心主义的命题。"那时我就说过，恩格斯并没有全盘肯定了黑格尔的思维与存在的同一性的思想，他只是"肯定黑格尔在解答这个问题方面的合理的辩证法因素，但同时也批判了黑格尔在这个问题上的唯心主义的论证"（见1960年7月21日《人民日报》）。

因此，我同意撒仁兴和王若水同志的这个意见：在我们和于世诚同志的争论中间，并不存在要不要肯定"德国古典哲学（黑格尔）的思维与存在的同一论"的问题，我们的主要争论是要不要在辩证法的意义上来肯定思维与存在的同一性的问题，要不要肯定黑格尔关于这个问题的思想中的某些合理因素的问题。"德国古典哲学（黑格尔）的思维与存在的同一论"，是不应该加以全盘肯定的，肯定了这样的"同一论"，就也肯定了其中的唯心主义，就是背叛唯物主义，当然应该加以坚决反对。我的文章也没有任何一句话表示过应该作这样的肯定。但是，在辩证法的意义上肯定思维与存在的同一性，从而也批判地肯定黑格尔的这个命题中的合理的方面则是完全应该的，恩格斯也正是这样肯定了思维与存在的同一性的。而曾经反对这样来肯定思维与存在的同一性的于世诚同志，则是错误的。我们正是因为他的这个明显的错误才对他们进行了批判，而他在最近那篇文章里也不能不承认自己的错误。

既然于世诚同志承认了自己的错误，那么，问题本来用不着再争论下去了，然而，他现在又挑起了争论，这是为什么呢？这是因为他对黑格尔的哲学作了片面的了解，把黑格尔关于思维和存在的同一性的思想说成只有形而上学的、神秘的唯心主义的意义，否认其中还包括着辩证法的意义。由此出发，他就曲解了恩格斯的有关的论点，否认恩格斯在黑格尔的这个理论中肯定了应该肯定的东西，并断定如果有人指出恩格斯在辩证法的意义上肯定思维与存在的同一性，就等于说他"肯定了德国古典哲学（黑格尔）的思维与存在的同一论"。就是"把黑格尔的思维与存在的同一论硬加在恩格斯头上"，就是"诬蔑"恩格斯！我认为于世诚同志的这些论断都是站不住脚的，现在就必须对这些问题加以澄清。

二

从于世诚同志的文章看来，这两年来他为了证明自己的观点，似乎曾用了很多时间，去从马克思主义的经典著作和德国古典哲学的著作中寻求证据。理论研究当然必须寻找证据，这种努力本身是无可非议的。但我们不是实用主义者，不能把任何被人认为有用的"证据"都看做可靠的根据，我们首先要考察一下，一个人是怎样去找证据？找到了什么样的证据？如果证据是用断章取义、随意曲解的方法去找来的，如果这些证据的本身就是不可靠的，那么，由它所支持的观点也就不可能是正确的了；虽然引用它的人满以为是有用的。这在形式逻辑上就叫做违背了"充足根据律"。于世诚同志的致命的毛病，正是在于使用了一系列的不可靠的证据，正是由于违背了形式逻辑的这个根本的规律。

举几个例子来看吧：

于世诚同志说："黑格尔虽然批判了'一切是一，一切同一'的同一哲学，但同时又肯定了自己的哲学也是同一哲学"（《哲学研究》1962年第3期，第32页），他提出的证据是黑格尔在《小逻辑》上说的一句话："揭穿了忽视相异的抽象的形式的知性的同一之虚妄不实的学说也恰好是这种同一哲学。"于世诚同志似乎忘了他所引用的《小逻辑》的话是来自中文译本，即使不懂德文的人也很容易查出他的割裂的手法：黑格尔的成段话本来有一个重要的开头，被他活活的斩掉了。全句话本来是这样的："前面已经说过（第一〇三节附释），近代哲学常被人戏称为同一哲学，殊不知，揭穿了忽视相异的抽象的形式的知性的同一之虚妄不实的学说也恰好是这种同一哲学"（《小逻辑》，中文版，第263页）。这里黑格尔明明说自己的哲学被称为"同一哲学"是别人的"戏称"，他自己对这种"戏称"是采取保留态度的，不，他是采取反对态度的！只要再看一看他所指出的"第一〇三节附释"就很明白，那里他说到："对于近代哲学的许多攻击中，有一个比较最常听见的斥责，即认为近代哲学将任何事物均归纳为同一，因此近代哲学便得到同一哲学的绰号。但这里所提出的讨论却在于指出，惟有哲学才坚持要将逻辑上和经验上有别的事物加以区别，反之，那号称经验主义者却将抽象的同一性提升为知识之最高原则。所以，只有他们那种狭义经验主义的哲学，才最适当的可称为同一哲学"。（《小逻辑》，中文版，第235~236页）

黑格尔把"同一哲学"这个"戏称"说成是对于自己的哲学（近代哲学）的"攻击"、"斥责"，并且把这个"戏称"回敬给"狭义经验主义的哲学"，这怎么能说他肯定了自己的哲学也是"同一哲学"呢？

我们用不着掩盖黑格尔的错误，因此也不必说他和"同一哲学"这个名词完全没有联系。黑格尔的哲学是唯心主义的，因此它和"同一哲学"有共同的一面。但黑格尔反对把自己的哲学简单的称为同一哲学，不是完全没有理由的。对经验派的唯心主义哲学（如英国贝克莱、休谟的哲学，马赫主义哲学），可以简单地称做同一哲学，因为它们把存在和知觉，感觉和世界简单地看做同一的东西，对德国古典哲学中的费希特、谢林的流派，可以简单地称做同一哲学，因为他们宣传"一切是一，一切同一"。宣传主观和客观，对象及其概念的"直接的同一"。黑格尔哲学和这些唯心主义哲学有共同的一面，它有"思维和存在的思辨的神秘的同一"这一面，有主张"存在是思维"、"思维是事物或事物是思维"的一面，也就是有形而上学的等同论的一面，所以不能说"同一哲学"的错误和黑格尔哲学完全没有关系，当然是不对的，但是，如果因此就把黑格尔的哲学和上述其他唯心主义的哲学划一个全等号，把它说成是单纯的同一哲学，说他的关于思维与存在的关系的思想仅仅只是唯心主义的思想，而和认识的辩证法没有关系，如于世诚等同志所想的那样，那就是对于黑格尔哲学的非常片面的、浅薄的了解，最好也只是费尔巴哈式的了解。

黑格尔也肯定了"存在是思维"、"事物是思维"这些命题，但他在进一步解释这些命题时，并不是如上面所举的唯心主义者那样把客观存在的具体事物和思维、概念、观念解释成直接的等同，而是把两者看做有差别的同一性，也就是辩证的同一性。只要是细心地阅读黑格尔的原著，而不是像于世诚同志那样主观随意地把它斩头去尾，并加以曲解，就可以发现这一点。

例如，于世诚同志说："黑格尔在解释他的思维与存在的同一论时，他明白地宣称：'存在'不是指的'具体事物'，而是直接指的'概念'。他说，'当我们说"存在"时，我们并没有说到具体事物，因为"存在"只是一个纯全抽象的概念'"（《哲学研究》1962年第3期，第32页）。看起来，好像黑格尔真是把客观存在的具体事物和思维、概念完全等同起来了。但是，试查一查于世诚同志的引文，人们就会发现，黑格尔的原来一句完整的话，又被他砍了一个头！全句本是这样的："一个具体事物总是不同于一个抽象范畴的，当我们说'存在'时，我们并没有说到具体事物，因为'存在'只是一个纯全的哲学概念。"（《小逻辑》，中译本，第290页）注意，这句话里的"存在"一词，贺麟的中译本译作"有"，于世诚改为"存在"，意思没有重大出入，把这完整的一句话引出来，就可以看到，黑格尔说的意思和于世诚的解释是完全两样的。黑格尔这里说的"存在"，不是指的一般具体客观事物的存在，而是指"存在"这个范畴，是指人的思维中关于事物存在的概念。黑格尔在这里说存在"只是一个纯全抽象的概念"，这只是说人的思维中的存在是这样的概念，其意思绝不是说我们周围具体存在的客观事物也等同于这样的概念，相反地，黑格尔是明确地指出了，思维中的"存在"这个抽象范畴绝不同于作为具体事物的存在，不同于我们通常看做思维的对立物的客观存在。这就是说，黑格尔明明白白地并没有把思维概念和具体存在的客观事物看做直接同一的或完全等同的东西，而是看做有差别的东西。

当然，在这个问题上我们必须识破黑格尔的唯心主义的戏法，并对它加以批判。作为范畴的存在，固然是"纯全抽象的概念"，但这个概念绝不仅仅是思维活动的产物，而是一切具体事物的某种共同本质的概括。所以，当人们说到"存在"这个范畴时，虽然并不就是直接指的任何一件具体事物，但也绝不是与具体事物完全无关，因为这时人们是在思维的逻辑形式上反映了一切具体事物的共同本质——一切具体事物都有其客观存在这个共同的本质，任何范畴、概念都是某些客观存在的具体事物的共同本质的反映，说某个范畴是"纯全抽象的概念"，只说到事情的一面，只说到思维的逻辑形式这一面，事情还有另一面，即思维客观内容这一方，就这一方来说，范畴是具体事物的某些共同本质的反映。唯心主义者黑格尔抓着了逻辑形式的一面，抹煞了思维的客观内容这一面，他夸大了存在的范畴是"纯全的抽象概念"这一点，否认这个范畴的来源归根结底还是客观存在的具体事物。这样，范畴、概念都被看成是纯粹思维活动的产物，并得出了这样的命题："存在即思维"，"纯有即纯思"。由此进一步引申，把作为主观的逻辑形式的范畴、概念加以绝对化。使之变成客观世界的主宰。本来。当人们说到"存在"时，可以是指仅仅在人的思维中才有作为范畴的存在，也可以是指具体事物的客观存在，前者固然是后者的反映，但并不是一回事情。这就是说，两者是同一的，但又是有差别的，并不完全等同，但当黑格尔说到"存在即思维"时，却把两者混淆不分了；"存在"既是思维，那么，不论作为范畴的存在，或具体事物客观的存在，好像都可以被看做思维。或者说，一切具体事物之所以能够存在，好像也是以思维为根源，也是依据了思维。于是，唯心主义的戏法就做出来了。这个戏法力图使人相信在人的主观的概念、思维、观念之外还存在着一个在性质上与人的思维、概念、观念没有差别的绝对化的"世界理性"、"绝对观念"，或"总念"，黑格尔把这个神秘的精神实体，这个变相的上帝当做世界一切具体事物存在的根源，用以代替一切客观存在的具体事物所固有的本质，并把客观事物硬说成是它的活动的表现形式。"无论总念也好，判断也好，均不仅仅在我们脑子里发现，并且不仅是由我们造成的。总念乃是内蕴于事物深处的本质；事物之所以是事物即由于总念。因此，把握一个对象意思即是意识着这对象的总念。"（《小逻辑》，中文版，第345页，这里的"总念"一词也可以译作"观念"）因此，黑格尔虽然没有把客观存在的具体事物和思维概念看做直接同一的东西，但还是把人的思维、概念、观念和一切客观事物的本质（或叫做"世界本身"）看做完全同一的东西，并从而做出结论，说人的思维认识客观事物的本质，即是思维认识思维自己，或叫做绝对观念的自我意识。这就是黑格尔关于思维与存在的同一性的思想中的形而上学的、神秘主义的和唯心主义的糟粕，是思维与存在的等同论在黑格尔的哲学中的表现，这些糟粕的东西是必须给与坚决的批判的。但是，如果因此就把黑格尔的观点和贝克莱主义、马赫主义，以及费希特、谢林等的唯心主义划上一个全等号，如于世诚同志所做的那样，这也是片面的，错误的。和这些唯心主义不同，黑格尔并没有把思维和存在，概念和它的对象，观念和客观的具体事物看做直接等同的东西，相反地，他明确指出它们之间是有所不同的。黑格尔认为，人的主观的思维、概念、观念只有经过它们的对象，经过客观存在的具体事物，经过这个媒介的环节，才能达到在后者的"深处"所"内蕴"着的本质，达到"绝对观念"。由于黑格尔把客观事物的本质看成是与人的主观思维、概念、观念同一的东西，所以黑格尔的思维与存在的同一性理论有形而上学的、唯心主义的一面，由于黑格尔又把思维、观念和它们的对象和具体事物看做是不同的东西，因此黑格尔的思维与存在的同一性的思想终究还不是把两者看做完全的、直接的同一物的思想，而是同时注意到两者的差别的，即辩证的同一性的思想。

关于黑格尔的"世界本身即是理念"这个命题也要作同样的了解。这里说的是"世界的本身"（即世界的本质）是理念，并没有说世界的一切具体事物即等于理念。黑格尔的全文是："那不实的倏忽即逝的东西仅浮泛在表面，而不能构成世界的真实本质。这本质就是自在自为的总念，所以这世界本身即是理念。"（《小逻辑》，中文版，第419~420页）唯心主义者黑格尔把具体存在的事物看做"不实的倏忽即逝的"、"浮在表面的"东西，而把它们的本质看做自在自为的总念，这个"自在自为的总念"和人的主观的思维、观念是同一性质的东西，这是黑格尔的形而上学的等同论的一面，然而他又把具体存在的事物和"自在自为的总念"加以区别，和思维的、观念的东西加以区别，这是黑格尔哲学的辩证法的一面。

恩格斯曾指出黑格尔的哲学是"倒置过来的唯物主义"，(《马克思恩格斯全集》第 21 卷，第 318 页）唯物主义指出人的思维、观念只是物质世界在人的头脑中的反映，概念只是客观存在的具体事物的本质在人的主观意识里的抽象的摹写。果实的概念，只是具体的果实如桃、李、杏、梨等的共同本质在逻辑形式上的概括。唯物主义用反映论观点来肯定思维和存在，观念和它的对象、具体事物的同一性，即肯定思维、观念、概念所反映的内容是符合于客观存在的具体事物的本质的，这里所说的同一性没有任何绝对等同的意味，因为它指出思维、观念、概念等都是主观的逻辑的形式，具体事物的本质则是客观存在的物质的实在，而主观的逻辑形式和客观存在的物质的实在显然不是等同的。黑格尔的唯心主义把这个关系倒置过来，硬说客观事物的本质就是一种逻辑的思维过程，就是和人的主观思维过程同一性质的东西，从而把人的主观思维对于客观事物的本质的认识，看成是思维对思维本身的认识，这就使黑格尔的观点不能不陷于形而上学的等同论。要避免陷入这个形而上学的等同论，就必须把黑格尔哲学强加到客观事物的"内蕴"、"深处"去的这个思维的幽灵驱逐出去。把那儿的"本质"这个宝座还原为物质的实在，然而这就要把哲学还原为唯物主义，就必然要抛弃唯心主义。

但是，尽管有这个形而上学的、神秘主义的唯心主义的方面，仍没有妨碍黑格尔的哲学在相当高的程度上阐发了思维与存在的辩证关系。黑格尔把概念和具体事物、观念和它的对象加以区别，指明它们之间是互相矛盾的。在他看来，人的主观的思维、概念、观念要把握客观的事物、对象的本质——虽然他认为这个本质和思维、概念、观念是同一的东西，而认识事物的本质，也就是思维、概念、观念对自身的认识——必须经过一个克服矛盾的运动过程，在这个过程中，人的主观意识必须对客观的事物、对象进行一系列的抽象、概括、分析、综合的功夫，首先由具体事物中抽出一个个的抽象概念，然后随着观念运动的发展，使许多抽象概念一步步综合起来，形成具体的概念，形成逻辑系统或理论系统，一直达到能够把握住"总念"，而这个"总念"，据黑格尔说来，已不再是人们头脑中的纯主观的东西，而是体现着深藏在客观事物对象内部的本质。黑格尔说："无论总念也好，判断也好，均不仅仅在我们脑子里发现，并且不仅是由我们造成的"。"当我们进行去判断或批判一个对象时，那并不是根据我们的主观活动去加给对象以这个谓词或那个谓词。反之，我们仍在观察由那对象的总念所自身发挥出来的特殊性格"。(《小逻辑》，中文版，第345页)

这就可以看得清楚了，在黑格尔的哲学里，主观和客观的同一性、思维和存在的同一性，并不是像于世诚同志所说的那种直接的同一性，如像在许多别的唯心主义哲学中所有着的那种情形，在黑格尔的哲学里，由主观达到客观，由思维达到存在，由人的观念到对象的本质，是经过一系列的思维的矛盾运动，经过对客观存在的具体事物进行一系列的抽象、概括、分析、综合的这种媒介运动而实现的。把人们对于客观真理的认识过程，看做是观念的辩证运动过程，这是黑格尔在人类哲学思想史上的辉煌的贡献，这是不论马克思、恩格斯和列宁都加以肯定和赞赏的（《哲学笔记》，第189页）。

于世诚同志说，黑格尔的"唯心主义的哲学体系立足于德国古典哲学的思维与存在的同一论"，这是片面的说法，他不知道，黑格尔的辩证法，也是立足于他的"思维与存在的同一论"中的。因为黑格尔的辩证法，主要地就是认识的辩证法、概念的辩证法、思维与存在的矛盾统一的辩证法。黑格尔当然不知道自然界的辩证法，他只是通过概念的辩证法的研究，而猜到了客观事物本身的辩证法。黑格尔的辩证法是唯心主义的，这主要是由于他把人的主观认识把握客观事物的本质的辩证运动，说成是观念对自己本身的认识运动。然而黑格尔的这个唯心主义辩证法，又是一切唯心主义中最接近唯物主义的。在黑格尔的观念的辩证法运动中，只要抛弃了那把"总念"、"绝对观念"说成是客观世界的本质的思想，把那些偷换到事物"内蕴"、"深处"的思维的东西还原为客观事物的物质实在，就可以找到许多对于唯物主义认识论的极为有用的宝贵的东西。因此，列宁说："我总是竭力用唯物主义观点来读黑格尔的著作，黑格尔学说是倒立的唯物主义（恩格斯的说法）——就是说，我大抵抛弃神、绝对、纯粹观念等等。"

由于黑格尔的哲学体系具有着两重性，有着反动的唯心主义的糟粕和辩证法的精华，马克思主义者对于它，就不能采取全盘否定的态度，而必须采取批判地加以继承和发展的态度，即否定它的唯心主义，而对于它的辩证法的核心则又加以肯定。对于黑格尔关于思维与存在的同一性的观点也应如此（因为如于世诚同志所谈的，这是他的哲学体系的立足点），对它的形而上学的、神秘主义的唯心主义的一面必须坚决予以驳斥，但对于它的辩证法的一面则应该予以肯定的评价。不论马克思、恩格斯和列宁都是这样做的。列宁在他的《哲学笔记》里，曾引了黑格尔的这样一句话："概念在其客观性中，是自在自为的事物自身"，对这种形而上学的提法，他曾给予尖锐的否定的评语，说这是"＝客观主义＋神秘主义和对发展的背叛"。（《列宁全集》第38卷，第186页）然而，在《哲学笔记》的另一个地方，列宁又引了黑格尔的这样一些话："事实上，主观仅仅是从存在和本质而来的一个发展阶段，——然后这个主观性辩证地'突破自己的范围'并且'通过推理展开为客观性'"。这些话如果用于世诚同志的眼光看，又是"唯心主义的、形而上学的、神秘主义的思维与存在的同一论"了，然而列宁却在这里看出了思维与存在的辩证的同一性的思想，并且加以称赞，说："极其深刻和聪明！逻辑规律就是客观事物在人的主观意识中的反映"（同上书，第195页）。列宁还从黑格尔《逻辑学》的最后一页摘引了这样一段话："正是因为观念把自己当做纯粹概念与其实在性的绝对统一，从而把自己列入存在的直接性，所以作为具有这个形式的整个来说的观念就是自然界"。这里谈到了"纯粹概念与其实在性的绝对统一"，说到观念"把自己列入存在的直接性"，说到"观念就是自然界"，如果用于世诚同志那种断章取义和望文生义的方法来评论，那还不是十足的唯心主义的等同论吗？然而，列宁对它是怎样评论呢？列宁却是这样说的："《逻辑学》最后一页即第353页上的这句话，是妙不可言的。逻辑观念向自然界的转化。唯物主义近在咫尺"。接着列宁还对《逻辑学》的这一章做了进一步的赞扬，说："极妙的是：关于绝对观念的整整一章，几乎没有一句话讲到神（仅仅有一次偶尔露出了'神的''概念'），此外，——注意这点——几乎没有专门把唯心主义包括在内，而是把辩证的方法作为自己的主要对象。黑格尔逻辑学的总结和概要、最后的话和实质，就是辩证的方法——这是绝妙的。还有一点：在黑格尔这一部最唯心的著作中，唯心主义最少，唯物主义最多。'矛盾'，然而是事实！"（《哲学笔记》，第223页）

花了很多工夫在马克思主义经典著作和黑格尔著作中寻找材料的于世诚同志，为什么竟看不见列宁的这些十分鲜明的评语呢？列宁不是也在"美化黑格尔"（见于世诚同志的文章，《哲学研究》1962年第3期）吗？难道列宁也错了吗？撒仁兴同志说："翻一翻黑格尔的书是有益的"，我认为这句话并不错，但我还要补充一句：如果不采取列宁的，也就是马克思主义的态度，而是采取轻率的、否定一切的态度，那么，即使翻了黑格尔的书也是无益的。

三

现在再说恩格斯对于"思维与存在的同一性"采取什么态度，还是先从证据的检查开始。

我在两年前写的《恩格斯肯定了思维与存在的同一性》一文中，曾经说到，恩格斯在1895年3月12日给斯密特的信，是明确地对"思维与存在的同一性"加以肯定的，而于世诚同志却错误地把这信的意思读成了它的反面。他这一次的文章不但不承认这个错误，并且还要对自己的原来看法勉强加以辩解。但这个辩解是非常牵强无力，完全站不住脚的，为要充分说明这一点，我想有必要把恩格斯的德文原文研究一下。因为直到现在，许多人似乎还只看到根据俄文转译过来的译文（我当时引用的也是这个译文），而俄文的转译和德文原文是有出入的，最近在《光明日报》经济副刊上发表的一篇译文,甚至是有原则错误的。

恩格斯原文中有关我们争论的一段,是这样写的:——

"Die Vorwürfe, die Sie dem Wertgesetz machen, treffen *alle* Begriffe vom Standpunkt der Wirklichkeit aus betrachtet Die Identität von Denken und Sein, um mich hegelsch auszudrücken, deckt sich überall mit lhrem Beispiel von Kreis und Polygon. Oder die beiden, der Begriff einer Sache und ihre Wirklichkeit, laufen nebeneinander wie zwei Asymptoten, sich stets einander nähernd und doch nie zusammentreffend. Dieser Unterschied beider ist eben der Unterschied, der es macht, dass der Begriff nicht ohne weiteres, unmit telbar, schon die Realität und die Realität nicht unmittelbar ihr eigner Begriff ist Deswegen, dass ein Begriff die wesentliche Natur des Begriffs hat, dass er also nicht ohne weiteres prima facie sich mit der Realität deckt, aus der er erst abstrahiert werden musste, deswegen ist er immer noch mehr als eine Fiktion, es sei denn, Sie erklären alle Denkresultate für Fiktionen, weil die Wirklichkeit ihnen nur auf einem grossen Umweg, und anch dann nur asymptotisch annähernd, entspricht."(《马克思恩格斯通信选集》德文本,1953年柏林版,第581页)

这段话译成中文,应该是这样:

"您对于价值规律的责难,适用于从实在的观点来看的一切概念。思维与存在的同一性——用黑格尔的话来说——完全切合于你所举出的圆形和多角形的例子。或者说,事物的概念和它的现实,这两者是并行地运行着,像两根渐近线一样,不断地互相接近,但却不会合而为一。两者间的这种差异,正是使得概念不直接地就这样成为现实,而现实也不直接成为其本身的概念的那种差异。虽然概念有着概念所固有的特性,因而它不是直接地一目了然地和现实——它首先必须从里面抽象出来的现实——相一致,虽然如此,它毕竟不就是虚构,除非您因为现实与其思维结果之间的符合只是经过很大的迂回方式甚至只是采取渐近线式的接近,而把一切思维的结果都说成是虚构。"

在这一段话里，恩格斯对于黑格尔的"思维和存在的同一性"的命题给予肯定的积极的评价，是很清楚的，"用黑格尔的话来说"一词，如果充分地加以直译，就是前面说过的："用黑格尔的方式来表述我的意思。"这里明明指出黑格尔对"思维和存在的同一性"也作了辩证法的理解，即这种同一性是被看做圆形之与多角形那样一种近似的渐近线式的接近，而不是绝对的同一。因此，恩格斯接着就在"或者说"这个连续词的下面，进一步加以引申，指出这个命题可以作这样的解释：即事物的概念和它的现实，是不断地互相接近，却不会合而为一地、并行地运行着的。但两者虽然不能直接合而为一，却并不妨碍概念"毕竟不就是虚构"。很明显，为着反对斯密特的康德主义的不可知论，恩格斯是肯定了"思维与存在的同一性"这个命题的辩证意义的。

于世诚同志对恩格斯的话作了牵强的曲解，说恩格斯好像是特别"强调了思维和存在的'差异'"，这样来"批判了黑格尔的绝对同一论"。他的理由是恩格斯引用了黑格尔的"思维和存在的同一性"之后，就用"换句话说"，来另外阐明自己的否定黑格尔的命题的见解。于世诚同志这样说："恩格斯在这封信中必须在认识论中既同不可知论划清界限，又同黑格尔的唯心主义认识论思维和存在的同一论划清界限。针对斯密特诬蔑马克思和恩格斯是黑格尔的思维和存在的同一论者的谬论，恩格斯回答说，就算是你把我说成是黑格尔一样都是思维和存在的同一论者，然而黑格尔的思维和存在的同一论完全适合你所举出的圆形和多角形的例子，即承认自在之物的可知性（仅仅在肯定可知论这一点上，这种笔法同《费尔巴哈论》的笔法相似），接着恩格斯立即用'换句话说'，即换成马克思主义的话说，换成恩格斯的话说，来说明马克思主义的认识论。"（《哲学研究》1962年第3期，第38~39页）"换句话说"，是从俄文的"иначе"转译来的，其实这个字的德文原文是"oder"，应该像上面译作"或者说"，译作"换句话说"并不确切。在"或者说"的下面所说的一段话，决不能看做是对前面的命题的否定，只能看做是对前面的命题的积极的发挥，这是具有起码的语法常识的人都能够了解的。（并且，即使是译作"换句话说"，于世诚同志的那种说法也是不通的。）于世诚同志既然能读德文书，就不应该对这个最普通的德文单字也弄不清楚。

这里必须指出，上面引的于世诚同志的一段话里，还有一个历史知识的错误。他说恩格斯的这封信，是"针对斯密特诬蔑马克思和恩格斯是黑格尔的思维和存在的同一论者的谬论"而作的回答。稍微会用头脑思考问题的人都可以看出，恩格斯的语气，绝不像是为着回答这样一个问题而写的。恩格斯所回答的，是斯密特"对于价值规律的责难"，是他的那种不可知论的观点，即把价值概念说成仅仅是人们的一种主观虚构，否认概念是客观事物本质的反映。恩格斯对这种康德主义的谬论给予"尖锐的批驳"，但是对于于世诚同志所讲的那种"诬蔑"，却半个字也没有提到，也根本没有为此而特别"强调了思维和存在的差异"，"批判了黑格尔的思维和存在绝对同一的理论。"（同上书，第39页）于世诚同志对恩格斯的信的这种解释是毫无根据的、凭自己的主观"想当然"的解释。

当然，于世诚同志他所谈到的问题并不是没有来由的。斯密特的确曾对马克思和恩格斯的哲学作过这种诬蔑，不过，这并不是在恩格斯活着的时候，而是在恩格斯死后。因此，恩格斯当然就无法在自己的信里回答这个诬蔑，而回答这个诬蔑的人，乃是俄国的普列哈诺夫。于世诚同志也提到普列哈诺夫的有关这个问题的文章，（同上书，第40页）但是，这是1898年到1901年之间的事，而不是恩格斯写那封信时——1895年——的事。于世诚同志对这次有关的问题似乎是努力做了历史的研究，但他的研究竟得出这样的结果！

我们花了一些时间来校正于世诚同志的历史知识的错误，是为着再一次说明，恩格斯生前的情况，和他死后的情况有所不同，恩格斯活着的晚年，马克思主义在工人运动中的威信已开始普遍地树立起来，这时伯恩斯坦之流的修正主义思想也露头了，但还没有形成很大的势力，还没有像恩格斯死后那样敢于对马克思主义举行大规模的猖狂的进攻。那时斯密特的修正主义面貌也还没有显露出来，恩格斯并没有把他当做一个修正主义者来对待，而是把他当做一个思想上有些错误的青年朋友来对待，对他进行了谆谆的教诲，并非常耐心地向他解释马克思主义的辩证唯物主义和历史唯物主义原理。从恩格斯给他的一些已有中文翻译的信中，就可以看出这种情况（参看《马克思恩格斯关于历史唯物主义的信》，人民出版社 1956 年版）。那时欧洲的哲学界流行着"回到康德去"的口号，反对黑格尔哲学和宣传不可知论成为很大的潮流，马克思和恩格斯针对着这个反动潮流，曾在许多文章里强调黑格尔的辩证法的积极意义。恩格斯看到斯密特是受了康德主义哲学的影响，为着想帮助他克服错误，曾劝他好好的学习黑格尔的辩证法。恩格斯给斯密特的许多信中，总是首先指出黑格尔哲学的辩证法的重要性。在这种情形下，恩格斯对斯密特提到"思维与存在的同一性"命题时，就着重从它的辩证法方面来给予肯定的解释，这是很自然的。

为着证明这里所说的情形，我想介绍一下恩格斯给斯密特的另一封信。这信写于 1891 年 11 月 1 日，现在摘录如下：

"……没有黑格尔，当然不行，而要领会他就必须付出时间。……

……最重要的部分是，本质论：抽象的对立消溶在它们的不确定性中，当人们想死死地只抓着一个方面时，它却不知不觉地转为另一个方面了，如此等等。这一点你是在任何时候都能够用具体的例子来加以说明的，例如，你可以作为未婚夫，在你自己和你的未婚妻的身上，找到同一性和差别性之不可分的鲜明的例证（恩格斯写这信时，斯密特刚刚订婚；恩格斯在这封信的开头曾向他表示祝贺，这说明他们当时个人的友谊也并不坏），完全没有可能来确定，两性之爱的欢乐，是由于同一性中的差别性，还是由于差别性中的同一性。试取消这里的同一性（双方都是人）或差别性（这里是指性别）你还会剩下什么呢？我回忆起，最初，正是这个同一性和差别性之不可分，使我感到多么困惑，而我们不被它绊一绊脚跟，就一步也走不出去。

但是，无论如何，不要像巴尔特那样，只为着发现黑格尔用作体系的杠杆的那些荒唐论点和骗人伎俩，去读黑格尔的著作。这是小学生的事情，……"（译自《马克思恩格斯通信选集》，德文本，1953年柏林版，第524~525页）

从这封信的口吻可以看出，恩格斯当时是把斯密特当做一个青年朋友来给予教诲和帮助，而并没有把他作为政敌来看待。恩格斯一开始就强调学习黑格尔的重要意义，并指出要着重学习他的辩证法：同一性和差别性之不可分的关系，对立面的互相转化，等等。恩格斯也指斥了黑格尔的唯心主义的"荒唐论点和骗人伎俩"，但却认为如果把主要注意力放在这方面，就不但是片面的、错误的，而且是十分幼稚的行为。恩格斯特别向斯密特介绍黑格尔的同一性和差别性之不可分的关系的观点，这也是一个很好的旁证，说明恩格斯论到黑格尔的"思维与存在的同一性"的命题时，是着重于肯定它的辩证意义，肯定它的差别的同一性。正是因为恩格斯在辩证法的意义上肯定了"思维与存在的同一性"，不遵教诲的堕落青年斯密特，才会在恩格斯的死后把他的话加以曲解，诬蔑唯物主义者恩格斯肯定了"唯心主义的思维与存在的同一论"。恩格斯并没料到这个诬蔑，因此他的文章也就不会特别为这个诬蔑来作回答。

但马克思主义者对黑格尔哲学总是采取批判态度的。恩格斯并没有单纯地、片面地肯定黑格尔关于"思维与存在的同一性"的思想，对于黑格尔的这个命题的唯心主义方面的理解，他仍然无保留地给予彻底的否定。恩格斯在《反杜林论》里对杜林的批评，只是其例之一。"企图以思维和存在的同一性来证明某一思维产物的现实性——这正是某个黑格尔的最荒唐的、神魂颠倒的幻想之一"（参看《反杜林论》，人民出版社1956年版，第42页）。恩格斯在这里所指斥的，正是黑格尔关于思维与存在的同一性的思想的唯心主义方面的，也是杜林的片面的了解。在《费尔巴哈与德国古典哲学的终结》里，恩格斯也作了类似的批判。这些批判都不能说是对黑格尔关于这个问题的整个思想的全盘否定。马克思主义对于主观唯心主义的——贝克莱的，马赫主义的等——以及谢林的思维与存在的同一性理论是全盘否定的，列宁在《唯物主义与经验批判主义》里把这类理论看成"是十足的胡言乱语，是绝对反动的理论"（《列宁全集》第14卷，第343页），这是完全正确的。但列宁并没有说这个理论就是"以黑格尔为代表的18—19世纪的德国古典唯心主义的思维和存在的同一性的理论"，如于世诚同志所武断的那样。对于黑格尔的有关思想，列宁是采取了另一种态度，又否定又肯定，又批判又赞扬的态度，如像在《哲学笔记》里所做的那样。

和列宁一样，恩格斯对黑格尔也是采取又否定又肯定，又批判又赞扬的态度的。而在康德主义，不可知论以及经验主义和形而上学流行情况下面，恩格斯就比较地更着重肯定黑格尔的辩证法。为着充分证明我们的这个论断，我想再从《自然辩证法》里举一个例子：

"我们的主观思维和客观世界都服从于同一的规律，因而两者在自己的结果中不能互相矛盾，而必须彼此一致，这个事实绝对地统治着我们整个理论的思维。它是我们的理论思维的不自觉的和无条件的前提。18世纪的唯物论，由于它在本质上是形而上学的性质，所以只就这个前提的内容去研究这个前提它只限于证明一切思维和知识的内容都应当起源于感性的经验。而且还复活了下面这个命题：'凡是感觉中未曾有过的东西，即不存在于理智中'。同时也从形式方面去研究这个前提的，只有现代唯心论的但同时也是辩证法的哲学，特别是黑格尔。不管我们在这里所遇到的无数任意虚构和凭空臆造的东西；不管这种哲学的结果——思维和存在的统一——是采取了唯心论的颠倒形式，我们却不能否认：这个哲学在许多场合下和在极不相同的领域中证明了思维过程与自然过程和历史过程是类似的，反之亦然，即同一的规律支配着这一切的过程。……"（《自然辩证法》，人民出版社1960年版。第223~234页）

看吧？恩格斯是怎样估计黑格尔哲学的结果——"思维和存在的统一"（也就是"思维和存在的同一性"）的！恩格斯虽然也批判了它所采取的唯心主义的颠倒形式，但又指出它"同时也是辩证法的哲学"，这个哲学证明了形而上学唯物主义还不能加以完全证明的重要真理，即同一的规律支配着思维的过程与自然的和历史的过程。

四

　　肯定了思维与存在的同一性，并不就等于肯定了"德国古典哲学（黑格尔）的思维与存在的同一论"，这道理已经充分地说清楚了。"迷信"应该再一次打破：不能说在任何意义上对"思维与存在的同一性"这个命题加以肯定，都会沾染上唯心主义的鬼气。不错，列宁曾说过："社会存在和社会意识的同一性理论，是十足的胡言乱语，是绝对反动的理论"。但是，普列哈诺夫在《再论唯物主义》（《反对哲学中的修正主义》，人民出版社1957年版，第155~156页）这一篇文章里也曾肯定了"观念的东西和物质的东西之同一性"，这篇文章，列宁是见过的，为什么列宁在批评普列哈诺夫的其他错误时，却没有把他的这些话说成"是十足的胡言乱语，是绝对反动的理论"呢？为什么列宁对普列哈诺夫的这些文章还作了相当高的估价呢？道理很简单，就是因为前一种同一性和后一种根本不同。前一种是波格达诺夫在主观唯心主义的意义上所理解的"思维和存在的同一性"，这是把思维与存在看做绝对同一的形而上学思想，列宁的《唯物主义与经验批判主义》从头到尾坚决加以反对的，都是这种同一性。当普列哈诺夫说到"只有唯心主义才承认存在与思维的同一性"（同上书，第55页）时，他所指的也是限于这种等同论。至于后一种普列哈诺夫自己所说的同一性，则是在唯物主义的反映论的意义上来肯定思维与存在的同一性，这样的肯定，并没有任何错误。所以，尽管普列哈诺夫的这篇文章是为着回答斯密特对马克思主义的诬蔑而写的，尽管这时斯密特也采取了偷换命题的诡辩法，硬说马克思主义者肯定思维和存在的同一性，就是肯定了唯心主义，但普列哈诺夫仍然理直气壮地作了他自己的肯定（虽然他的肯定还不够深刻，因为他不了解认识的辩证法），并且说："斯密特的'批评'武器，反对这一同一性，是完全无力的。"

　　历史的发展往往在外表上重复某些旧事物的特征，于世诚等同志在现在也想来反对这一同一性，他们的"批评"武器也同样是完全无力的。

因此马克思主义者依据自己的观点对思维与存在的同一性的问题给予肯定的答复，决不会混淆唯物主义和唯心主义的界限，更不是要用"唯心主义的思维与存在的同一性"来代替唯物主义的认识论。唯物主义的认识论是反映论，辩证唯物主义的认识论是能动的反映论。马克思主义是科学，科学必须有自己严格的专门的术语，当然不能用"思维与存在同一论"来代替反映论或能动的反映论。在辩证唯物主义的意义上肯定"思维与存在的同一性"，只是说对于"我们的思维能不能认识现实世界"（见《马克思恩格斯全集》第21卷，第316页）这个问题给予辩证唯物主义的肯定的解答，也就是从能动的反映论的观点上来给予解答，这绝不等于要改变马克思主义认识论的专门术语。但是，不能用"思维与存在的同一论"来代替反映论或能动反映论，并不等于说在任何情况下都不容许在肯定的意义上使用"思维与存在的同一性"这个命题。列宁曾坚决反对用"实在论"（Realism）这个术语来代替唯物主义这个术语，原因是这个术语曾被唯心主义玷污过，但这并不妨碍马克思主义者在文艺理论的范围内以肯定的意义使用这个术语——"现实主义"（外文也是同一个 Realism）。同样，因为在历史上唯心主义者曾使用过"思维与存在的同一性"这个命题，就把它看成辩证唯物主义者在任何条件下也不能涉足的绝对的"禁地"，这完全是书呆子气十足的形而上学！

有的同志把"思维和存在的同一性"说成是唯物主义和唯心主义在认识论上"共同的概括"，我认为这话是有语病的。但我们说绝大多数哲学家——包括唯物主义者在内——都对思维与存在的同一性问题作了肯定的回答，这并没有什么错误，也不见得因此就会混淆唯心主义和唯物主义、形而上学和辩证法的界限。因为这里所说的绝大多数哲学家们的共同点只限于对"我们的思维能否认识现实世界"这个问题都作了肯定的回答这一点，这并不是说他们在如何肯定这个问题上也有共同点。在如何肯定这个问题上，不同的哲学派别当然有不同的方法和观点，这里的界限是非常清楚的：唯心主义者，首先是主观唯心主义者是用形而上学的绝对等同论的观点来肯定思维和存在的同一性，这是完全错误的观点；黑格尔的哲学一方面用唯心主义的等同论观点，另一方面又用辩证法的方法来肯定思维与存在的同一性，他的辩证法的一面为哲学思想史做出了宝贵的贡献，在一定程度上揭示出人类的思维是一个不断地接近现实世界的发展过程；一切唯物主义者都从反映论的观点上来肯定思维与存在的同一性，指出人们思维能够反映客观存在的物质世界；其中，形而上学唯物主义只能"从内容"上去研究这个问题，即"只限于证明一切思维和知识的内容都应当起源于感性的经验"；辩证唯物主义则不只要从内容方面，而且还要"以从形式方而"去肯定这个辩证的同一性，还要证明思维和存在两者是渐近线式地并行地运行着的发展过程，"两者之间虽有差异，但都为同一的规律支配着"，或者如恩格斯在《费尔巴哈与德国古典哲学的终结》中说的，外部世界和人类思维"这两个系列的规律在本质上是同一的，但是在表现上是不同的，这是因为人的头脑可以自觉地应用这些规律，而在自然界中这些规律是不自觉地、以外部必然性的形式、在无穷无尽的表面的偶然性中为自己开辟道路的，而且到现在为止在人类历史上大部分也是如此。这样，概念的辩证法本身就变成只是现实世界的辩证运动的自觉的反映"（《马克思恩格斯全集》第21卷，第337页）。这里还应该指出辩证唯物主义在哲学认识论上的一个最大的贡献：它揭示了人类的社会实践和认识的不可分性，揭示出思维和存在的上述的辩证同一性，是在实践基础上两者相互依存又相互斗争的不断发展的过程。列宁说："人的意识不仅反映客观世界，并且创造客观世界"（《列宁全集》第38卷，第228页）。人类的变革世界以实践过程推动人的意识、认识、思维向前发展。意识、认识、思维的发展又指导人们去变革世界或"创造客观世界"。这样，辩证唯物主义就把人的思维、意识、认识看做是在实践中能动地反映客观世界的不断发展的过程，这就是能动的反映论。毛泽东同志把能动的反映论概括为这样一个总的公式:"实践、认识、再实践、再认识,这种形式,循环往复以至无穷,而实践和认识之每一循环的内容,都比较地进到了高一级的程度。"(《毛泽东选集》第1卷,第273页)这样,思维与存在的辩证的同一性,就是以实践为基础,通过不断前进发展的矛盾运动过程而实现的。辩证唯物主义者是在这样的思想基础上来肯定思维与存在的同一性的。

以上这些,就是不同党派哲学家们在肯定地回答"思维与存在的同一性"问题时不同的方法和观点,这里的界线不是划得很清楚的吗?是不是因此恩格斯和列宁就成了唯心主义者,而"贝克莱和费尔巴哈也成了辩证论者了呢?"(《哲学研究》1962年第3期,第38页)请放心,于世诚同志们!事实上并不存在这种混乱现象。你们的担心只是"杞人忧天"!

(原载《哲学研究》1962年第5期,1962年9月;
曾收入《艾思奇文集》第二卷)